D1751955

ZYPERN
sehen & erleben

Klaus Gallas

ZYPERN

Süddeutscher Verlag

Für Vassos G. Hadjitheodossiou

Der Band enthält 119 Farbaufnahmen sowie zehn Schwarzweißaufnahmen von Klaus Gallas. Die Aufnahme auf Seite 158 stammt von der Frühchristlich-Byzantinischen Sammlung/ Staatliche Museen Preußischer Kulturbesitz Berlin, die auf S. 140 (unten rechts) von Byzantine Visual Resources, Dumbarton Oaks, Washington D.C.

Die Karten zeichnete Studio Neuwirth.

Das Photo auf der Vorderseite zeigt die Ausgrabungen von Kúrion, das auf der Rückseite eine Nonne aus dem Frauenkloster Heraklídos.

ISBN 3-7991-6489-8

© 1990 Süddeutscher Verlag
in der Südwest Verlag GmbH & Co. KG,
München
Alle Rechte vorbehalten
Printed in Germany
Satz: Hesz Werk Satz, Augsburg
Druck: Wenschow-Franzis GmbH, München
Bindearbeit: R. Oldenbourg GmbH, München

Inhalt

Einladung nach Zypern 7

Die Insel der Aphrodite 9
Fundstücke des Aphroditekults 9
Die mythologische Überlieferung 11
Mythen sind verschlüsselte historische Fakten 12

Zypern und der griechisch-türkische Konflikt 17
Das Schicksal einer Insel 17
Zypern als Provinz des Osmanischen Reiches 18
Zypern als britische Kronkolonie 22
Die erste Zypernkrise 23
Die zweite Zypernkrise 24
Der Konflikt eskaliert 25
Gründung der »Türkischen Republik Nordzypern« 27
Neue Annäherungsversuche 27

Kunstraub in Nordzypern 33
Der »Fall« Peggy Goldberg 33
Zerstörung christlicher Kulturgüter 36
Auf den Spuren geheimer Wege 37

Widerstand, Krieg, Vertreibung 45
Eine Familie im Widerstand 45
Politische Folgen des Bürgerkriegs 47
Vertreibung aus Nordzypern 48
Neuanfang im Süden 50

Bildteil 53

Spaziergänge durch 9000 Jahre Kulturgeschichte 146
Das Neolithikum 146
Die Kupfersteinzeit 146
Die Bronzezeit 147
Die Eisenzeit 150
Griechen und Römer 150
Die byzantinische Epoche 151
Die Gotik 152

Südzypern 152
Nikosía 152
Das Tróodhos-Gebirge 153
Páfos 156
Von Páfos aus nach Norden 158
Von Páfos aus nach Osten 158
Límassol 159
Kúrion 159
Kolóssi 160
Chirokitiá 161
Lárnaka 161
Von Lárnaka aus nach Westen 162
Von Lárnaka aus nach Osten 162

Nordzypern 163
Kyrínia 163
Ausflüge in das Pendadháktylos-Gebirge 163
Die Morfú-Bucht und die Nordküste 164
Die Halbinsel Karpasía 164
Famagústa 165
Salamis 166
'Enkomi, Lýsi, Tremetusiá 167

Anhang 168
Daten zur zyprischen Geschichte 168
Literaturangaben 170
Register 171

Einladung nach Zypern

Eine Reise nach Zypern ist eine Herausforderung: Sie ist nicht nur Begegnung mit 9000 Jahren atemberaubender Kulturgeschichte und Erlebnis einer eindrucksvollen Landschaft, die immer wieder durch ihre Vielseitigkeit überrascht. Vielmehr konfrontiert sie den Reisenden auch mit der schwierigen politischen Realität. Der Norden ist von fremden – türkischen – Truppen besetzt. Dadurch ist die Republik Zypern, die staatsrechtlich die ganze Insel umfaßt, de facto geteilt.

Die nach Sizilien und Sardinien drittgrößte Mittelmeerinsel ist wie ein eigener Kontinent. Ihre zentrale Lage im Schnittpunkt von Europa, Asien und Afrika machte sie über Jahrtausende hindurch zur Drehscheibe zwischen Orient und Okzident: Nur 65 Kilometer sind es zur Südküste der Türkei, 95 Kilometer zur syrischen und 173 Kilometer zur libanesischen Küste. 380 Kilometer offenes Meer trennen die Insel vom Nildelta in Ägypten und 553 Kilometer sind es nach Káto Zákros in Ostkreta. Aus den Weltkulturen dreier Kontinente empfing die Insel Anregungen; Vermischungen haben stattgefunden. Immer bildeten sich neue unverwechselbare zyprische Schöpfungen heraus und formten Kultur und Tradition der Insel. Aber Zypern war auch Schlachtfeld der Nationen, mußte Fremdherrschaften erdulden und erleiden, bis heute...

Das Ziel einer Zypernreise kann aufgrund der politischen Verhältnisse derzeit eigentlich nur der Südteil der Insel sein. Zwar gibt es die Möglichkeit der Einreise vom südlichen zum nördlichen Inselteil, doch man erhält an der Grenze nur die Genehmigung für einen Tagesausflug. Den einzigen Grenzübergang gibt es in Nikosía beim Ledra Hotel.

Ein Tag im türkisch besetzten Teil Zyperns bedeutet Anstrengung durch ein übervolles Besichtigungsprogramm sehenswerter historischer Stätten von der Antike bis zum Mittelalter. Und ist man nicht blind, wird man von Unbehagen ergriffen. Zu stark prallen Gegensätze aufeinander. Überall Militär. Kein sorgloses Reisen, bei dem man wandernd Nordzypern erfahren kann. Kein Ort abseits der Touristenrouten kann ungehindert aufgesucht werden. Die türkischen Zyprer und die Festlandtürken aus Anatolien und Bulgarien stehen in einem ernsthaften Konflikt miteinander. Und dann das fehlende griechisch-zyprische Element im Norden der Insel. Leere orthodoxe Kirchen, geschändete christliche Friedhöfe! Griechisches Eigentum – Hotels, Tavernen – wird von Türken wirtschaftlich genutzt. Gotische Kathedralen im Zeichen des Halbmonds...

Doch es ist wichtig, diese Eindrücke eines Tages zu erfahren. Nur dann kann man Zypern und das Schicksal seiner Menschen verstehen, begreift die Insel als Spannungsgebiet im östlichen Mittelmeer.

Auch die direkte Einreise nach Nordzypern von der Türkei aus ist möglich. Doch aus gut nachvollziehbaren Gründen – aus Sicht der griechischen Zyprer – sind Reisen in den Norden äußerst ungern gesehen. Zum einen werden in Nordzypern mit griechischem Eigentum von Türken Devisen erwirtschaftet, die die Republik Zypern so sehr für ihren wirtschaftlichen Wiederaufbau benötigte.

Zum anderen werden solche Privatreisen von den Türken als Anerkennung der weltweit geächteten »Türkischen Republik Nordzypern« (TRN) gedeutet.

Hinter all diesen Facetten politischer Realität wartet jedoch eine Urlaubsinsel auf den Reisenden, die mehr als nur Sonne und Meer bietet. Eine Reise nach Zypern führt in eine teils wilde teils zarte Bergwelt, in Schluchten mit üppiger Vegetation. Duftende Orangen- und Zitronenhaine überall. Weite Bananenplantagen im Distrikt Páfos. Das Zederntal im Nordwesten der Insel ist eine botanische Attraktion. Und schließlich überrascht die Insel mit ihrer Vielzahl von Pflanzen. Uralte Olivenbäume erinnern an biblische Landschaften. Und dann die Blüte im Frühjahr mit ihrer faszinierenden Vielfalt und Vielfarbigkeit blühender Anemonen und Orchideen oder auch Mandelbäume.

An den »Küsten des Lichts« laden Sandstrände und windgeschützte Felsbuchten zum Baden und zur Erholung ein. Wo in mythischer Vorzeit, in Pétra tú Romiú, die aus dem Schaum geborene Aphrodite das Licht der Welt erblickte, wo die Göttin der Liebe sich im Bad der Aphrodite (Lutrá Aphrodítis) westlich von Pólis vergnügte, wo sie sich in einer Süßwasserquelle und im Meer der Natur hingab, da warten Sonne, Strand und Meer auf den Zypernreisenden.

Überhaupt ist es lohnend, den Spuren Aphrodites durch die Jahrtausende zu folgen. Diese Göttin zeigt uns die kulturelle Entwicklung von der Großen Göttin im Neolithikum (Jungsteinzeit) bis zur Muttergottes in frühchristlicher Zeit. Sie schlägt damit die Brücke zwischen dem Vegetationskult in vorchristlicher Zeit und der heutigen Marienverehrung.

Gerade die Hinterlassenschaften der ersten Menschen in Chirokitiá und Kalawasós, in ihren Dörfern mit steinernen Rundhütten vor mehr als 8000 Jahren, und die Kunst der byzantinischen Epochen sind die herausragenden Sehenswürdigkeiten der Insel. Nirgendwo im Mittelmeerraum kann man so erlesene Meisterwerke neolithischer und byzantinischer Kunst finden wie auf Zypern. Sie aufzuspüren kann Ziel einer Reise sein.

Ein anderes Ziel sind die eindrucksvollen Monumente der übrigen Epochen: Aus der Spätbronzezeit die Stadt 'Enkomi mit ihrem rechtwinkligen Straßensystem vom Ende des 13. Jahrhunderts v. Chr. Oder Sálamis, das römische Constantia, mit seinen kaiserlichen Prachtbauten aus dem Beginn der nachchristlichen Zeitrechnung, berühmt vor allem durch seine Königsgräber mit Pferdebestattungen aus dem 8./7. Jahrhundert v. Chr.

An der Südküste liegt Kúklia mit dem ältesten Aphrodite-Heiligtum der Insel. Kúrion an den Steilfelsen westlich von Límassol, ist eine spätantike Stadt mit wichtigen römischen und frühchristlichen Bauten. Páfos mit seinen antiken Monumenten ist ein Freilicht-Museum für Bodenmosaike der Spätantike. Was hier künstlerisch und ikonographisch geboten wird, ist einzigartig auf Zypern und findet nur wenige Entsprechungen in der antiken Welt.

Wer sich von den Antikenobsessionen lösen kann, den lockt überall auf der Insel die Begegnung mit dem Menschen und dem »wirklichen«, lebendigen Zypern. Hier – fern der irrealen Welt der Tourismuswirtschaft – gibt es noch die zyprische Philoxenía, die sprichwörtliche Gastfreundschaft der griechischen Welt. Abseits vom Massentourismus findet man sie vor allem in den kleinen Dörfern und bei den einfachen Menschen auf dem Lande. Doch was dem Reisenden speziell beim zyprischen Landleben oft fremd und exotisch erscheint, ist für die Zyprer in den Bergregionen ein mühsames und hartes Leben – besonders für Frauen. Diese Unterschiede sind für jeden auf dieser Reise erfahrbar.

Die Insel der Aphrodite

Fundstücke des Aphroditekults

Zypern gilt als die Insel der Aphrodite. Hier, genauer gesagt an der Südküste, soll die »Schaumgeborene« den Fluten entstiegen sein. Hesiod beschreibt dies in seiner *Theogonie* (188-200):

»Aber sobald er (Kronos) die Scham (des Uranos) mit der
    stählernen Sichel geschnitten
Und sie vom Lande geworfen hinab in das brandende Weltmeer,
Trieb sie lange dahin durch die flutenden Wellen; da hob sich
Weißlicher Schaum aus unsterblichem Fleisch, es wuchs eine
    Jungfrau (Aphrodite)
In ihm empor, sie nahte der heiligen Insel Kythere
Erst, doch gelangte sie dann zum ringsumflossenen Kypros (Zypern).
Aus stieg dort die Göttin, die hehre, herrliche; Blüten
Sproßten unter den Schritten der Füße, und Götter und Menschen
Nennen Sie nun Aphrodite, weil sie aus Aphros, dem Schaume,
Aufwuchs, auch Kythereia, weil sie Kythera sich nahte,
Schaumgeborene Göttin und Kythereia im Kranzschmuck,
Kypros-Entstandene auch, weil entsprossen der Brandung von Kypros
Und auch schamerfreute, weil aus der Schaum sie entsprossen.«

Etwa auf halbem Wege zwischen Límassol und Páfos erhebt sich nördlich der modernen Küstenstraße, am Ostufer des Dhiarízos-Flusses, plötzlich ein festungsartiges Bauwerk des Mittelalters. Es ist ein Kastell der fränkischen Lusignans, die von 1191 bis 1489 auf Zypern herrschten. Der das Kastell umgebende Ort heißt Kúklia. (Der Name soll von cubiculum, Landhaus, abgeleitet sein.) Die Festung selbst trägt den Namen La Cavocle. Die Ländereien um das Kastell der Lusignans waren jahrhundertelang für die Kreuzfahrer das Zentrum der Zuckerproduktion Zyperns. Heute ist die Burg La Cavocle Museum für die reichen Grabungsfunde von Alt-Páfos mit dem berühmtesten Aphrodite-Heiligtum der antiken Welt. Hier, in Alt-Páfos, nicht in Néa Páfos weiter westlich, wurde Aphrodite, die Große Göttin Zyperns, über Jahrtausende verehrt. Vom Neolithikum bis zur Bronzezeit als (namenlose?) Fruchtbarkeitsgöttin, dann unter griechischem Einfluß als Aphrodite, wie es uns Hesiod und Homer überliefern. Fast 1500 Jahre lang, von der Zeit um 1200 v.Chr. bis zum Ende des 4. Jahrhunderts der christlichen Zeitrechnung, war das altehrwürdige Aphrodite-Heiligtum von Pálea Páfos bei Kúklia ununterbrochen Kultstätte.

Doch auch bei den Menschen nach der Spätantike blieb die »nährende Göttin« lebendig – zum Leidwesen der christlichen Kirche. So hieß bis zur Wende vom 19. zum 20. Jahrhundert die byzantinische Kuppelkirche am Rande des Aphrodite-Grabungsareals Panajía Aphrodítissa (Muttergottes Aphrodite), bevor sie von der orthodoxen Kirche den offiziellen christlichen Namen Panajía Chrysopolítissa erhielt. Die Bevölkerung von Alt-Páfos gedachte mit dieser Namensverschmelzung nicht nur des Namens der heidnischen Aphrodite. Jahrhundertelang – man sagt bis in unsere heutigen Tage – opferten sie ihr hier, am antiken heiligen Ort, Öl und Kerzen, Weihrauch und Basilikum. Ein Stein in der mykenischen Temenosmauer aus dem 12. Jahrhundert v.Chr. des Aphrodite-Heiligtums war Altar und Kultobjekt zugleich. Hier verehrten Frauen und Männer die Panajía Galaktróphusa (häufig auch ungenau Panajía Galatariótissa genannt), die »milchnährende Gottesmutter«, und baten um Fruchtbarkeit des weiblichen Leibes und um Potenz des Mannes.

Man denkt an Tonfiguren, die bei Ausgrabungen gefunden wurden: an nackte Frauen, die ihre Brüste in Händen halten, an Frauen mit einem Kind in ihren Armen und an Schwangere bei der Entbindung. Darstellungen, die weit in die zyprische Frühgeschichte zurückgehen und die Große Göttin als Quelle aller Fruchtbarkeit für Menschen, Tier- und Pflanzenwelt zeigen. Aphrodite als Vegetationsgöttin, die Sinnbild für den ewigen Kreislauf von Tod und Wiedergeburt ist, blieb auch nach dem Verbot aller heidnischen Kulte durch Theodosius I. im Jahre 391 n.Chr. bei den Menschen lebendig. Die »nährende Muttergottes« ist ein einprägsames Beispiel dafür. Sie wurde nicht nur am heiligen Ort der Aphrodite in Pálea Páfos verehrt, sondern fand auch im Repertoire der Ikonenmalerei, der heiligen Bilder der Ostkirche Gestalt. Auch hier scheinen die Anregungen dafür, wie beim heidnischen Aphrodite-Kult, aus orientalischen Religionen zu stammen. Die älteste Darstellung der stillenden Gottesmutter (mit entblößter Brust!) erkennen wir auf einer koptischen Skulptur des 4. Jahrhunderts, die nun in den Staatlichen Museen Berlins steht (s. Abb. S. 158). Dieses Werk zeigte im Ursprung die ägyptische Göttin Isis mit dem Horusknaben und wurde später stark überarbeitet. Dieses Isis-Fruchtbarkeitsbild des Orients wurde wahrscheinlich zum Vorbild der nährenden Muttergottes der christlichen Ikonographie. Die nährende Gottesmutter taucht in allen Jahrhunderten – wenn auch recht selten – in der Ikonen- und Freskenmalerei der byzantinischen Kunst auf. Später wird das Motiv in vielfältigen Variationen von der italo-byzantinischen Kunst aufgegriffen.

Aphrodite hingegen scheint stets anikonisch, also nicht bildlich verehrt worden zu sein, wenn auch einige Forscher auf dem großen Goldring aus dem Schatz von Mykene (13./12. Jahrhundert v.Chr.) Aphrodite in ihren heiligen Gärten zu erkennen glauben. Bereits in dieser frühen Darstellung hält die sitzende Göttin mit ihrer Rechten ihre nackte Brust, ähnlich wie es 2000 Jahre später die christlichen Ikonen zeigen. Antike Quellen hingegen berichten, daß »eine weiße Pyramide aus unbekanntem Material« das Kultbild Aphrodites gewesen sein soll. Ein solcher Stein – nicht weiß, sondern grünlich bis schwarz – wurde schließlich auch im Heiligtum gefunden und gehört heute zur Attraktion des Kúklia-Museums. Gestalt und Aussehen dieses Steines im Zusammenhang mit seinem heiligen Standort, nicht im Dunklen und Verborgenen, sondern wohl unter freiem Himmel, ist uns von vielen Darstellungen auf römischen Münzen bekannt. Doch auch dieser Stein war den Bewohnern von Alt-Páfos vor seiner archäologischen Entdeckung vertraut. Er wurde von ihnen als Ajía Máwra, »Heilige Schwarze« verehrt. Gottheiten und die Heiligkeit eines Ortes vergißt man eben nicht, man gibt ihnen nur neue Namen!

Nur sieben Kilometer östlich von Pálea Páfos ragen an der Südküste goldglitzernde Felsen aus dem Meer. Seit Jahrtausenden werden sie von der Brandung umspült und geformt. Ihr Aussehen wandelt sich zu allen Jahreszeiten und bei jedem Wetter, doch immer ist es grandios; die Felsen nehmen mythische Gestalt an. Hier an dieser Stelle ist die schaumgeborene Aphrodite dem Meer entstiegen.

Der Ort trägt den allzuoft mißverstandenen Namen »Pétra tú Romiú«, das heißt in der Übersetzung: »Felsen der Griechen«! Doch wieso übersetzt man »Romiós«, Römer, mit Griechen? Romiós heißt tatsächlich Römer, genauer: Oströmer, also Byzantiner! Griechenland ist trotz vierhundert Jahre Osmanenherrschaft der einzige Nachfolgestaat des Byzantinischen Reiches. Und aus diesem Grund bzw. dieser historischen Entwicklung nennen sich die Griechen bis heute »Romiós«. »Ellinas«, Hellene, war bis zum 19. Jahrhundert Synonym für »Altgrieche«, »Heide« und »Götzenverehrer«.

Die Bezeichnung Pétra tú Romiú für den Aphroditefelsen ist also ein verhältnismäßig junger Name, der erst in der christlichen Zeitrechnung, der byzantinischen Epoche, entstanden sein kann. Wie die Menschen auf Zypern der frühen Bronzezeit den Geburtsort der aus dem Schaum (griechisch: aphrós) geborenen Vegetationsgöttin und die vom schäumenden Meer umbrandeten Felsen nannten, ist aus antiken Quellen nicht überliefert.

Die mythologische Überlieferung

Doch was sagen uns die Mythen über Aphrodite und den Kult in ihren heiligen Gärten auf Zypern? Was sind überhaupt Mythen? Im altgriechischen Sprachgebrauch sind »Mythen« ganz einfach »Worte«, vornehmlich Erzählungen und Schöpfungen der menschlichen Phantasie, die sehr verschiedenartige Inhalte haben können. Während Geschichte das Vergangene nachprüfbar und exakt in Zeit und Raum beschreibt, will »Mythos« die Gegenwart aus der Vergangenheit erklären und rechtfertigen. Dabei findet eine Konzentration auf das Wesentliche der Vergangenheit statt. Also bezieht sich »Mythos« zwar auf Vergangenes, aber nicht um Historisches zu beschreiben, sondern um der Gegenwart Sinn zu geben.

Die ältesten schriftlichen Überlieferungen der Antike stammen von Hesiod und Homer aus dem 8. Jahrhundert v. Chr., die beide in ihren Werken von der großen Vegetationsgöttin und der Geburt Aphrodites berichten. Selbstverständlich dürfen solche Quellen nicht unkritisch als Geschichtsschreibung gelesen werden. Bedeutungsvoll für das Bemühen, die antike Welt und besonders ihre frühen Anfänge zu erhellen, ist die Tatsache, daß Homer und Hesiod sich in ihren Schilderungen des Lebens in den jeweiligen Gesellschaftssystemen vortrefflich ergänzen. Beschreibt Homer in seiner *Ilias* eine im Krieg befindliche Gesellschaft mit ihrer dazugehörigen (Militär-)Aristokratie, so geht er in seiner *Odyssee* verstärkt auf das Individuum in einer im Frieden lebenden Gesellschaft und deren vielschichtigen Wirtschaftsverflechtungen ein. Hesiod behandelt hingegen genau den Teil, dem Homer kaum Beachtung schenkt. Seine Dichtung ist spürbar engagiert für das Bauerntum und für den einfachen Menschen. Auch scheint er ältere Überlieferungen, wie wir am Beispiel der Aphrodite sehen werden, zu erzählen.

Hesiods Mythos von der aus dem Meeresschaum geborenen Aphrodite, also dem Mythos von einer übernatürlichen Geburt der Göttin aus den Elementen des Kosmos, steht eine nach Homer nachvollziehbare Genealogie gegenüber. Danach ist Aphrodite die Tochter von Zeus und Dione. Dennoch widersprechen sich die beiden Mythen nicht. Vielmehr versuchen sie zeitlich unterschiedliche Entwicklungen und kultur- bzw. religionsgeschichtliche Fremdeinflüsse zu erklären und damit die Gegenwart ihres Zeitalters aus der Vergangenheit heraus verständlich zu machen.

Nach Homer entsteht aus dem Chaos Ge, die Personifikation der Erde. Aus der Erde wird Uranos geboren, beide vereinen sich. Zwei ihrer Kinder sind Kronos und Rea, die einander heiraten. Aus dieser Ehe geht Zeus hervor. Zeus und Dione wiederum sind die Eltern der Aphrodite.

Ganz anders lautet dagegen Hesiods Überlieferung: Sie setzt erst bei Uranos an, der Personifikation des Himmels. Kronos, der Sohn des Uranos und der Gäa entmannt mit einer Sichel seinen Vater. Die Genitalien des Uranos verwandeln sich vor der Südküste Zyperns zu Meeresschaum (aphrós), aus dem Aphrodite geboren wird.

So unterschiedlich auch beide Mythen sind, so haben sie doch eine auffällige Gemeinsamkeit: Beide führen Aphrodite auf Uranos, der Personifikation des Himmels, zurück. Von antiken Autoren erfahren wir, daß den Griechen sehr wohl bekannt war, daß Aphrodite orientalischen Ursprungs ist, sie in engster Verbindung mit Urania steht, der »Königin des Himmels«, der großen Vegetationsgöttin der semitischen Völker. Auch Homer wußte dies sicherlich. Doch ihm lag es fern, diesen orientalischen Ursprung Aphrodites zu erhellen. Für ihn stand ihre genealogische Rückführung auf den nach Griechenland eingewanderten Göttervater Zeus im Vordergrund – also auf eine griechische Herkunft. Denn der Name der Göttin Aphrodite, die lange vor der »Einwanderung« des Zeus in Griechenland und auf Zypern bekannt war, hat keinen griechischen Ursprung und seine etymologische Ableitung von »aphrós«, griechisch: Schaum, zu »Aphro(s)dite« ist ein Kunstgriff der Sprache.

Mythen sind verschlüsselte historische Fakten

Die Aphrodite-Mythen geben verschiedenartigste Hinweise auf die kulturellen Einflüsse und Verflechtungen im östlichen Mittelmeerraum. Sie verweisen auf Kulttraditionen, Namensgebungen und kulturelle Entwicklungen, die teilweise bis in die Gegenwart hineinreichen.

So erzählt ein Mythos von wichtigen minoischen Einflüssen vom benachbarten Kreta. Sie haben bereits Jahrhunderte vor Ankunft der Hellenen auf den vom Orient auf Zypern eingeführten Aphroditekult eingewirkt, denn zwischen Kreta und Zypern bestanden intensive Handelsbeziehungen. Sichtbares Zeichen für die Einflüsse sind die zyprischen Statuetten von Gottheiten mit erhobenen Händen, die auf minoische Vorbilder der namenlosen »Göttin mit erhobenen Händen« zurückgehen. Dieser Segensgestus der Vegetationsgöttin läßt sich auch als geistiges Erbe dieser Epochen in unserem christlichen Kult nachweisen. In vielen byzantinischen Kirchen Zyperns und Griechenlands steht die Muttergottes mit erhobenen Händen segnend im Gewölbe der Apsis, dem Symbol des Himmels!

Der Mythos erzählt von Akamas, Sohn des Theseus und der Phädra. Seine Mutter ist die Tochter des sagenhaften Königs Minos von Kreta und seiner Gemahlin Pasiphaë, sein Vater ist der Sohn von Aigeus, dem König von Athen. Akamas machte bei seiner Rückkehr aus dem Trojanischen Krieg halt in Trakien. Hier heiratete er die Königstochter Phyllis, lehnte jedoch die ihm angebotene

Königsherrschaft ab, weil er weiterziehen wollte. Phyllis nahm vor der Reise Akamas das Versprechen ab, nach einer bestimmten Zeit zu ihr zurückzukommen. Sie gab ihm eine verschlossene Schatulle, in der Geheimnisvolles der Göttin Rhea, der Gemahlin des Göttervaters Zeus, aufbewahrt wurde, eine Schatulle, die er niemals öffnen sollte. Jahre vergingen. Akamas kam nach Zypern und vergaß die Heimkehr, woraufhin Phyllis sich aus Gram erhängte. Er hingegen wurde so sehr von Neugierde geplagt, daß er schließlich das Kästchen öffnete. Nun erfaßten ihn Angst und Schrecken. Der Mythos überliefert nicht, was er sieht, es muß jedoch etwas Grauenerregendes gewesen sein, vielleicht sein eigener Tod. Überstürzt ergriff er zu Pferde die Flucht. Im wilden Galopp brach sein Pferd zusammen, wobei Akamas den Tod fand, denn er stürzte in sein eigenes Schwert. Noch heute trägt die nordwestliche Halbinsel seinen mythischen Namen Akamas. An der Küste dieser Region liegt im Norden das »Bad der Aphrodite«, Lutrá Aphrodítis.

Bedeutungsvoll ist auch die einzige Eheverbindung der schönsten aller griechischen Göttinnen mit dem häßlichen, hinkenden Gott der Schmiedekunst Hephaistos, einer ebenfalls aus dem Orient stammenden Gottheit. Archäologische Funde beweisen, daß dem Aphrodite-Heiligtum in Pálea Páfos Kupferwerkstätten angeschlossen waren. Überhaupt stand der Kupferbergbau und der Handel mit dem kostbaren Metall unter dem Schutz Aphrodites. Und so ist die Verbindung von Kupferabbau (Aphrodite) und Metallverarbeitung (Hephaistos) nur allzu verständlich. Welch große Bedeutung die Insel der Aphrodite als Kupfer- bzw. Bronzelieferant in der Bronzezeit gehabt hat, sei an dem Beispiel von Ajía Triáda auf Kreta aufgezeigt: Hier entdeckten Archäologen den größten Bronzeschatz Griechenlands aus der minoischen Epoche des 16./15. Jahrhunderts v. Chr. Es handelt sich um neunzehn Bronzebarren, jeder 29 Kilo schwer, die mit zyprischen Schriftzeichen gekennzeichnet sind und höchstwahrscheinlich aus Zypern stammen.

Die intensive Liebesbeziehung zwischen Aphrodite und dem Kriegsgott Ares bietet den antiken Mythographen Gelegenheit, Aphrodites griechische Abstammung beziehungsweise ihre griechische Einwanderung nach Zypern zu konstruieren. Drei Söhne und eine Tochter entstammen dieser Liebesbeziehung, die für beide Gottheiten zur Schmach wird und schließlich dazu führt, daß die Liebesgöttin auf Zypern eine neue Heimat findet. Die Affäre zwischen dem Geschwisterpaar ist natürlich vielen Göttern bekannt, nur nicht dem gehörnten Ehemann. Der Sonnengott Helios ist es dann, der Hephaistos darüber aufklärt, daß Aphrodite ihn mit Ares betrügt. Mit List sucht der Gott der Schmiedekunst sich zu rächen. Geschickt spannt er über das Liebeslager ein kunstvolles Netz, das von den Liebenden unbemerkt bleibt. Als sich Aphrodite und Ares erneut ihrer Leidenschaft hingeben, läßt Hephaistos das Netz auf das Bett mit den Ehebrechern fallen. Das völlig nackte Paar ist gefangen. Hephaistos ruft alle Götter und zeigt ihnen seinen in flagranti ertappten »Fang«. Aphrodite und Ares werden zum Gespött des Pantheons. Schließlich begnügt sich der Betrogene mit einer Schadensersatzzahlung und läßt das Paar frei. Beide verlassen ihre griechische Heimat. Während Ares sich in Thrakien niederläßt, findet Aphrodite auf Zypern Verehrung und eine neue Heimat.
Natürlich ist griechischer Einfluß auf Zypern in der späten Bronzezeit unbestrit-

ten. Doch die während der achäischen Kolonisation am Ende des 13. Jahrhunderts v.Chr. angekommenen Griechen fanden den Aphroditekult bereits vor, brachten ihn nicht mit, sondern gaben ihm neue, patriarchalische Impulse.

Daß der Aphroditekult vielmehr auf orientalische, matriarchalische Traditionen verweist, das zeigen die Liebesverbindungen mit Göttern und Sterblichen, die in den Mythen einen breiten Raum einnehmen. Denn Aphrodite ist in erster Linie Erden-Mutter und nur ganz nebenbei (kinderlose) Gemahlin des Hephaistos. Alle Erzählungen lassen erkennen, daß Aphrodite dem griechischen Pantheon stets fremd bleibt und sie die Große Göttin der Vegetation ist.
In der *Ilias* (5,428-430) beispielsweise sagt Zeus der Tochter eindeutig, welche Aufgaben sie hat und beschneidet damit die Macht Aphrodites: »Dir sind nicht gegeben, mein Kind, die Werke des Krieges. / Wende dich lieber zu den lieblichen Werken der Hochzeit! / Dies wird alles Athene und Ares, der schnelle, besorgen.«

Drei verschiedene »Arten« von Liebesbeziehungen werden Aphrodite in den Mythen zugeschrieben. Da ist erstens ihre Eheverbindung mit Hephaistos, dem hinkenden Gott der Schmiedekunst. Daneben stehen zweitens Aphrodites Liebesbeziehungen zu Göttern: Zu ihrem Halbbruder Ares, aus ihr stammen Eros (die Liebe), Deimos (die Furcht), Phobos (das Grauen) und Harmonia (die Harmonie). Zu Hermes, dem Götterboten, dem sie Hermaphroditos, den Zwitter, gebar. Zu Dionysos, dem Gott des Weines – aus dieser Liebe stammen Priapos, ein phrygischer Fruchtbarkeitsgott von häßlicher Gestalt mit großen Genitalien, und die Chariten, die Dienerinnen im Aphrodite-Heiligtum. Und schließlich Aphrodites Beziehung zum Meeresgott Poseidon, dem sie Eryx, den sagenhaften König von Sizilien gebar. Drittens werden von Aphrodite Liebesbeziehungen zu Sterblichen überliefert. Da ist zunächst ihre Verbindung mit Anchises, dem Enkel von Tros, Eponym von Troja. Dieser Liebe entspringt Aeneas, der spätere Gründer Roms. Und da ist außerdem ihre Beziehung zu Adonis, dem Sohn des Kinyras, dem König von Zypern und Gründer von Páfos.

Besonders im Adonis-Mythos klingen viele orientalische Fruchtbarkeitselemente an, in ihm konzentrieren sich alle wesentlichen Merkmale, die den Aphroditekult kennzeichnen.
Auch Adonis ist im Ursprung eine aus dem Orient eingewanderte Vegetationsgottheit. Die Erzählung beginnt mit Kinyras, der dem Mythos zufolge König von Zypern war und Alt-Páfos gegründet hat. Er soll auch Priester im dortigen Aphrodite-Heiligtum gewesen sein. Kinyras hatte vier Töchter, die sich alle – aus nicht überlieferten Gründen – den Zorn der Liebesgöttin zugezogen hatten. Aphrodite jedenfalls strafte Braisia, Laogore und Orsedike mit solch heißer Leidenschaft, daß sie sich ständig fremden Männern hingaben. Schließlich verließen sie ihre Heimat und starben in Ägypten. Hier erkennen wir einen Hinweis auf die in den orientalischen Religionen selbstverständliche Tempelprostitution, die auch im Aphroditekult Zyperns eine bedeutsame Rolle gespielt hat. Von Herodot haben wir genaue Kunde über die von Babylon nach Zypern (Kypros) eingeführte Tempelprostitution: Er schrieb im *Babylonischen Logos* (I, 199): »Jede im Land geborene Frau muß sich im Tempel der Aphrodite niedersetzen und sich einmal im Leben mit einem fremden Mann verbinden. Viele aber, die

nicht das Verlangen haben, sich unter die anderen Frauen zu mischen, da sie sich auf ihren Reichtum etwas zugute tun, fahren in verdeckten Wagen zum Heiligtum und stehen dort, und eine zahlreiche Dienerschaft folgt ihnen nach. Die Mehrzahl aber macht es folgendermaßen. Sie sitzen mit einem Kranz von Schnüren um den Kopf im heiligen Bezirk der Aphrodite. Es sind viele Frauen, und die einen kommen herbei, die anderen gehen weg. Schnurgerade Durchgänge führen in jeder Richtung zwischen den Frauen hindurch, durch die die Fremden hindurchgehen und wo sie ihre Wahl treffen. Wenn eine Frau dort einmal sitzt, darf sie nicht eher wieder heimkehren, als bis ihr einer von den Fremden Geld in den Schoß geworfen und sich außerhalb des Heiligtums mit ihr verbunden hat. Wenn er ihr das Geld hinwirft, muß er nur soviel sagen: ›Ich rufe die Göttin Mylitta an!‹ Mylitta aber nennen die Assyrer die Aphrodite. Der Geldbetrag mag nun so groß oder so klein sein, wie er will; keinesfalls wird sie ihn von sich weisen, denn sie darf es nicht, weil dieses Geld heilig ist. Dem ersten aber, der ihr Geld hinwirft, folgt sie und wird keinen abweisen. Wenn sie sich hingegeben hat, hat sie sich der heiligen Pflicht gegen die Göttin entledigt und kehrt in ihr Haus zurück, und hinfort wird man ihr nicht so viel bieten können, daß man sie noch einmal gewinnen könnte. Alle nun, die eine schöne Gestalt und Größe besitzen, kommen schnell heim; die von ihnen aber häßlich sind, müssen lange warten, bis sie dem Brauch Genüge leisten können; denn manche bleiben sogar drei oder vier Jahre. An manchen Orten auf Kypros besteht ein diesem ähnlicher Brauch.«

Kinyras vierte Tochter Myhrra widerfuhr eine besondere Strafe. Da ihre Mutter Metharme sich erdreistete, Myhrra als die schönste aller Frauen zu bezeichnen, die von noch edlerer Gestalt als Aphrodite sei, entfachte die Göttin in Myhrra ein brennendes Liebesverlangen, das sich einzig auf ihren Vater richtete. Andere Autoren berichten, Myhrra wurde deshalb so sehr vom Verlangen entflammt, weil sie Aphrodite demutsvolle Verehrung verweigerte. Mit List und der Hilfe ihrer Amme konnte die Tochter mit dem Vater schlafen, sie begingen Inzucht. Myhrra stillte ihre Begierde, wurde schwanger und schenkte Adonis das Leben. Als Kinyras von der Blutschande erfuhr, tötete er die junge Mutter, die sich in einen Myrrhenbaum verwandelte. Daraufhin nahm sich Aphrodite des Knaben an. Von seiner Schönheit ergriffen, verliebte sie sich in ihn. Aphrodite übergab Persephone den Knaben, damit er bei ihr in der Unterwelt aufwachse. Auch Persephone verliebte sich in Adonis und weigerte sich, ihn Aphrodite zurückzugeben. Die Götter wurden zum Richterspruch angerufen. Zeus selbst entschied (verschiedene Quellen sprechen davon, daß er sein Urteil von der Muse Kalliope hat aussprechen lassen). Das Urteil lautete: Adonis solle ein Drittel des Jahres in der Unterwelt (»Tod«) bei Persephone leben, das zweite Drittel zusammen mit Aphrodite (»Wiedergeburt«) und den Rest des Jahres (»Dreijahreszeiten«) möge er nach seiner freien Entscheidung leben. Diese Einteilung entspricht dem antiken Jahreszeitenzyklus, der dreigeteilt ist in Frühjahr, Sommer und Winter. Doch Aphrodite konnte in ihrer Liebe zu Adonis keine Erfüllung finden. Es entwickelte sich eine Tragödie. Als Ares, dem sie vier Kinder gebar, von Aphrodites Leidenschaft erfuhr, schwor er sich Rache. Der (griechische) Kriegsgott Ares folgte dem (orientalischen) Vegetationsgott Adonis bei seinen Wanderungen durch die blühende Natur, die Heiligen Gärten. Hier fügte Ares es, daß ein wilder Eber den schönen Jüngling angriff und ihn tötete. Aus dem Blut des Geliebten ließ die untröstliche Aphrodite blutrote

Anemonen wachsen, als ewiges Zeichen ihrer Liebe zu Adonis. Der Kreislauf von Tod und Wiedergeburt war geschlossen.

Aphrodites Kult auf Zypern, der nicht nur für Alt-Páfos, sondern auch für die Städte Sálamis, Ámathus und Golgoi nachweisbar ist, war ein Vegetationskult, der in ihren Tempeln und Heiligen Gärten gefeiert wurde. Der Adonis-Mythos spannt den Bogen von der mythischen Vergangenheit bis hin zur historischen Zeit: Nikoklés, der letzte König von Páfos, der um 306 v. Chr. im Verlauf der Diadochenkämpfe und nach der Eroberung der Insel durch Demetrios Poliorketes abgesetzt wurde, führt seine königliche Abstammung auf den mythischen König Kinyras, den Vater des Adonis, zurück.

Und noch etwas. Die »Heiligen Gärten« der Aphrodite gibt es noch heute, zumindest dem Namen nach. Auf halbem Wege zwischen Pálea Páfos und Néa Páfos liegt Jeroskípos, eine traditionsreiche Ortschaft mit einer der ältesten christlichen Kirchen der orthodoxen Welt. Ihre Gewölbe schmücken anikonische Fresken des 9. Jahrhunderts (Abb. S. 91). Jeroskípos heißt in der Übersetzung »Heilige Gärten«!

Am eindringlichsten aber erinnert das Kataklysmós (»überschwemmen«) – Frühlingsfest auf Zypern an Aphrodite, ihre Geburt und ihren Vegetationskult. Fünfzig Tage nach Ostern feiern die Zyprioten mit »heiligem Wasser« ihre »Schaumgeborene« Aphrodite. Dem Trend der modernen Zeit folgend, bespritzen sich in den Bergdörfern Kinder mit Wasserpistolen. Erwachsene leeren ganze Eimer Wasser über sich aus. An der Südküste steigen die Menschen in die »heiligen Fluten« der Aphrodite und bespritzen sich gegenseitig mit Wasser. Boote fahren mit dem Priester aufs Meer. Kühne Schwimmer tauchen nach dem Kreuz Christi, das der Priester nach der Messe vom Boot aus im Meer versenkt hat.

Zypern und der griechisch-türkische Konflikt

Das Schicksal einer Insel

Der Zypernkonflikt von 1974 und die militärische Auseinandersetzung der beiden NATO-Partner Griechenland und Türkei sind heute kein Thema der Weltpresse mehr. Damals waren bei der Besetzung Nordzyperns durch türkische Truppen ca. 180 000 bis 200 000 zyprische Griechen aus ihrer Heimat, Nordzypern, vertrieben worden. Tenor der Presse war und ist sowieso nur, daß der Zypernkonflikt selbst für Eingeweihte undurchschaubar sei. Entsprechend verwirrend wurde er dann auch für den Leser dargestellt. Damit fand bis heute eine irreführende Verschleierung des Problems zugunsten türkischer Interessen statt. Viele Kommentatoren wagten nicht einmal im Ansatz, die in der Tat komplizierten historischen Verwicklungen Zyperns darzustellen, geschweige zu analysieren.

So fahren heute Tausende von deutschen Urlaubern zur Sonneninsel Zypern mit teilweise völlig falschen Vorstellungen der politischen Realität dieses Inselstaates. Da selbst Fernsehkommentatoren wie nahezu alle großen Tageszeitungen peinlicherweise von einem »türkischen Teil Zyperns« (ohne Anführungsstriche!) und nicht von dem türkisch besetzten Teil Nordzypern sprechen, ist das Informationsdefizit bei den Lesern so groß, daß sie auf Zypern nur selten die verwirrenden Berichterstattungen durchschauen. Von der Presse nahezu totgeschwiegen, ist der Zypernkonflikt dennoch bis heute nicht weniger brisant. Der Krisenherd Zypern ist für Europa und für die NATO eine ernste Gefahr, auch wenn seit einigen Jahren Lösungsmöglichkeiten erkennbar sind – besonders im Hinblick auf den EG-Beitrittswunsch der Türkei. Die Republik Zypern hat am 4. Juli 1990 den Antrag auf EG-Mitgliedschaft gestellt.

Zyperns geographische Lage im östlichen Mittelmeer als Drehscheibe zwischen Abendland und Morgenland, an der Grenze zwischen Europa, Asien und Afrika, hat über 9000 Jahre bis heute die Geschichte der Insel bestimmt. Zypern ist weder europäisch noch asiatisch, Zypern ist gewissermaßen ein eigener Kontinent. Immer waren es imperialistische Interessen fremder Großmächte (von den Hethitern und Ägyptern bis zu den Venezianern und Osmanen), die das Schicksal Zyperns, seine politische, kulturelle und wirtschaftliche Entwicklung bestimmten. Trotz fremder Einflüsse, trotz demographischer Vermischungen und Verschiebungen, die über Jahrtausende stattgefunden haben, war der Garant für die Eigenständigkeit zyprischer Kultur die (Ur-)Bevölkerung der Insel, die mit Beharrlichkeit und Kraft eigene Traditionen pflegte. Dabei wurde neues und fremdes Kulturgut nie kopiert, sondern mit großer Kreativität zu eigenständigen Schöpfungen umgeformt, die das unverwechselbare Wesen zyprischer Kunst- und Kulturtradition ausmachen.

Doch bleiben wir bei dem griechisch-türkischen Konflikt, der im Keim bereits in der ersten Konfrontation zyprischer Griechen mit dem Osmanischen Reich angelegt war. 1571 war ein Schicksalsjahr Europas: Am 1. August endete mit der Kapitulation von Famagusta die venezianische Herrschaft auf Zypern. Nach dem Fall von Konstantinopel (1453), der Eroberung von Rhodos (1522) und ganz besonders nach der ersten Belagerung von Wien (1529) signalisierten diese Vorgänge, welch große Gefahr sich vom Mittelmeer nach Europa auszubreiten begann! Das Ereignis, ganz im Osten des Mittelmeeres, mobilisierte zwar die Europäer zu einem gemeinsamen Kampf gegen die Osmanen und führte im gleichen Jahr, am 7. Oktober, vor den Toren Venedigs, im Ionischen Meer bei Lepanto, unter dem Befehl von Don Juan d'Austria, zur letzten großen Galeerenschlacht der Weltgeschichte, die auch den glorreichen Sieg über die »heidnische Welt« brachte. Zypern jedoch war verloren und sollte fortan für drei Jahrhunderte unter dem Joch der Sultane von der Hohen Pforte (= Istanbul, das ehemalige Konstantinopel) stehen.

Auch wenn seit dem Ende des 14. Jahrhunderts die westlichen Sprachen »Osmanisches Reich« und »Türkei« synonym verwenden, eine Türkei und Türken gab es 1571 bei der Eroberung Zyperns noch nicht. Das Osmanische Reich war ein Vielvölkerstaat ohne übergreifende, einende nationale Identität. Die Türkei gibt es erst, seit am 24. Oktober 1923 Mustafa Kemal die Republik Türkei proklamierte, der 1934 vom türkischen Parlament den Beinamen »Atatürk«, »Vater der Türken«, erhielt.

Zypern als Provinz des Osmanischen Reiches

Am 7. März 1573 überläßt die Seerepublik Venedig dem Osmanischen Reich vertraglich die Insel Zypern und leistet zusätzlich eine Zahlung von 300 000 Dukaten für die der »Hohen Pforte« entstandenen Kriegskosten. Die Niederwerfung der venezianischen Herrschaft empfinden die Griechen vorerst als Erlösung von der Leibeigenschaft Venedigs. Die Osmanen werden als Befreier empfangen, zumal sie den Griechen gegen einen geringen Preis freien Grundbesitz überlassen.

Zypern wird Provinz des Osmanischen Reiches. Zu dieser Zeit sind ganze Landstriche durch den Krieg verwüstet und entvölkert. Der ausgebrannte Boden braucht Schonzeit, um wieder fruchtbar zu werden. Zu Tausenden werden Bauern aus Anatolien und Soldaten der osmanischen Armee auf Zypern angesiedelt, die hier ihre neue Heimat finden.

Erstmals stehen sich auf der Insel – aufgrund von Zwangsumsiedlungen – zwei nach Sprache und Religion unterschiedliche Völker gegenüber, wobei die orthodoxen Griechen bis in unsere heutigen Tage den Moslems gegenüber stets den größeren Bevölkerungsanteil stellten. Bis zum 18. Jahrhundert hat sich die griechische Bevölkerung aufgrund von Ausbeutung und Schreckensherrschaft von 200 000 (zur Zeit des Krieges von 1571) auf 80 000 bis 100 000 verringert. Doch auch den Moslems widerfuhr ähnliches Leid, so daß die Bevölkerungsrelation über die Jahrhunderte kaum verändert wurde. Mit Bitterkeit verließen Tausende während dieser Zeit der Unterdrückung und Ausbeutung die Insel – Griechen und Osmanen! Es gab weniger Probleme und Konflikte zwischen zwei unterschiedlichen Sprach- und Religionsgruppen, sondern vielmehr unter den gesellschaftlichen Klassen beider Volksgruppen.

Zypern war ab 1571 kein Vorposten der europäischen Christen gegen die »heidnische Welt« des Islam mehr. Zypern wurde für Jahrhunderte von Europa vergessen, bis es im 19. Jahrhundert das Interesse der imperialistischen Machtpolitik Englands fand.

Ausbeutung und Unterdrückung gegen die zyprische Bevölkerung gingen aber nicht nur von den osmanischen Paschas und Pächtern aus; gleichermaßen war auch der Klerus der griechisch-orthodoxen Kirche daran beteiligt. Dieses unrühmliche Kapitel ergibt sich – heute fast unverständlich – aus der Toleranz des Islam den Christen gegenüber. Nach islamischem Recht muß keine im Islam lebende Minderheit Vertreibung oder Zwangsbekehrung fürchten. In der Rechtspraxis ist den Minoritäten ausdrücklich Schutz zugesichert. Die Gemeinschaften aller Andersgläubigen wurden im Osmanischen Reich und werden auch heute im modernen türkischen Staat als »Nationen« (millet) mit autonomen Status behandelt. Die im islamischen Glauben verankerte Toleranz den Millet-Gemeinschaften gegenüber ist jedoch häufig nur theoretisch. Oft praktizierten sie die Moslems nur aus Eigennutz. Auf Zypern führte die Auslegung dieser Toleranz zu einer völlig singulären »innenpolitischen« Entwicklung, bei der de facto der griechisch-orthodoxe Erzbischof von 1754 bis 1821 sogar die halbautonome Provinz Zypern regierte! Nur durch diesen historischen Tatbestand läßt sich die spätere Macht Makarios III. als Staatspräsident und Erzbischof verständlich machen.

Die Kirche war es, die ab 1571 als »Staat im Staate« die griechisch-orthodoxen Christen nicht nur vereinte, sondern ihnen immer wieder Zeichen der Orientierung gab und ihre Hoffnung auf nationale Befreiung weckte und stärkte. Immer nahm die Kirche aktiv am Kampf gegen Unterdrückung teil. Ihre konservative Macht war es – und dies gilt für alle von den Osmanen beherrschten Landschaftsräume mit griechisch-orthodoxer Bevölkerung –, die das byzantinische Erbe mit seiner Religion sowie seinen Traditionen und Brauchtumserscheinungen konservierend beschützte und rettete. Als Enklave war das Griechentum abgeschirmt gegen all jene gesellschaftspolitischen Veränderungen, die den Westen erschütterten. So hatten weder Reformation noch Aufklärung für die Griechen bis zum Anfang dieses Jahrhunderts irgendeine Wirkung auf ihre gesellschaftliche Entwicklung. Auch die Industrialisierung und ihre Folgen, wie die Landflucht und das Aufblühen städtischer Agglomerationen, blieben aus. Das alles sind Gründe dafür, daß sich griechisches Brauchtum über Jahrhunderte in seinen Urformen nahezu unverfälscht erhalten konnte. Noch heute bezeichnen sich die Griechen als »Romiós«, sie sind die wahren Nachfolger der Byzantiner, d.h. der Römer bzw. Oströmer.

Die Integrationskraft und die Vertrauensfunktion der Kirche spielte den Bischöfen, Priestern und Mönchen ungeahnte Macht in die Hände, die sie nicht selten im Verlauf der osmanischen Herrschaft über Zypern (und allen anderen griechischen Gebieten) zu ihrem Vorteil auszunutzen wußten. Die Steuereintreiber der Paschas und die Kirche waren oft Verbündete, wenn es darum ging, Abgaben und Steuern einzutreiben, von denen ein Großteil in ihrer Schatulle blieb.

Zu Beginn der neuen Fremdherrschaft war jedoch der Einfluß der Dragomans noch größer als der der Kirche. Diese Amtsträger waren Griechen, die ursprünglich nur als Dolmetscher zwischen den freigewählten »Gemeinderäten« (koja baschis bzw. demogerontes) und den Distriktverwaltungen (kazas) übersetzen und vermitteln sollten. Beständig mehrten diese Personen jedoch durch ihr geheimes Wissen auf beiden Seiten ihr Amt mit immer mehr Macht und Einfluß.

Der wachsende Bevölkerungsrückgang durch die Abwanderung von Christen und Moslems aufgrund finanzieller Ausbeutung und vieler abschreckender Hinrichtungen und die damit verbundenen Steuer-Mindereinnahmen für die »Hohe

Pforte« ließ die Sultane eingreifen: 1660 erhielt der Erzbischof das Recht, Beschwerden über Mißstände bei der osmanischen Regierung in Istanbul persönlich vortragen zu dürfen. Knapp hundert Jahre später, im Jahre 1754, wurde der Erzbischof von Zypern von der »Hohen Pforte« als Ethnarch, als Volksfürst, anerkannt, und war damit der offizielle politische Repräsentant der griechisch-zyprischen Bevölkerung. Ihm zur Seite stand der Dragoman, ebenfalls mit großer Macht ausgestattet; beide drängten die osmanische Verwaltung der Insel ins Abseits.

In der zweiten Hälfte des 18. Jahrhunderts setzten jene politischen Umwälzungen und Entwicklungen in Europa ein, die auch für Griechenland – das es damals noch gar nicht gab, sondern ganz im Osmanischen Reich aufgegangen war – und Zypern Hoffnungen auf nationale Befreiung weckten. Durch die Niederlage im dritten Russisch-Türkischen Krieg (1768 bis 1774) wurde der ständig anwachsende Expansionstrieb der Osmanen nicht nur in die Schranken gewiesen, sondern auch der Zerfall des Osmanischen Vielvölkerstaates eingeleitet. An nahezu allen Grenzen des Reiches mußte die »Hohe Pforte« Gebietsverluste hinnehmen. Dann das Ägypten-Abenteuer Napoleons (1798 bis 1799) – eine nicht nur gefährliche Bedrohung für die englische Herrschaft in Indien, sondern auch für das Osmanische Reich. Schließlich das Feuer der Französischen Revolution (1789), das auf dem Balkan mit der Erhebung der Serben (1804 bis 1807) und bei den Griechen den Schrei nach Freiheit und Unabhängigkeit entfachte.
Noch lag Zypern am Rande der aufkeimenden nationalen Bewegung. Für die zyprische Bevölkerung führte diese Entwicklung aber dennoch 1804 zu einem Schicksalsereignis: Erstmals kam es zu einem osmanischen Aufstand gegen die griechische Herrschaft des Dragoman (ursprünglich der offizielle Dolmetscher zwischen der griechischen Volksgruppe und der osmanischen Regierung), der nach Intervention in Istanbul mit Hilfe osmanischer Truppen aus Anatolien niedergeschlagen wurde. Ein historisches Ereignis, das eine bleibende Kluft zwischen den beiden zyprischen Bevölkerungsgruppen auftat. Haß und Mißtrauen dem Andersgläubigen gegenüber wuchsen heran und wurden fortan besonders von den jeweiligen Regierungen geschürt. Christen und Moslems fanden nicht die Kraft, die drohende Spaltung zu überwinden und sich gemeinsam als Zyprer zu fühlen, ein zyprisches Nationalgefühl über alle Sprach- und Religionsunterschiede hinweg zu entwickeln. Statt dessen gerieten sie in den Strudel der unterschiedlichen nationalen Bewegungen. Plötzlich entschied die Religion über die Zugehörigkeit zu einer Nation. In dem Maße, wie sich griechischer Nationalismus – vornehmlich jedoch nur beim Klerus und bei den Intellektuellen – im Kampf gegen das Osmanische Reich entwickelte und dieses aufhörte zu existieren, im gleichen Maße bildeten sich erstmals türkisches Nationalbewußtsein als Gegenreaktion im Verteidigungskampf gegen griechische Interessen heraus.
1818 nahmen Abgeordnete des »griechischen Geheimbundes« (Filikí Etairía) Kontakt mit dem zyprischen Erzbischof Kyprianós auf, um ihn für den griechischen Freiheitskampf zu gewinnen. Kyprianós lehnte aufgrund der völlig anderen Verhältnisse auf Zypern eine Beteiligung ab, unterstützte den griechischen Kampf hingegen ideell und mit finanziellen Mitteln. Der osmanische Gouverneur Kutchuk Mehmed nahm hingegen – ohne Zustimmung der »Hohen Pforte« – die Geheimkontakte des Erzbischofs zum Anlaß für Terror und Willkür, um die

Macht über Zypern zu erringen, und um die Schätze der orthodoxen Kirche an sich zu bringen. Nur in zweiter Linie zielten diese Maßnahmen darauf ab, jegliches Aufbegehren nach Freiheit der griechischen Bevölkerung im Keim zu ersticken. Am 9. Juli 1821 begann das blutige Massaker auf Zypern. Allein in Nikosía wurden der Erzbischof, die drei zyprischen Bischöfe und weitere 470 Griechen hingerichtet!

Die de-facto-Herrschaft des zyprischen Ethnarchen war damit gebrochen, Zypern wurde wieder von einem osmanischen Gouverneur regiert.

Noch heute belastet gerade dieses Blutbad die griechisch-türkischen Beziehungen auf Zypern; der 21. Juli 1821 ist für die griechischen Zyprer zum Trauma geworden, er ist eine Wurzel des ständigen Mißtrauens und der auf beiden Seiten noch immer häufig empfundenen Erbfeindschaft. Andererseits führte das blutige Vorgehen gegen die orthodoxe Kirche Klerus und Gläubige der griechischen Bevölkerung wieder zusammen, zwischen denen schon lange kein Vertrauensverhältnis mehr bestanden hatte. Zu stark hatte die Kirche den Gläubigen ihre Macht spüren lassen, zu oft hatte sie mit der osmanischen Provinzverwaltung gemeinsame Sache gemacht, zu oft hatte sie das Eintreiben von Steuern und Abgaben – zum eigenen Vorteil – unterstützt. Viele Griechen empfanden dieses Verhalten als Verrat am eigenen Volk und stehen nicht zuletzt aus diesen Gründen dem Klerus noch heute sehr skeptisch gegenüber. Damals wurde wieder Nähe hergestellt, neues Vertrauen entwickelte sich, man glaubte an das gemeinsame Ziel der nationalen Befreiung.

Während auf dem Festland der Freiheitskampf der Griechen (1821 bis 1830) erfolgreich zu Ende ging, vereinten sich 1833 griechische und osmanische Bauern Zyperns und kämpften gemeinsam gegen die osmanische Unterdrückung und Ausbeutung. Dieser gemeinsame Kampf zeigt, daß unter Griechen und Türken sich ein gemeinsames zyprisches Nationalgefühl hätte entwickeln können, wenn nicht von außen beständig Haß und Zwietracht – besonders von Großbritannien – zwischen den beiden Volksgruppen gesät worden wäre.

Doch schon von Anbeginn stand das neue Griechenland außenpolitisch in Abhängigkeit von den Großmächten, vor allem von Großbritannien. Schon die Staatsgründung vollzog Griechenland nicht eigenständig, über die staatliche Unabhängigkeit der Griechen entschieden in den Verträgen von London (1830 und 1832) die Schutzmächte Großbritannien, Rußland und Frankreich. Während die Großmächte den festgelegten Status quo im politischen Brennpunkt Südosteuropas unter allen Umständen erhalten wollten, kämpfte Griechenland für die »Megáli Idéa«, die große Idee, für die Freiheit aller Griechen, für einen großen griechischen Nationalstaat, in dem all die Gebiete vereint sein sollten, in denen seit Jahrhunderten – noch vor Gründung des Osmanischen Reiches! – Griechen lebten, wo seit Generationen griechische Kultur und Tradition tief verwurzelt waren. Die Hoffnung, den neugriechischen Nationalstaat an die Geschichte und Tradition des »Byzantinischen Jahrtausends« anzuschließen, endete mit der »Kleinasiatischen Katastrophe« (1921/22), bei der die griechische Armee von Atatürk vernichtend geschlagen wurde. Für immer mußte Griechenland seine territorialen Ansprüche auf Gebiete Kleinasiens aufgeben. Die »Megáli Idéa« war tot! Die ENOSIS (»Vereinigungs«)-Bewegung dagegen blieb noch Jahrzehnte lebendig, die auch den Anschluß Zyperns an das griechische Mutterland anstrebte.

Zypern als britische Kronkolonie

Auf Zypern hingegen wechselten 1878, nach drei Jahrhunderten osmanischer Herrschaft, die Besitzer. Dem russischen Expansionswillen zum offenen Meer, über Iran zum Persischen Golf und/oder über Istanbul zum Mittelmeer, setzten sich die Großmächte entgegen. Besonders Großbritannien bemühte sich, das geschwächte Osmanische Reich als Verteidigungsbollwerk zwischen Europa und Rußland zu stärken und zu erhalten. Am 5. Mai 1878 riet Earl Benjamin Disraeli Königin Victoria: »Wenn Zypern von der Hohen Pforte an Eure Majestät abgetreten wird, wird die Macht Englands im Mittelmeer nachdrücklich gestärkt. Zypern ist der Schlüssel zu Vorderasien. Ein solches Arrangement würde außerdem die Türkei in Europa beachtlich stärken; sie wäre am Ende eine stärkere Barriere gegen Rußland als vor dem Russisch-Türkischen Krieg.« Der russische Vormarsch bis nach Istanbul und die osmanischen Gebietsabtretungen von Ardahan, Batum und Kars im »Vorfrieden von S. Stefano« am 3. März 1878 zwangen die »Hohe Pforte« beim Berliner Kongreß ab 13. Juni 1878, auf die Forderungen Großbritanniens einzugehen. Für die englische Garantie, das Osmanische Reich militärisch zu schützen, erhielt Großbritannien im Gegenzug Zypern, das bis 1925 unter britischer Verwaltung stand und dann britische Kronkolonie wurde. Als am 12. Juli 1878 die ersten englischen Truppen auf der Insel eintrafen, lebten 139 695 Griechen (mit verschiedenen Minderheiten) und 46 389 Osmanen auf Zypern.

Der Erste Weltkrieg ist eines der dunkelsten Kapitel der neugriechischen Geschichte. Er führte zum Bruch zwischen den Royalisten und den Anhängern von Eleftherios Venizélos (1864 bis 1936). Als Führer der Liberalen Partei und späterer Ministerpräsident bestimmte er für fast zwei Jahrzehnte die Politik Griechenlands. Das junge Griechenland drohte angesichts dieser Spannungen unterzugehen. König Konstantin I. und seine Gemahlin Sophie, eine Schwester von Kaiser Wilhelm II., verfolgten zwar offiziell eine Neutralitätspolitik, in Wirklichkeit nahmen sie jedoch Partei für Deutschland und verhinderten damit den Anschluß Zyperns an Griechenland. Um den Monarchen zu einem Kriegseintritt zu bewegen, bot Großbritannien 1915 dem griechischen Staat Zypern an. Als Venizélos nach der Abdankung Konstantins I. im Bündnis mit den Großmächten Deutschland und den Mittelmächten den Krieg erklärte, fühlte sich die englische Regierung nicht mehr an ihr Angebot gebunden. Zypern blieb weiterhin unter englischer Verwaltung.

1931 kam es zu ersten gewaltsamen Demonstrationen auf der Insel gegen die britische Herrschaft. Griechische Zyprer forderten die ENOSIS, die Vereinigung mit Griechenland. Von britischer Seite wurden die Anschlußbestrebungen über Jahrzehnte ignoriert; die Engländer ermunterten die Türkei sogar, Ansprüche auf Zypern zu erheben und heizten das Problem damit richtig an.

Erst mit Erzbischof Makarios III. (1913 bis 1977), einem engagierten Verfechter der ENOSIS, sollte der entscheidende Wandel in dieser Frage herbeigeführt werden. Bei der vom griechischen Ethnarchen, dem Vertreter der kirchlichen und weltlichen Macht, durchgesetzten Volksabstimmung am 15. Januar 1950 entschieden sich 96 Prozent der Zyprer (78 Prozent der Gesamtbevölkerung sind Griechen) für die ENOSIS, für den Anschluß an das griechische Mutterland. Doch Zypern war für Großbritannien als einziger Militärstützpunkt im östlichen Mittelmeer unverzichtbar. Angesichts der Krise in Ägypten und der Gefahr, die Kontrolle über den Suez-Kanal zu verlieren, wollte Großbritannien die strategisch wichtige Insel den Griechen nicht überlassen. 1956 verstaatlicht

Ägypten die Suez-Kanal-Gesellschaft, an der Großbritannien ein großes Aktienpaket besitzt. Zypern wird für die Engländer nun noch wichtiger. Und Ankara erscheint ein »griechisches Zypern« als gefährlich. Nur etwa siebzig Kilometer vor der türkischen Südküste gelegen, würde die Insel als griechischer Vorposten für die Türkei eine ständige Gefahr bedeuten.

Die erste Zypernkrise

Auf der internationalen politischen Bühne kämpft Griechenland gegen die gemeinsamen Interessen Großbritanniens und der Türkei. Unbeirrbar bringt Griechenland in den Jahren 1950 bis 1959 immer wieder neue Resolutionen vor die Vereinten Nationen, um eine internationale Entscheidung über Zypern zu erwirken. Die Eingaben werden jedoch jedesmal abgeschmettert: Für London gibt es kein »Zypern-Problem«, dies teilt jedenfalls Außenminister Eden dem griechischen Ministerpräsidenten A. Papágos am 22. September 1953 in Athen mit. Dennoch erkennt Großbritannien die Gefahr einer ernsten und unkontrollierbaren Auseinandersetzung der beiden NATO-Verbündeten. Der Weltfrieden ist in Gefahr. Der Krieg muß verhindert werden.

Im August 1955 treffen sich in London die drei Außenminister Griechenlands, Großbritanniens und der Türkei. Doch wiederum gibt es keine greifbaren Ergebnisse. Der Konflikt eskaliert: Anfang September, als die Konferenz für kurze Zeit unterbrochen wird, ereignen sich in Istanbul Gewalttaten gegen die griechische Minderheit. Europa und die Welt sind erschüttert. Vor den Augen des Staates, der den Terror duldet, wenn er ihn nicht sogar geplant und organisiert hat, werden Kirchen und Friedhöfe geschändet, Schulen und Krankenhäuser zerstört, Wohnungen und Geschäfte geplündert, Menschen grausam mißhandelt ... Griechenland und die Türkei stehen am Rande eines Krieges!

Fluchtartig verlassen zum wiederholten Male Tausende von Griechen Istanbul und die Türkei. Von den einst 400000 Griechen in Istanbul leben heute nur noch wenige Tausend in der türkischen Metropole. Viele suchen in Griechenland eine neue Heimat. Doch die Türkeigriechen sind in »ihrem« Mutterland nur »Ausländer«. Die strenge griechische Gesetzgebung, die eine doppelte Staatsangehörigkeit nicht akzeptiert, verweigert all jenen die Einbürgerung, die türkische Staatsangehörige bleiben wollen, um sich weiterhin ihren Rechtsanspruch auf ihr in der Türkei zurückgelassenes Vermögen zu sichern. Erst 1981 lockert die griechische Regierung dieses Gesetz, das Türkeigriechen nun auch neben der türkischen die griechische Staatsbürgerschaft gewährt.

Auf Zypern organisiert Giorgios Grivas die »Nationale Organisation zyprischer Kämpfer«, die EOKA (ethnikí orgánosis kyprión agonistón), deren erklärte Feinde die Briten, die türkischen Zyprer und die Kommunisten sind. Am 1. April 1955 leitet Grivas die ersten Guerilla-Aktionen gegen die Briten. Als Gegenreaktion stellen die Briten eine Spezialeinheit auf, die vorwiegend aus türkischen Zyprern besteht. Weiterhin unterstützt London durch Tolerierung die Türkische Verteidigungsorganisation TMT (türk mudafa teskilat), die von Ankara mit türkischen Offizieren verstärkt wird und mit Rauf Denktasch, einem ehemaligen Beamten der britischen Kolonialverwaltung, ihren politischen Ratgeber hat. Denktasch war seit den frühesten Tagen des erbitterten Zypernkonfliktes ein unverzichtbarer Verbündeter des türkischen Militärs. Schließlich eskalierten die Aktivitäten der EOKA und TMT zum Bürgerkrieg auf Zypern.

Griechenland, ab Oktober 1955 von Ministerpräsident Konstantinus Karamanlis regiert, sucht während des furchtbaren Kampfes auf Zypern mit großem diplomatischen Geschick eine politische Lösung des Zypernkonfliktes. Der Athener Regierung gelingt es schließlich, »ohne nennenswerte Unterstützung von anderer Seite, die Weltorganisation zum ersten Mal in ihrer Geschichte zum Instrument der internationalen Politik eines kleinen Staates«, wie Klaus-Detlev Grothusen schreibt, zu machen.

Unter internationalem Druck muß Großbritannien Zypern nach Kompromißverhandlungen in Zürich (11. Februar 1959) und nach dem Londoner Abkommen vom 19. Februar 1959 in die Unabhängigkeit entlassen. Griechenland und die Türkei werden zusammen mit Großbritannien zu den drei Garantiemächten Zyperns ernannt. Am 6. April 1960 tritt die Verfassung des autonomen Staates Zypern in Kraft. Staatspräsident wird Erzbischof Makarios III., Vizepräsident, laut Verfassung stets ein Türke, ausgestattet mit dem uneingeschränkten Vetorecht, Fazil Kütçük.

Für Griechenland stellt dies eine unbefriedigende Lösung dar, mußte es doch die ENOSIS, den nationalen Traum, auch Zypern mit dem griechischen Mutterland zu vereinen, aufgeben. Die Türkei hingegen hatte ihr politisches Ziel erreicht: Griechenland konnte von der südanatolischen Mittelmeerküste ferngehalten werden. Statt dessen hatten die Türken damit das Recht erhalten, eine kleine militärische Einheit von 650 Soldaten auf Zypern zu stationieren. Griechenland war neben der britischen Militärbasis mit 950 Soldaten auf der Insel präsent.

Die zweite Zypernkrise

Doch damit war das Zypernproblem noch nicht gelöst. Vier Jahre später spitzt sich die Lage erneut zu. Die zweite Zypernkrise beginnt. Im August 1964 läuft die 6. US-Flotte ins östliche Mittelmeer aus, um eine internationale Katastrophe zu verhindern, und die beiden NATO-Partner Griechenland und Türkei von einem Krieg abzuhalten. Doch eigentlich ist dieser neue Ausbruch des Konflikts bereits in den Vereinbarungen von Zürich und London sowie in der dualistischen Staatsverfassung der Insel angelegt. Karamanlis, damals Führer der griechischen Seite, hatte eine prozentual höhere Beteiligung der Türken an der Staatsgewalt Zyperns akzeptiert als diesen entsprechend ihrem Anteil an der Gesamtbevölkerung der Insel zustand. Damit wollte Karamanlis, der auf eine Zusammenarbeit mit den Türken hoffte, eine Vertrauensbasis für die türkische Minderheit auf Zypern schaffen (achtzehn Prozent Türken stehen achtzig Prozent Griechen gegenüber). Diese Entscheidung aber bezeichnet Karamanlis selbst Jahre später – in seinem Pariser Exil während der Juntazeit in einem *Le Monde*-Interview vom 29. November 1967 – als den großen Irrtum seiner Außenpolitik. Bevölkerung und Opposition greifen Karamanlis aufs schärfste an, werfen ihm den »Verkauf Zyperns« vor und bringen ihn in arge innenpolitische Bedrängnis. Genau diesen kritischen Punkt der zyprischen Verfassung nimmt Makarios III. zum Anlaß, die nationalen Interessen der Griechen erneut vorzubringen. Am 30. November 1963 fordert er seinen türkischen Vizepräsidenten in einem 13-Punkte-Programm auf, über das Vetorecht der Türken und die prozentuale Überpräsentation nachzudenken. Kütçük soll gravierenden Eingriffen in die Rechte der türkischen Minderheit zustimmen. Ende Dezember befindet sich Zypern erneut am Rande eines Bürgerkrieges.

Am Heiligen Abend 1963 kommt es zu blutigen Ausschreitungen gegen die türkische Bevölkerung von Omorphíta, einem Vorort von Lárnaka. Die »Garantiemächte« greifen ein. Ankara droht, falls keine Einigung zwischen der Türkei, Griechenland und Großbritannien gelingt, eigenmächtig über das Schicksal der Insel zu bestimmen. Es beginnt ein internationales Ringen um eine politische Lösung. Am 4. März 1964 beschließt der Weltsicherheitsrat, eine Friedenstruppe nach Zypern zu schicken, die UNFICYP (United Nation Force in Cyprus), UNO-Soldaten aus sieben Ländern. Im August 1964 greift die türkische Luftwaffe griechische Dörfer und Nikosía an. Die amerikanische Flotte erscheint in den Gewässern Zyperns und verhindert das Schlimmste.

Während des Zypernkonfliktes 1963/1964 kommt es in der Türkei zu drastischen antigriechischen Vergeltungsmaßnahmen. Mit dem Befehl »Sprich türkisch!« werden die Griechen Ende 1963 in Istanbul eingeschüchtert. Das Vermögen der griechischen Minderheit wird größtenteils vom Staat beschlagnahmt. Viele Griechen fliehen. Die Türkei verstößt gegen Artikel 39 des Vertrages von Lausanne, in dem die Türkei ausdrücklich allen »nichtmuslimischen Minderheiten ... dieselben bürgerlichen und politischen Rechte« wie den Muslimen zusichert. 1964 lassen türkische Behörden die Druckerei des griechisch-orthodoxen Patriarchats von Konstantinopel im Fanar-Viertel von Istanbul schließen.

Am 4. Juli 1964 legt Dean Acheson als Sonderbeauftragter Präsident Lyndon B. Johnsons in Genf die amerikanische Position vor, die als Acheson-Plan in die Geschichte einging und noch heute die Zypernpolitik der USA bestimmt. Vereinfacht dargestellt fordert Acheson hier die Auflösung der Republik Zypern, da ein unabhängiger zyprischer Staat die amerikanischen Interessen bedrohe: Zypern solle geteilt werden, wobei der größere südliche Inselteil mit Griechenland vereint werde, die Halbinsel Karpasía für türkische Militärbasen zur Verfügung stehe und der restliche Inselteil als autonomes Gebiet für die nicht-auswandernden türkischen Zyprer vorgesehen sei. Die Forderung Johnsons zielte darauf ab, daß Griechenland allein, ohne Parlamentsdebatte – jedoch mit Rückendeckung der USA –, den Anschluß Zyperns erklären sollte. Später würde dann die NATO »diskret« den türkischen Anteil für Ankara bestimmen. Als Jeórjios Papandréu ablehnt, sagt Präsident Johnson: »Hören Sie zu ... ich scheiß auf Ihr Parlament und Ihre Verfassung. Amerika ist ein Elefant. Zypern ist ein Floh. Griechenland ist ein Floh. Wenn die beiden Flöhe den Elefanten weiter jucken, könnte es passieren, daß sie vom Rüssel des Elefanten eine gefeuert kriegen, aber richtig.«

Der Konflikt eskaliert

Im Jahr 1967 flammt der Zypernkonflikt erneut auf. Die Gefahr eines Krieges schwebt über der Ägäis. Am 21. April 1967 hat die Militärjunta unter Geórgios Papadópulos die Demokratie im Lande beseitigt und die Macht an sich gerissen. Die Türkei und Zypern bleiben auch für die Obristen die wichtigsten außenpolitischen Themen. Griechenland ist für die Welt strategisch und wirtschaftlich zu bedeutend, so daß kein Land die diplomatischen Beziehungen mit der Militärdiktatur abbricht. Vielmehr gibt es Stimmen, die behaupten, der Machtwechsel in Griechenland habe nicht ohne Billigung der USA verwirklicht werden können. Jedenfalls sieht sich das Militärregime sogleich mit dem sich verschärfenden Zypernkonflikt konfrontiert, der die Obristen auch sieben Jahre später zu Fall bringen wird.

Griechen und Türken finden auf Zypern keinen Modus vivendi. Immer wieder kommt es zu schweren Auseinandersetzungen. Die Spannungen nehmen zu, der Konflikt eskaliert. Am 15. November 1967 intervenieren der Weltsicherheitsrat, die USA und die NATO. Wieder läuft die 6. US-Flotte ins östliche Mittelmeer aus. Am 8. Dezember erfolgt die diplomatische Niederlage der Athener Regierung auf höchster internationaler Ebene: Griechenland wird verpflichtet, seine inzwischen auf über 10000 Soldaten angewachsene illegale griechische Nationalgarde (die allein in den wenigen Monaten der Junta um Tausende verstärkt wurde) bis spätestens zum 16. Juni 1968 um rund 6000 Soldaten zu reduzieren. Diese Spezialtruppe wurde von Georgios Grivas (1898 bis 1974) geführt, der systematisch die Konfrontation mit Makarios III. sucht und im Auftrag der Junta zielstrebig den Aufruhr auf Zypern schürt und die ENOSIS fördert, um den Anschluß an Griechenland zu erwirken. Vorübergehend ist zwar durch das internationale Eingreifen der Frieden gesichert, Zypern bleibt jedoch ein Pulverfaß.

Der Konflikt zwischen Athen und Makarios III. spitzt sich zu. Seit 1970 zeichnen sich die verhärteten Fronten immer schärfer ab: Papadópulos will die Vereinigung Zyperns mit dem griechischen Mutterland mit Gewalt durchsetzen, der zyprische Erzbischof hingegen kämpft seit langem leidenschaftlich für ein unabhängiges Zypern. Die ENOSIS ist für Makarios III. und die griechischen Zyprer keine Alternative mehr. Im März 1970 folgt das von Athen aus geplante Attentat auf Makarios III., schlägt aber fehl. Schließlich erfolgt 1971 die heimliche Ankunft des ewigen Kämpfers Grivas. Er organisiert den zyprischen Widerstand gegen Zyperns Staats- und Kirchenoberhaupt, ruft die »EOKA-2« wieder ins Leben, die im Befreiungskampf gegen die Engländer gegründet worden war. Kontakte zu den Offizieren der griechischen Nationalgarde werden hergestellt. Zypern soll im Staatsstreich Griechenland angeschlossen werden. Der Putsch wird vorbereitet, nicht wenige sagen mit aktiver Unterstützung der USA, was jedoch nie bewiesen werden konnte.

Am 17. Juni 1974 stellt Makarios III. Athen das Ultimatum, die griechischen Offiziere der Nationalgarde sofort abzuziehen. Anfang Juli droht F. Gizikis, Staatspräsident der Junta, mit einem Putsch. Zwei Wochen später, am 15. Juli, stürmen Nationalgardisten den erzbischöflichen Palast. Makarios III. flieht nach Néa-Páfos, spricht über den Rundfunk zu den griechischen Zyprern und fliegt über Malta nach New York und London. Fünf Tage später, am 20. Juli 1974, landen – unter Berufung auf die Garantiemachtfunktion der Türkei – türkische Invasionstruppen an der Nordküste der Insel. Krieg und Vertreibung beginnen. Der Putsch ist gescheitert. Die Militärdiktatur in Athen dankt ab. Konstantin Karamanlis bildet eine neue demokratische Regierung. Griechenland zahlt für die Befreiung von der Junta den Preis der Spaltung Zyperns: die griechischen und türkischen Zyprer müssen sie erdulden und mit ihr leben ...

Gründung der »Türkischen Republik Nordzypern«

Die Kampfhandlungen auf Zypern werden am 16. August 1974 beendet. Im Dezember übernimmt Makarios III. wieder seine Amtsgeschäfte als Staats- und Kirchenführer in Nikosía. Nach seinem Tode, am 3. August 1977, wird sein traditionsreiches Amt geteilt: Spýros Kyprianú wird Staatspräsident, Bischof Chrysóstomos Erzbischof. Der nördliche Teil Zyperns, vierzig Prozent des 1960 gegründeten Insel-Staates, ist von türkischen Truppen besetzt.

1975, am 13. Februar, proklamiert Rauf Denktasch den »Türkischen Bundesstaat Zypern« und gründet am 15. November 1983 die »Türkische Republik Nordzypern« (»TRN«). Aber nur Ankara erkennt diesen separaten Staat an. Karamanlis bringt am 15. August in einer Rundfunkansprache die Empörung des griechischen Volkes zum Ausdruck und spricht offen die USA als Mitschuldigen an – zumal die türkische Invasion mit amerikanischen Waffen durchgeführt wurde: »Und sie (die Türkei) beging diese schändlichen Akte mit Duldung derjenigen, die sie hätten zurückhalten können.«

180 000 bis 200 000 griechische Zyprer werden nach offiziellen zyprischen Darstellungen vertrieben, während es nach realistischen Berechnungen von J. H. Wolfe wohl nur 162 000 Flüchtlinge waren. Etwa 45 000 Türken aus Südzypern verlassen nach der türkischen Invasion in den Jahren 1974/1975 ihre Heimat und siedeln auf Druck Ankaras hin nach Nordzypern um. Allein im Gebiet von Páfos stehen heute 42 türkische Ortschaften leer. Der reiche nördliche Teil Zyperns geht verloren. Dort lagen die Schwerpunkte der zyprischen Wirtschaft: Der Fremdenverkehr hatte achtzig Prozent seiner Standorte im heute von der Türkei besetzten Teil der Insel, 65 Prozent der landwirtschaftlichen Nutzfläche liegen im Norden (heute größtenteils Brachland) und sechzig Prozent der gesamten Industriekapazität der jungen Republik Zypern konzentrierte sich auf Nordzypern.

Die katastrophalen Ereignisse von 1974 machen deutlich, daß die Lösung des Zypernkonfliktes und das Verhältnis zwischen Griechenland und der Türkei schicksalhaft miteinander verknüpft sind. Die siebenjährige Diktatur der Junta konnte zwar den Willen der Griechen nach Demokratie nicht brechen, denn erstaunlich schnell und problemlos gelang es Karamanlis, die griechische Demokratie wiederherzustellen!

Doch das Erbe Zyperns und der Obristen wiegt schwer. Die politischen Positionen der Griechen und Türken sind noch härter geworden. Der nördliche Teil der Insel bleibt weiterhin von der Türkei besetzt. Eine politische Lösung der Zyperntragödie ist nicht in Sicht. Die UNO bemüht sich um eine Lösung, wobei eine Bundesstaatsvariante diskutiert wird!

Neue Annäherungsversuche

Eine neue politische Dimension im Verhältnis zwischen Griechenland und der Türkei bewirkten die Treffen von Türgüt Özal und Andreas Papandréu in Davos am 30./31. Januar 1988 und in Brüssel am 3./4. März 1989 sowie der historische Besuch Özals am 13. Juni 1988 in Athen. Auch wenn keine greifbaren Lösungen, weder für das Ägäisproblem noch für den Zypernkonflikt, gefunden wurden, allein die Gesprächsbereitschaft beider Seiten weckt Hoffnungen. In dem Athener Abschlußkommuniqué sprechen beide Politiker von einem »konstruktiven Geist« und einer »Atmosphäre guten Willens«!

Auch können die Wahlen des unabhängigen Jeórjios Vassilíu zum neuen Präsidenten Zyperns am 14. und 21. Februar 1988 als deutliches Votum der griechisch-zyprischen Bevölkerung gewertet werden: Einerseits wird damit der bisherigen konservativen Zypernpolitik eine Absage erteilt, andererseits wird damit ein Generationswechsel signalisiert, der die Chance bietet, eine Politik zu gestalten, die offen und mit weniger Vorurteilen behaftet ist, gleichzeitig aber auch Verständnis für die Ängste, Probleme und Sorgen der türkisch-zyprischen Bevölkerung entwickelt.

Das Schicksal Zyperns ist von dem Verhältnis zwischen Griechenland und der Türkei abhängig. Wichtigstes Faustpfand Athens ist der EG-Beitrittswunsch der Türkei, die am 14. April 1988 Antrag auf Vollmitgliedschaft gestellt hat. Doch es ist ungewiß, ob die EG die Türkei tatsächlich als Mitgliedsstaat akzeptieren würde, denn viele Staaten äußern sich schon jetzt besorgt über ein mögliches unkontrolliertes Hereinströmen türkischer Gastarbeiter, und so kommt es der EG wohl sehr gelegen, den Antrag Ankaras mit den Hinweis auf die türkische Besetzung Nordzyperns immer wieder ablehnen zu können, was wiederholt geschehen ist. Solange türkische Truppen auf Zypern stationiert sind, wird Griechenland den Einzug der Türkei in die Gemeinschaft stets mit seinem Vetorecht boykottieren, danach müßte die EG Farbe bekennen. Zyperns Antrag auf EG-Mitgliedschaft vom 4. Juli 1990 hingegen dürfte von den Mitgliedsländern allgemein mit Wohlwollen beurteilt werden; seit Dezember 1987 existiert bereits eine Zollunion zwischen der EG und Zypern.

Festgefahren hingegen ist die politische Situation innerhalb Nordzyperns und die Position von Rauf Denktasch, der seine Macht einzig den etwa 80000 (!) (Stand März 1990) Siedlern aus der Türkei verdankt. So gelang es ihm 1985 und 1990, nur mit den Stimmen der Siedler-Partei »New Birth Party« (NBP) »Staatschef« eines »Staates« zu werden, der nur von der Türkei anerkannt ist. Denktasch bleibt unbeugsam und sucht jede Gelegenheit, trickreich internationale Anerkennung für seinen »Staat« zu erlangen. Deshalb wird er in Nordzypern besonders von Özker Özgür, dem türkisch-zyprischen Parteiführer der »Republican Turkish Party« (RTP) scharf kritisiert. Özgür fordert einen »Staat für zwei Staatsvölker« und drängt darauf, daß Zypern von der türkischen Armee und allen anderen Soldaten entmilitarisiert wird. Weiterhin plädiert er für die Remigration der türkischen Siedler.

Denktaschs Verbindungen zum türkischen Militär sind seit Jahrzehnten gewachsen. Jede Zivilregierung in Ankara muß die traditionell sehr starke Rolle der Armee – eine Tradition, die weit bis in die Zeit des Osmanischen Reiches zurückreicht – berücksichtigen und bei allen politischen Entscheidungen mit einbeziehen. Doch für Ankara wird Denktaschs »Staat« zunehmend zum Problem. Sowohl das kostspielige Militär, das mit rund 60000 Soldaten auf Nordzypern stationiert ist, als auch besonders die »Hilfszahlungen« Ankaras, die sich 1987 auf etwa 60 Millionen US-Dollar beliefen, belasten den stets krisenhaften türkischen Haushalt so sehr, daß die Türkei allein aus diesen Gründen in naher Zukunft eine Zypernlösung finden muß.

Auch zeigen sich im Norden zwischen Siedlern und türkischen Zyprern zunehmend Spannungen. Der Ruf nach Rückwanderung der Siedler wird laut. Türkische Zyprer und Türken finden keine Gemeinsamkeiten; auch im Norden scheint sich ein zyprisches Nationalbewußtsein zu entwickeln.

In Pétra tú Romiú an der Südküste Zyperns, wo in mythischer Vorzeit die aus dem Schaum geborene Aphrodite das Licht der Welt erblickte, da warten heute Sonne, Strand und Meer auf den Zypernreisenden. Der markante »Aphrodite-Felsen« im Meer trägt den allzuoft mißverstandenen Namen »Pétra tú Romiú«, das heißt in der Übersetzung sinngemäß: »Felsen der Griechen« und nicht wörtlich: »Felsen der Römer«.

Zypern ist eine Schatzkammer byzantinischer Kunst. In der Ajía Parthénos- (Panajía) Kirche von Kaminária im westlichen Tróodhos-Gebirge zeigen die Stifterbilder aus dem ersten Viertel des 16. Jahrhunderts Porträtmalerei westlicher Prägung.

In Nikosía, der geteilten und im Norden von türkischen Truppen besetzten Stadt, gibt es noch viel mittelalterliche Bausubstanz.

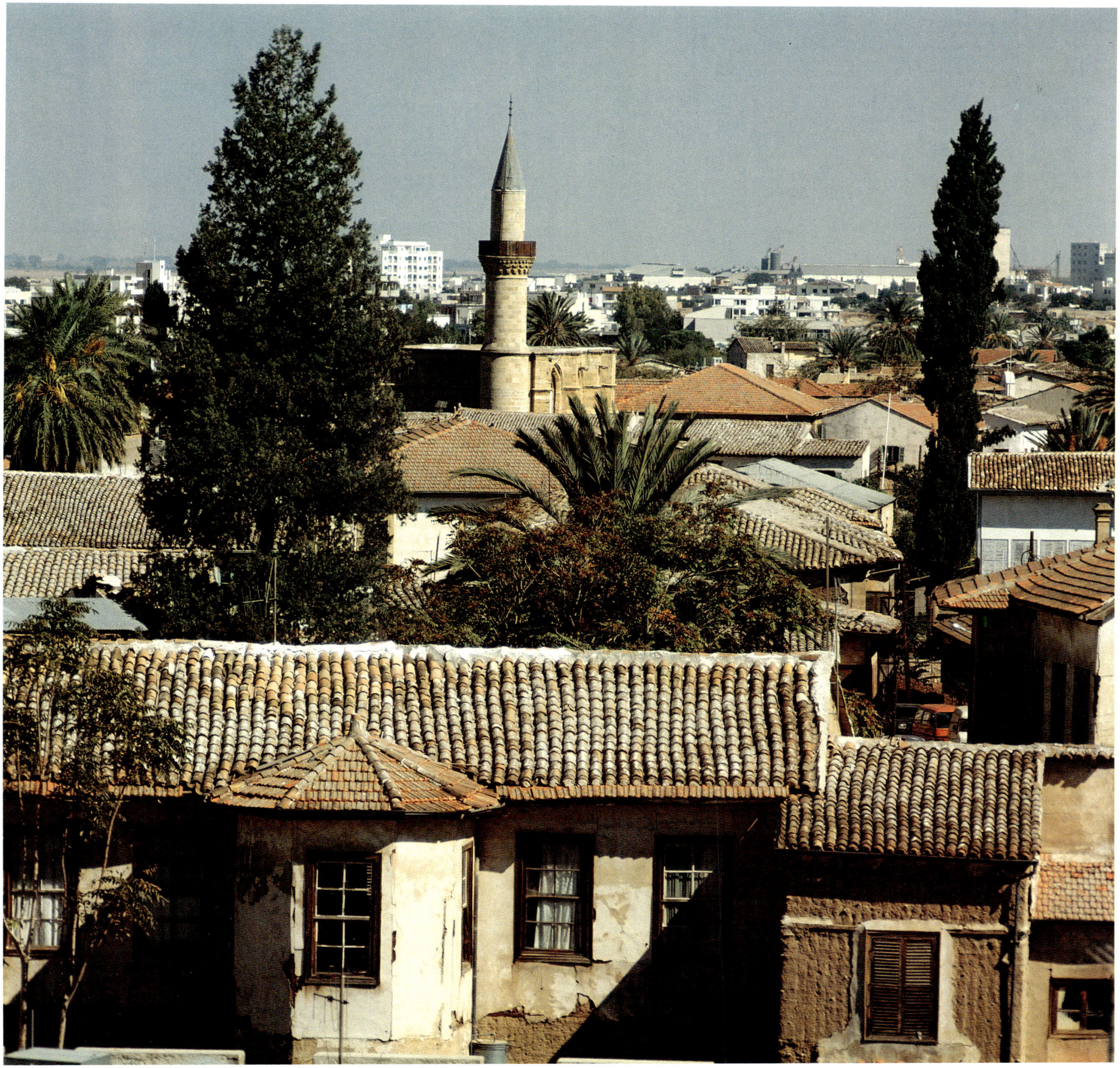

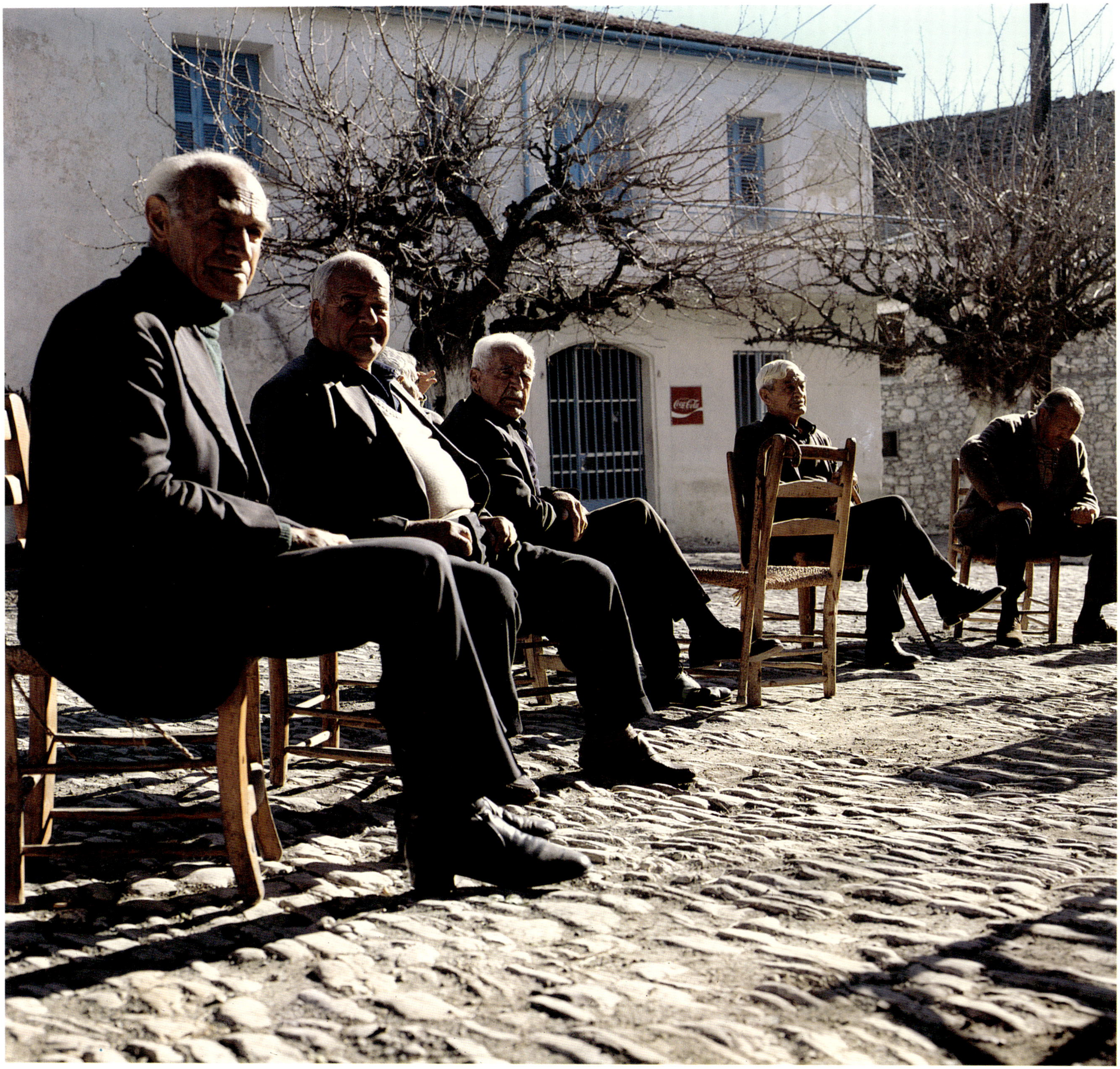
Coca-Cola

Kunstraub in Nordzypern

Der »Fall« Peggy Goldberg

Indianapolis, August 1989. US-Bundesbezirksrichter James Noland spricht im Rechtsstreit zwischen den Klägern Republik Zypern (Territorium der Republik Zypern ist völkerrechtlich bis heute die ganze Insel) und der griechisch-orthodoxen Kirche Zypern gegen die amerikanische Kunsthändlerin Peggy Goldberg das Urteil: Die Beklagte habe beim Ankauf eines frühchristlichen Mosaiks nicht genug geprüft, ob es sich bei dem angebotenen Kunstwerk um Diebesgut handelte. Das Meisterwerk frühchristlicher Kunst ist ein Apsismosaik des 6. Jahrhunderts aus dem türkisch besetzten Teil Nordzyperns. Der Richter betonte, daß die Kunsthändlerin beim Ankauf hätte mißtrauisch werden müssen und legte dar, Frau Goldberg habe leichtfertig und ohne ausreichende Recherchen über den Ursprung des Kunstwerkes Diebesgut gekauft, das ohne Ersatzansprüche wieder an Zypern zurückgegeben werden müßte. Alle Beteuerungen von Peggy Goldberg, sie hätte durch ihren amerikanischen Anwalt gewissenhaft die internationalen Zollbehörden der USA und der Bundesrepublik Deutschland (der Kauf wurde in München abgewickelt) und selbst die UNESCO befragt, ob dieses Mosaik als gestohlen gemeldet sei, wurden vom Gericht als nicht ausreichende Kaufabsicherung gewertet. Der Richter hielt der Kunsthändlerin vor, daß sie es versäumt habe, direkt bei der Republik Zypern über die wahre Herkunft und über den rechtmäßigen Eigentümer Auskunft einzuholen. Sie hätte dies deshalb tun müssen, weil die Ausfuhrgenehmigung für das Mosaik von der weltweit nicht anerkannten »Türkischen Republik Nordzypern« (TRN) ausgestellt worden war.

Unglaubwürdig klingt die Behauptung von Peggy Goldberg, sie habe gewissenhaft abgeklärt, ob es sich bei dem Mosaik um Diebesgut handelt. Es überrascht, daß sie bei ihren UNESCO-Recherchen nicht auf den 1963 in der Reihe »UNESCO-Sammlung der Weltkunst« erschienenen Band »Zypern« gestoßen ist. Denn in diesem Werk wurde die Lythrágomi-(Lythránkomi-)Kirche, aus der das Mosaik gestohlen wurde, publiziert. Ferner liegt seit 1977 eine Monographie von A. H. S. Megaw über die gestohlenen Kunstwerke dieser Kirche vor: Frau Goldberg hätte es als Expertin des internationalen Kunstmarktes nicht schwerfallen dürfen, auch aus anderen Quellen das Mosaik als Diebesgut zu erkennen: Gemeinsam mit anderen in Nordzypern verschollenen Kunstwerken, wurde es bereits auf der »Konferenz des Internationalen Museumsrates« in Athen vom 29. bis 31. Oktober 1984 als gestohlen gemeldet und in einer kleinen Broschüre veröffentlicht.

Das Urteil des US-Bundesbezirksgerichtes in Indianapolis ist sensationell: Es kümmert sich nicht um den Dieb, sondern hält sich an den Händler, der mit dem Diebesgut das große Geld machen will. Dieses Urteil ist ein willkommenes und notwendiges Abschreckungsmittel für den gesamten internationalen Kunstmarkt, auf dem zahlreiche Hinterlassenschaften vergangener Kulturen aus Raubgrabungen gehandelt werden. Es zeigt Vermittlern und Kunsthändlern gefahrvolle Grenzen und rechtliche Schranken. Gibt es keine Absatzmärkte

Zum täglichen Straßenbild auf Zypern gehören die Männergesellschaften vor den Kaffeehäusern, wie hier in 'Omodhos. Bei Wasser, Kaffee und Ouzo diskutiert man im Rauch vieler Zigaretten die Dorfpolitik.

mehr für Diebesgut, dann besteht die Chance, daß Schatzsuchern, Schmugglern und Dieben ihr Handwerk gelegt wird und Kulturdenkmäler wie Tempel, Kirchen und Gräber nicht weiterhin durch Raubgrabungen zerstört und vernichtet werden.

Doch folgen wir der Odyssee des Mosaiks von Nordzypern in die USA. Vergegenwärtigen wir uns die Bedeutung des gestohlenen Kunstwerkes. Die von Peggy Goldberg für 20 Millionen US-Dollar angebotenen Mosaike sind Teile einer Apsisdekoration aus der Dorfkirche von Lythrágomi auf der nordöstlichen Halbinsel Karpasía. Die Mosaike der Panajía Kanakariá-Kirche gehören zu den bedeutendsten Werken frühchristlicher Kunst der Ostkirche. Sie sind die wichtigsten Arbeiten frühbyzantinischer Künstler, die für vergleichende Studien mit den großartigen Werken von Ravenna, dem Zentrum frühchristlicher Kunst des Westens, herangezogen werden können. Sie werden, wie die Meisterwerke in San Vitale, Ravenna (540 bis 547), in die erste Hälfte des 6. Jahrhunderts datiert (um 530).

Der Osten, das einstige Byzanz mit seiner Metropole Konstantinopel, ist unsagbar arm an erhaltenen Kunstwerken der frühchristlichen Epoche. Nur die leidvolle Inselgeschichte Zyperns, die 300jährige Araberherrschaft von der Mitte des 7. Jahrhunderts bis zur Mitte des 10. Jahrhunderts hat die frühchristlichen Werke Zyperns vor dem im ganzen byzantinischen Reich tobenden Bilderstreit verschont. Wie ein Sturm fegte die Zerstörungswut während des Ikonoklasmus, des Bilderstreits, von 726 bis 780 und wiederum von 815 bis 843, durch das gesamte Oströmische Reich und vernichtete nahezu alles, was seit den Anfängen der Christenheit im Osten an christlicher Kunst geschaffen worden war.

Und zu diesen Ausnahmen, die übrigblieben, gehören die Mosaike von Lythrágomi ebenso wie die Werke in zwei anderen zyprischen Kirchen, der Panajía Kerá von Liwádhia (aus dem 6. Jahrhundert) und der Panajía Angelóktistos von Kíti (aus der zweiten Hälfte des 6. Jahrhunderts). Darüber hinaus sind aus dieser Epoche der orthodoxen Welt nur die Mosaike im Katharinenkloster (565/566) auf dem Berg Sinai, jene in der Basilika des Euphrasius in Poreč (Parenzo) auf der Halbinsel Istrien (um 540/550) und in zwei Kirchen von Thessaloníki erhalten: der Georgsrotunde (um 400) und der Hosios David-Kirche (aus der Wende vom 5. zum 6. Jahrhundert). Dieser äußerst bescheidene Denkmälerbestand aus einer ganzen Epoche verdeutlicht, welche Bedeutung die drei zyprischen Kunstwerke – von nur insgesamt sieben erhaltenen – haben. Da auch die spärlichen Reste der Apsismosaike von Liwádhia in Nordzypern Opfer des Kunstraubes geworden sind, existieren heute auf Zypern nur noch die Werke in der Panajía Angelóktistos-Kirche von Kíti im Süden der Insel!

Zypern war seit Beginn der christlichen Epoche im 1. Jahrhundert eine wichtige Brücke zwischen dem Heiligen Land (Palästina) und Rom einerseits und Konstantinopel andererseits. Auf dieser bis in unsere heutige Zeit strategisch wichtigsten Insel im östlichen Mittelmeer wirkten während der ersten Christianisierung der Evangelist Markus, die Apostel Paulus und Andreas sowie der heilige Barnabas und der von Christus vom Tode auferweckte Lazarus. Ferner ereignete sich in Páfos die Bekehrung des römischen Statthalters Sergius Paulus, der auch Saulus hieß!

Entsprechend ihrer kirchengeschichtlichen Bedeutung ist die Insel sehr reich an frühchristlichen Basiliken mit wertvollen Fußbodenmosaiken, die die Pracht der verlorengegangenen Innenraumgestaltung nur erahnen lassen. Erhaltener Wandschmuck aus dieser Epoche des 5. bis 7. Jahrhunderts existiert nicht mehr in den großen Bischofskirchen und Basiliken, sondern nur noch in kleinen Dorfkirchen.

Eine dieser Dorfkirchen ist eben die Panajía Kanakariá in Lythrágomi. Die teilweise beschädigte Apsiskomposition zeigte vor 1974 die thronende Muttergottes (ohne Kopf) mit dem Christusknaben in einer Mandorla, einem mandelförmigen Heiligenschein, links und rechts flankiert von den beiden Erzengeln Michael (nicht erhalten) und Gabriel. Den freien Rand der Wölbung zum Kirchenschiff hin zierte eine umlaufende Dekoration mit geometrischen und floristischen Motiven. Parallel dazu verlief ein Mosaikstreifen mit dreizehn Medaillons: im Scheitel mit einem beschädigten Kreuz sowie mit den Büsten von elf Aposteln und einem Evangelisten: Im Norden Paulus (beschädigt), Andreas, Matthäus, Judas Thaddäus, Markus und Thomas; im Süden Petrus (nicht mehr erhalten), Johannes, Philippus und Evangelist Lukas (beide beschädigt), Jakobus und Bartholomäus. Diese Gesamtdarstellung wurde nach 1974 aus der Apsiswölbung herausgebrochen. Da die Kirche – wie alle anderen orthodoxen Gotteshäuser mit byzantinischen Kunstwerken – von den nordzyprischen »Behörden« zum Schutz vor Beschädigung und Raub verschlossen wurde, fällt die Verantwortung für den dreisten Diebstahl mittelbar auf die Dienststellen der »Türkischen Republik Nordzypern« und die türkischen Militärbehörden. Jedenfalls stellten Vertreter des »Department of Antiquities« von Nordzypern bei einer Routinebesichtigung im Jahre 1982 fest, daß die Mosaike aus der Apsiswölbung herausgebrochen waren.

Mysteriös in diesem Zusammenhang ist eine bereits 1978 ausgestellte Ausfuhrgenehmigung des »Türkischen Bundesstaates Zypern« für diese Kunstwerke, die von Osman Örek unterzeichnet ist, der bis 1963 Verteidigungsminister der Makarios-Regierung war und seit 1974 Weggefährte des nur von Ankara anerkannten »Präsidenten« Rauf Denktasch ist. Er hat das Dokument allerdings als Fälschung bezeichnet.

Peggy Goldberg erfährt erstmals 1988 etwas von der Existenz dieser Mosaike – wie sie sagt. Im Frühsommer stellt der niederländische Kunsthändler Michel van Rijn (nach seinen Aussagen Ahne von Rembrandt und Rubens) erste Kontakte zwischen ihr und dem in München ansässigen türkischen Kunsthändler Aydin Dikem her. Man wird sich handelseinig! Peggy Goldberg erwirbt laut Kaufvertrag, der dem Gericht als Beweis vorgelegt wurde, für 1,2 Millionen US-Dollar nur einen geringen Teil der Diebesbeute, und zwar den Christusknaben, den fragmentarischen Erzengel Gabriel sowie die Medaillons der Apostel Matthäus und Jakobus. Die Muttergottes, die anderen Apostel und die Dekormotive sind bis heute verschollen. Sie werden vielleicht heimlich auf dem Kunstmarkt angeboten oder schmücken bereits im Verborgenen die Schatzkammern von Privatsammlern.

Am 7. Juli 1988 findet im zollfreien Raum des Genfer Flughafens die Übergabe der Kunstwerke statt. Noch im gleichen Jahr nimmt Frau Goldberg Kontakte mit Erzherzog Geza von Habsburg vom Genfer Auktionshaus Habsburg/Feldmann auf und bittet ihn, für sie als Vermittler tätig zu werden. Der Nachkomme aus dem Hause Habsburg bietet daraufhin die zyprischen Mosaike für 20 Millionen US-Dollar dem Getty Museum in Malibu/Los Angeles an. Marion True, Direktorin der Antikenabteilung des Museums, bringt dann den Stein ins Rollen. Sie erkennt sofort, daß die angebotenen Kunstwerke aus der nordzyprischen Kirche von Lythrágomi stammen und erklärt Geza von Habsburg, daß es sich bei den Mosaiken zweifelsfrei um Diebesgut handeln müsse. Kurz vor den Gerichtsverhandlungen erklärte der Erzherzog im Mai 1989 zu seiner Verteidigung, er habe Peggy Goldberg empfohlen, einen Mäzen zu finden, der die byzantinischen Kunstwerke kaufe und der zyprischen Regierung zurückgebe. Erst nach dem zweiten Versuch von Peggy Goldberg, das Diebesgut dem Getty Museum anzubieten, informiert Marion True die Regierung der Republik Zypern und die griechisch-orthodoxe Kirche Zyperns. Der von Kirche und Staat unverzüglich erhobenen gemeinsamen Klage auf Herausgabe der Kunstwerke wird mit dem Ersturteil vom 3. August 1989 und mit dem Berufungsurteil des Bundesbezirksgerichts in Indianapolis stattgegeben. Nun warten die Kunstwerke, in einem sicheren amerikanischen Banktresor verschlossen, auf ihre Rückführung nach Zypern.

Zerstörung christlicher Kulturgüter

Der mit dem Urteil von Indianapolis aufgedeckte Kunstraub zeigt nur die Spitze des Eisberges. Im türkisch besetzten Teil Zyperns werden seit der Invasion im Jahre 1974 systematisch Plünderungen von historischen Stätten der 9000jährigen Kultur durchgeführt. Die Odyssee dieses nordzyprischen Mosaiks, eines wichtigen Weltkulturdenkmals, vom Raub bis zur Sicherstellung ist also leider kein Einzelfall. Es ist ein erschreckendes Beispiel für Hunderte, ja Tausende verschollener Kunstwerke, die nur selten irgendwo auf dem internationalen Kunstmarkt als Diebesgut entdeckt werden. Und noch seltener gelingt der zyprischen Regierung oder Freunden Zyperns der Rückkauf und die Rückführung zum Ursprungsland – was der A. V. Leventis-Stiftung einige Male erfolgreich gelang.

Von türkischer Seite wird die Tatsache der Zerstörung dieses einmaligen Kulturerbes heruntergespielt. Eine Absicht, die Tatumstände aufzuklären, ist nicht zu erkennen. Nur in seltenen Fällen folgt eine gerichtliche Bestrafung. Immer wieder beteuern offizielle türkische Dienststellen zwar ihr Bedauern über diese Barbarei, doch es gibt keine Anzeichen dafür, daß der Kunstraub und die Plünderung archäologischer Stätten in Nordzypern mit ernstzunehmenden Maßnahmen gestoppt werden soll. Noch immer wird das wahre Ausmaß des organisierten Kunstraubes verheimlicht. Und es gibt keine Signale aus Ankara, daß man den bereits entstandenen Schaden beheben und gemeinsam mit der Republik Zypern die Urheber bekämpfen will, keine türkischen Erklärungen, die erkennen lassen, daß die Täter entlarvt und bestraft werden sollen.

Diese Umstände waren nach dem Indianapolis-Urteil Anlaß, in Nordzypern zu recherchieren, um Beweise vorzulegen und Dokumentationen zu erstellen, die eindeutig über das Ausmaß gestohlener Mosaike, Fresken und Ikonen aus nordzyprischen Kirchen berichten.

Die Reise im Herbst 1989 brachte die erschreckende Erkenntnis: Es gibt sie doch, die blinde Zerstörung griechischer Kulturgüter. Nicht eines der aufgesuchten Denkmäler ist unbeschädigt; alle griechisch-orthodoxen Kirchen und christlichen Friedhöfe sind geschändet und geplündert! Entsprechendes sieht man im südlichen Teil der Republik Zypern nicht. Dort werden moslemische Gotteshäuser von den griechischen Zyprern nicht nur schützend verschlossen

gehalten, sondern auch gepflegt. Die Friedhöfe hingegen weisen meist den Zustand auf, den sie hatten, als die türkischen Zyprer nach 1974 ihre Dörfer verließen, so daß heute zahlreiche Grabstätten von Pflanzen überwuchert sind.
Äußerst hinderlich beim Reisen durch Nordzypern ist die mit etwa 60 000 Soldaten sehr starke Präsenz der türkischen Armee. Immer wieder wird dem Reisenden die Entdeckung der Landschaft mit ihren zahlreichen Kunstdenkmälern durch ein leuchtend rotes Schild mit einem dargestellten Soldaten und der viersprachigen Mahnung »Militärische Sicherheitszone. Eintritt verboten« verwehrt. Irritiert stellt man fest: Kein Dorf trägt mehr seinen ursprünglichen griechischen Namen. Alle Ortsschilder sind durch neue mit rein türkischen Ortsbezeichnungen ausgetauscht. Nur die historischen Stätten mit den devisenbringenden Namen wie Salamis und 'Enkomi, Sóli und Vuní blieben erhalten, werden touristisch vermarktet.

Auf den Spuren geheimer Wege

Erste Station auf den Spuren der Kunsträuber ist das **Kloster Antifonitís**, nördlich der Ortschaft Kalogräa (der Verfasser bleibt bei den traditionellen griechischen Ortsbezeichnungen), mit wertvollen Fresken aus der Zeit vom 12. bis zum Ende des 15. Jahrhunderts. Von Kyrínia aus geht die Fahrt entlang der Küstenstraße Richtung Osten. Kurz vor der Abzweigung nach Kalogräa, ein Abstecher zu dem kleinen **Kloster Panajía Melandrúnas**. Es bietet keine große Kunst. Doch die wohltuende Ruhe, die anregende Klosteratmosphäre und die reichgeschnitzte Bilderwand der Klosterkirche sind aus der Zeit vor 1974 in Erinnerung geblieben. Am Ende der geschotterten Zufahrtsstraße ist jedoch nichts von dem Kloster zu erkennen. Ödlandschaft an einem leicht abfallenden Nordhang. Reisende, die diese Gegend erstmals erkunden, werden achtlos an der einstigen Klosteroase vorbeifahren, die heute nur aus Hausruinen besteht und Ziegen und Schafen Obdach bietet. Nur im Hof vor der Kirche, der, wie der Innenraum des Gotteshauses, hoch mit dem Mist der Tiere angefüllt ist, erinnern marmorne Säulen und Kapitelle an eine lange christliche Tradition und an die Heiligkeit dieses Ortes. In der Kirche sind nur die Querriegel der einst mit vielen Ikonen geschmückten Ikonostase erhalten. Es gibt nur Fragmente der eindrucksvollen vergoldeten Schnitzereien in diesem »Schaf- und Ziegenstall«. Ein erschütternder Zustand.
Steil zieht sich der Weg hinauf zu den östlichen Ausläufern des Pendadháktylos-Gebirges. Mit seinen markanten Gipfeln trennt das kräftige Massiv die Nordküste Zyperns von der fruchtbaren Messaória-(»zwischen den Bergen«) Schwemmebene, die zum mächtigen Tróodhos-Gebirge im Süden der Insel überleitet. Nicht enden wollender Misch- und Kiefernwald. An einer Wegkreuzung führen Serpentinen zum Antifonitís-Kloster. Die Küste wird sichtbar, auch das Kloster. Unheimliche Ruhe. Das Kloster liegt geplündert und verlassen da. Neue massive Holztüren verschließen das Gotteshaus. Das ist gut so, denn es ist schon lange bekannt, daß aus der Apsisdekoration mit den spätkomnenischen Malereien vom Ende des 12. Jahrhunderts der Kopf des Erzengels Gabriel herausgebrochen ist. Doch leider trügt die Hoffnung, daß die neuen Türkonstruktionen weitere Diebstähle verhindern können. Das Westportal ist zwar mit einer kräftigen Kette gesichert, deren Schloß erweist sich jedoch als nicht verschließbar – Schutz ist nicht gewährt. Knarrend öffnen sich die Tore. Nur langsam gewöhnen

sich die Augen an das diffuse Innenraumlicht. Durch einige Fenster fallen helle Sonnenstrahlen. Sie lassen die Schändungen und Wunden erkennen, bestätigen die schlimmsten Vermutungen: Der Kirchenraum ist eine Ruine. Nichts ist mehr erhalten, alle Ikonen sind Opfer des Kunstraubes geworden. Selbst die Bilderwand ist mit all ihren Schnitzereien herausgebrochen. Nur die hölzernen Spannriegel, die den Schub der Gewölbe auffangen, blieben unversehrt. Der Wandschmuck ist ein Chaos. Nicht nur der Kopf Gabriels fehlt, auch am Haupt Michaels sieht man brutale Zerstörungen, Versuche, den Kopf als »Einzelkunstwerk« zu entfernen. Damit ist ein wichtiges Stück Malerei der spätkomnenischen Kunst für immer zerstört. Überall an den Wänden sieht man Spuren von Gewalt. Teilweise wurden unter all den Fresken aus dem letzten Jahrzehnt des 15. Jahrhunderts ältere Malereien (des 12. Jahrhunderts?) sichtbar. Wie viele dieser der Forschung bisher unbekannten Fresken einer älteren Epoche gestohlen wurden, bleibt ein Geheimnis.

Die gesamte Freskenschicht an der Nordwand, vom Fußboden bis zum Gewölbe, ist vernichtet. Einst schmückte diese Wand die eindrucksvolle Darstellung des »Jüngsten Gerichtes« aus dem Ende des 15. Jahrhunderts. Sie ist gestohlen und wird höchstwahrscheinlich – in viele Einzelteile zerlegt, das Thema bis zur Unkenntlichkeit zerstört – auf dem internationalen Kunstmarkt seine Käufer gefunden haben. Auch die Südwand erlitt dieses Schicksal. Der »Stammbaum Jesse«, ebenfalls vom Ende des 15. Jahrhunderts, ist bis auf wenige Fragmente Diebesgut geworden.

Die Fahrt durch die einsamen Wälder des Pendadháktylos-Gebirges ist erholsam und beruhigt. Sie ist kontrastreich zu den gesehenen Zerstörungen. Doch links und rechts immer wieder Hinweise auf militärische Sperrgebiete. Patrouillierende Soldaten. Türkisches Militär, das sich sammelt, um den Ernstfall zu proben ...

Knapp zehn Kilometer weiter westlich erreicht man die Abfahrt zu einer Talsenke mit dem armenischen **Kloster Sourp Magar**. Um 1000 gegründet, trägt es den Namen des heiligen Makarius von Alexandria aus dem 4. Jahrhundert und wurde 1425 armenischen Christen überlassen. 1811 und 1814 zerstörte ein Erdbeben das mittelalterliche Kloster. Der Neubau aus der ersten Hälfte des 19. Jahrhunderts entstand unter Einbeziehung alter Bausubstanz, Erhaltenswertes wurde gerettet. Der weite Klosterhof und die ihn umschließenden Mönchszellen waren bis 1974 jedem Besucher ein ganz besonderes Erlebnis. Der Duft von Orangen und Blumen, das Singen der Vögel und die leise Musik des Wasserspiels am Brunnen führten in eine andere Welt. Frisches Wasser, Kaffee und kandierte Quitten zur Willkommensbegrüßung. Philoxenía, griechische Gastfreundschaft, die trotz 350 Jahre Osmanenherrschaft nicht verlorenging.

Das bisher Gesehene weckt jedoch bange Befürchtungen. Bei der letzten Serpentine fällt der erste Blick auf das Kloster. In dieser abgeschiedenen Welt, die doch 1974 fern jeder Kriegshandlung war, wirkt alles wie von Bomben zerrissen! Bilder eines Alptraums, doch dies ist die Wirklichkeit vom Oktober 1989! Das Kloster ist ein Trümmerfeld, nicht zerfetzt durch Explosionen, sondern gezielt zerstört. Man fragt sich, wer in diese einsame Berggegend gezogen ist, um zu zerstören und zu plündern? Nichts blieb verschont: Fenster und Türen sind eingerissen. Altar und Ikonostas sind geschändet. An den Kirchenwänden Graffiti der »siegreichen« Schargen, die dieses Chaos angerichtet haben.

In **Kyrínia**, der schönsten Hafenstadt Zyperns, irritiert der Gedanke an das bisher Gesehene ebenso wie die Atmosphäre im Ort. Im Hafen keine bekannte Stimme, kein »chaírete« – sei gegrüßt, kein »ti kánis fíle?« – wie geht es Dir, mein Freund? Es fällt schwer, in dem alten Café von Jeórjios, das jetzt von Mustafa aus Istanbul bewirtschaftet wird, sich zu sammeln. Bilder des Grauens drängen sich auf und Erinnerungen an die Zeit vor der türkischen Invasion werden wach: In Kyrínia fehlt die Lebendigkeit der griechischen Zyprer. Unversehrt und gepflegt ist die Attraktion von Kyrínia und Zypern: das 1968 gehobene Schiffswrack aus dem Ende des 4. Jahrhunderts v. Chr., aus der Zeit Alexander des Großen. Der sensationelle Fund füllt, wie damals von dem zyprischen Department of Antiquities eingerichtet, drei große Säle in der venezianischen Hafenfestung. Er dient den heutigen Verwaltern als Magnet für Touristen und ist eine wichtige Deviseneinnahmequelle. Kyrínia ist besonders bei Türken aus Istanbul und aus anderen Großstädten der Türkei für Wochenendreisen beliebt. Nachdem das Schicksal Zyperns mehr und mehr in Vergessenheit gerät, es nicht mehr die Titelseiten der Presse füllt, quartieren sich auf der Suche nach Sonne, Meer und Urlaubsvergnügen gedankenlose Touristen in griechisch-zyprische Hotels ein, die von Türken beschlagnahmt – gestohlen – wurden und jetzt von Türken bewirtschaftet werden. Auch kaufen manche Ausländer, besonders Deutsche, in Nordzypern von Türken griechisch-zyprischen Grund und Boden, ohne sich über die Eigentumsrechte im klaren zu sein.

Lápithos, an den nordwestlichen Ausläufern des Pendadháktylos-Gebirges, nur 16 Kilometer von Kyrínia gelegen, ist eine große Ortschaft. Vor 1974 von knapp 4000 griechischen und nur wenig mehr als 300 türkischen Zyprern bewohnt, ist es heute rein türkisch. Griechische Häuser, die nicht von Türken in Besitz genommen wurden, sind zerstört und geplündert, ebenso die Kirchen und der Friedhof des Dorfes. Es sind vorwiegend türkische Zyprer aus dem Gebiet von Páfos in Südzypern, denen 1974/1975 nach ihrer Umsiedlung von Ankara griechische Anwesen zugewiesen wurden. Doch wie überall in Nordzypern leben in Lápithos auch türkische Invasionssoldaten, denen nach den Kriegshandlungen als Anreiz zum Bleiben Häuser und Grundbesitz der griechischen Zyprer geschenkt wurden. Die politische Absicht ist klar erkennbar: einschneidende Veränderung der demographischen Verhältnisse auf Zypern. Genau dieses Ziel verfolgen auch die Umsiedlungskampagnen Ankaras, durch die Türken aus Anatolien und in den letzten Jahren auch türkische Bulgarienflüchtlinge in Nordzypern angesiedelt wurden.

Weiteres Ziel in diesem Gebiet ist das an der Küste gelegene **Kloster Acheiropiitos**. Es wurde im 11. Jahrhundert errichtet und steht auf den Ruinen einer Bischofsbasilika aus dem 7. Jahrhundert. Weltruhm unter den Kunsthistorikern erlangte das Kloster, als Ende des 19. Jahrhunderts Bauern einen ersten und Anfang des 20. Jahrhunderts einen zweiten Sensationsfund machten: den »Silberschatz von Lambússa«, Silbergeschirr aus der frühchristlichen Epoche mit höchst seltenen christlichen Bildmotiven. Teile davon gehören heute zu den Kostbarkeiten des Metropolitan Museum in New York und des Zypern-Museums in Nikosía. Das Kloster selbst war bis zur türkischen Invasion reich an byzantinischen Meisterwerken aus allen Jahrhunderten. Was ist mit diesen Sammlungen geschehen? Da bereits 1981 türkische »Behörden« der »Türkischen Republik Nordzypern« festgestellt hatten, daß 225 Ikonen des altehrwürdigen Bistums Morfú abhanden gekommen seien, sind die Befürchtungen groß, daß das Kloster all seiner Kunstschätze beraubt ist.

Eine Besichtigung scheint schier unmöglich. Das Kloster liegt inmitten eines türkischen Militärgebietes, wobei die Klostergebäude als Basis benutzt werden. Nach wiederholten Versuchen, Eintritt zu erhalten, zeigen sich die Offiziere und Soldaten sehr hilfsbereit. Immer wieder Verständigungsschwierigkeiten aufgrund unserer Sprachen. Dann erscheint ein Englisch-Dolmetscher. Die Verhandlungen werden leichter, schließlich die Sondergenehmigung eines hohen Offiziers, doch nicht für den gleichen Tag. Banges Warten und Spannung. Dann, nach drei Tagen, der Zutritt zum Kloster. Dort, wo sonst freundliche Mönche grüßten, salutierende Soldaten. Statt klösterlicher Beschaulichkeit und Frieden Kommandorufe und Waffengeklirr. Beim Tee im Offizierskasino, dem alten Refektorium des Klosters, interessierte Frage der beiden Offiziere zur Klostergeschichte und nach dem Sinn der Ikonen, den heiligen Bildern der Ostkirche. Schließlich erfolgt die militärisch stramme Mitteilung, es sei alles bereit! Weit sind die Tore der Klosterkirche geöffnet. Wasser steht noch auf dem Marmorintarsien-Fußboden der frühchristlichen Epoche. Eine Reinigungskolonne verläßt gerade die Kirche! Wir treten in einen völlig leeren Sakralraum. Nackte, kalte Architektur. Man vermißt den Geruch von Weihrauch und Kerzen. Und doch vermittelt der Raum Atmosphäre, erinnert an die Heiligkeit dieses Ortes und der christlichen Lehre. Nur die reich geschnitzte und mit Gold geschmückte Kanzel aus dem Jahre 1819 und Reste des kostbaren Ikonostas, der leider all seiner Ikonen beraubt ist, lassen die einstige Pracht dieser Klosterkirche erahnen.

Zum Abenteuer wird der Versuch, Zugang zum **Kloster des heiligen Johannes Chrysóstomos** bei Kutsowéndis, unterhalb der byzantinischen Bergfestung Buffanvento, zu erhalten. Die südliche Hangstraße des Pendadháktylos-Gebirges ist größtenteils gesperrt, Steinbrüche wandeln die Hänge zu einer Kraterlandschaft. Das gesamte Gebiet ist militärischer Sperrbezirk. Überall bewaffnete Soldaten und die drohende Tafel »Zutritt verboten!« Prachtvoll – und von strategischer Bedeutung – der Blick von hier über die weite Messaória-Ebene bis hin nach Nikosía und zum Tróodhos-Gebirge. Daher wohl auch an dieser Stelle die starke Konzentration türkischer Truppen!

Auch Diskussionen mit deutsch- und englischsprachigen Dolmetschern in Kutsowéndis helfen nicht. Der Eintritt bleibt versagt. Das Verbot weckt Verdacht: Wie mag es wohl mit den byzantinischen Fresken aus den Jahren 1110 bis 1118, mit der umfangreichen Ikonensammlung und den mittelalterlichen Manuskripten aussehen? Gehören auch sie zu dem griechisch-zyprischen Kulturerbe, das für immer verlorenging?

Wochen später, im November 1989 in Südzypern, Begegnung mit Professor Robin Cormack von der Universität London. Er erzählt von ähnlichen Erfahrungen in Nordzypern. Im Zusammenhang mit seinem Fernsehfilm über den zyprischen Eremiten und Heiligen Neóphytos und seiner Felsenklause nördlich von Páfos, wollte er auch im Kloster des Heiligen Johannes Chrysóstomos filmen. Denn dieses Kloster war in der Mitte des 12. Jahrhunderts die erste Station des 18jährigen Mönches Neóphytos. Man gewährte Robin Cormack zwar Zutritt zum Kloster, erteilte ihm auch zunächst die Drehgenehmigung, die ihm das Militär jedoch kurzfristig wieder entzog. Die Zeit während seines kurzen Besuches im

Kloster war viel zu knapp, sagte der Professor für byzantinische Kunstgeschichte, so daß es ihm unmöglich war, Diebstähle und Plünderungen im Johannes-Chrysóstomos-Kloster genau zu registrieren.

Als Attila-Linie bezeichnet man heute die Grenze, die von der Morfú-Bucht bei Káto Pýrghos bis nach Famagusta verläuft und Zypern zerschneidet. Benannt wird die Grenze nach dem Decknamen der türkischen Invasion vom 20. Juli 1974, die, nach einem ersten Waffenstillstand vom 22. Juli, trotz Aufforderung des Weltsicherheitsrates, die Kämpfe einzustellen, erst am 10. August zum Stillstand kam. Dieser endgültige Verlauf der »Operation Attila« bildet bis heute die Grenze zwischen Nord- und Südzypern. Parallel zu dieser Grenze, teilweise sogar kongruent mit ihr, verläuft die heute wenig befahrene alte Verbindungsstraße zwischen Nikosía und Famagusta. Nördlich von Ajía Nápa geht sie für knapp drei Kilometer durch Gebiete Südzyperns und im Norden verläuft sie teilweise nur wenige hundert Meter von der Grenze entfernt. Im türkisch besetzten Teil ist dieses Gebiet größtenteils militärisches Sperrgebiet: überall Massierung von Truppenverbänden, kaum ein Straßenstück, an dem nicht Tankstellen und alleinstehende Häuser zu Kontrollposten ausgebaut wurden.

Inmitten dieses streng bewachten Grenzstreifens liegt etwa auf halbem Wege zwischen der Inselhauptstadt und der Hafenstadt des Othello die ursprünglich rein griechische Ortschaft **Lýsi**. Hier lebten nach der 1960 durchgeführten Volkszählung 3737 griechische Zyprer. Sie alle flohen im August 1974 vor den türkischen Bajonetten. Die von Ankara angestrebte demographische Veränderung Zyperns erfüllte sich. 180000 bis 200000 griechische Zyprer (diesen von der zyprischen Regierung veröffentlichten Zahlen steht die realistische Berechnung von James H. Wolfe mit 162000 Flüchtlingen gegenüber), das sind knapp 40 Prozent der Gesamtbevölkerung, mußten – die feindlichen Truppen im Rücken – ihre Heimat verlassen. Lýsi ist heute nur von Türken bewohnt und türkische Garnisonsstadt.

Knapp zwei Kilometer südwestlich der Ortschaft steht im freien Gelände und im Schutze eines kleinen Eukalyptus-Hains die ehemalige **Klosterkirche des Heiligen Euphemiánus**. Ihr kostbarster Schatz sind wertvolle Fresken aus dem 14. Jahrhundert und eine Inschrift mit dem seltenen Namen Themoniánus, gemeint ist damit der heilige Euphemiánus.

Mißtrauische Blicke der Bevölkerung. Überall ist Militär und stehen Beobachtungsposten. Verunsicherung. Dennoch gelingt problemlos die Annäherung an das Juwel byzantinischer Sakralarchitektur. Doch schon aus der Ferne wird klar, auch hier – unter den wachsamen Augen des Militärs – wurde geplündert und gestohlen. Türen und Fenster sind eingebrochen. In der Türöffnung sind lose Steine übereinandergeschichtet, darüber liegt kratzige Macchia, um Ziegen und Schafe abzuwehren. Gegen international organisierte Kunsträuber und ihre türkischen Helfershelfer ist dies jedoch kein Schutz! Denn hier waren sicher keine türkischen Zyprer am Werk. Sie haben andere Probleme, ringen um ihre Existenz. Auch sie leiden unter der Spaltung Zyperns.

Der Innenraum der Kirche ist nicht wiederzuerkennen. Gewölbe und Wände sind all ihrer Fresken beraubt. Es muß Tage gedauert haben, um hohe Gerüste zu bauen, um aus der Tambourkuppel und dem Apsisgewölbe die Fresken herauszubrechen. Kaum vorstellbar, daß diese auffälligen Arbeiten ohne Duldung des hier stationierten Militärs durchgeführt worden sind! Die eindrucksvolle

Darstellung von Christus als Weltenherrscher in der Kuppel und die erhabene Muttergottes mit dem Christuskind sowie den Erzengeln Michael und Gabriel in der Apsis, die Inschrift, aber auch die Taufe und der Tempelgang Christi, alles ist von den Wänden abgelöst. Auch der Ikonostas mit all seinen Ikonen ist gestohlen. Das Gotteshaus gleicht nun einem verwahrlosten Stall. Teile der Fresken sollen für eine Million US-Dollar in eine amerikanische Privatsammlung gelangt sein. Vieles wird durch unsachgemäße Demontage für immer vernichtet sein.

Am gleichen Tag erfolgt die erschütternde Konfrontation mit **Varóscha**, südlich von Famagústa. Seit Generationen steht in der mittelalterlichen Stadt des Othello die gotische Kathedrale im Zeichen des Halbmonds. Bis 1974 war der moderne Vorort Varóscha der mittelalterlichen Hafenstadt das Zentrum der zyprischen Tourismuswirtschaft. Über Nacht mußten mehr als 30000 griechische Zyprer diesen Ort verlassen. Sie ließen angesichts der drohenden Gefahr heranstürmender türkischer Soldaten Hab und Gut zurück, nur in Eile Zusammengerafftes war ihr Fluchtgepäck. Es galt, das Leben zu retten. Sechzehn Jahre danach weiß niemand, welche der zurückgelassenen Güter in Varóscha die Plünderungen überstanden haben. Varóscha ist heute eine Totenstadt. Vom Militär hermetisch abgeriegelt, von Stacheldraht umzäunt, ist die Stadt nur für türkische Truppen zugänglich.

Letzte Station ist die langgezogene Halbinsel **Karpasía** im Nordosten. Sie wurde 1974 bei dem schnellen Vorstoß der »Operation Attila« durch türkische Invasionstruppen abgeschnitten, so daß es für die bedrängte Bevölkerung kaum Fluchtmöglichkeiten gab. Viele verließen nach den Kampfhandlungen ihre Heimat. Und nur knapp 600, meist ältere griechische Zyprer und ein orthodoxer Priester, leben noch heute auf Karpasía.

Tríkomo, am Golf von Famagústa gelegen, bildet den Übergang zur etwa 75 Kilometer nach Nordosten ausgestreckten Halbinsel. Hier hütet und pflegt eine griechisch-zyprische Greisin die mittelbyzantinische Kirche der Panajía Theotókos. Mit ihr zusammen leben noch fünf über 90 Jahre alte Frauen im Dorf. Einst nur von griechischen Zyprern bewohnt, ist Tríkomo heute ein beliebter Ort der Türken geworden. Auf den Fragen nach dem Schlüssel der Kirche folgt eisiges Schweigen. Nur mit Mühe bringt man in Erfahrung, daß angeblich die »Ortspolizei« über den Kirchenschlüssel wache. Die »Polizisten« wollen wissen, was denn an dem Gebäude so besonderes sei, was gerade an dem Innenraum so sehr interessiere. Nach schwierigen Diskussionen mit erheblichen Sprachproblemen, Fahrt zu der alten Griechin. Sie, nicht die »Dorfpolizei«, hat Schlüsselgewalt über die Kirche. Die Frau wohnt in einer stallähnlichen Blechhütte. Sie hat kein Einkommen, Kontakte zur türkischen Bevölkerung existieren kaum. Sie lebt in großer Einsamkeit ein armseliges Leben. Einmal in der Woche kommt der griechisch-orthodoxe Priester und zelebriert für die alten Frauen die Messe. Sie alle fühlen sich zu alt für eine Umsiedlung, wollen in ihrer Heimat sterben und hier begraben sein.

Die von Krankheit gezeichnete Frau hantiert mit dem großen Schlüssel am Schloß der Tür. Kerzenlicht erhellt den Kirchenraum, der Duft von Weihrauch ist wohltuend und vertraut. Es ist die erste griechisch-orthodoxe Kirche in

Nordzypern, die nicht geschändet ist, in der Gottesdienste abgehalten werden. Argwöhnische Blicke des »Polizisten«, der das Interesse an dem christlichen Gotteshaus nicht begreift. Er schwärmt von der neuen Moschee, die er für bedeutend sehenswürdiger hält. In der Kirche von Tríkomo bietet sich ein anderes Bild als bisher: Der Ikonostas ist intakt, Altar und Geräte für die Liturgie sind nicht gestohlen. Es fehlen nur wenige Ikonen ... die künstlerisch wertvollsten. Doch das Wichtigste: Die höchst seltenen und kunsthistorisch bedeutenden Fresken vom Anfang des 12. Jahrhunderts sind noch an Ort und Stelle! Christus Pantokrator mit seinen Himmlischen Heerscharen in der hohen Tamboúrkuppel und alle anderen Malereien sind unversehrt. In Anbetracht der zahllosen Kunstdiebstähle in Nordzypern, die offensichtlich von Kunstkennern mit System organisiert worden sind, grenzt diese Rettung an ein Wunder.
Hier mögen schützende Hände die Kunstwerke gerettet und vor Schäden bewahrt haben. Denn es gibt auf Zypern auch tiefe Freundschaften zwischen griechischen und türkischen Zyprern. Und hier spricht einiges dafür, daß solche Freundschaft in Tríkomo schützend gewirkt hat. Doch diese wichtige Facette der Wirklichkeit wird im Konflikt zwischen Griechen und Türken politisch kaum geschätzt. Die Situation erinnert an Stýlli, ein kleines Dorf, nahe 'Enkomi. Auch dort gibt es sichtbare Zeichen griechisch-türkischer Freundschaft: Wie überall in Nordzypern, sieht man auch in Stýlli Schändungen auf dem christlichen Friedhof, doch zwei Gräber blieben bei den unglückseligen Ausschreitungen unangetastet!

Etwa auf halbem Wege zum Kap Andréas, der nordöstlichen Inselspitze, liegt **Lythrágomi:** Tatort des Mosaikraubes aus der **Panajía Kanakariá-Kirche**. Von hier wurden die frühchristlichen Mosaike des 6. Jahrhunderts außer Landes geschmuggelt und Teile davon auf den amerikanischen Kunstmarkt gebracht. In Lythrágomi lebten bis 1974 griechische und türkische Zyprer. Nach der Volkszählung von 1960 waren es 170 Griechen und 105 Türken. Die Kirche des ehemaligen Klosters liegt am nördlichen Straßenrand, ihre kraftvolle Kuppelarchitektur bestimmt die Dorfszenerie. Kirche und Klostergebäude sind sehr gepflegt. Schwere massive Holztüren verschließen das Gotteshaus. Ein Türke des Dorfes hütet den Schlüssel, ist offizieller Wächter und öffnet bereitwillig den christlichen Sakralraum. Der Innenraum ist nicht zu einem verwahrlosten und mit Heu aufgefüllten Ziegen- und Schafstall geworden, wie es die Zeitschrift »Der Spiegel« (1/1990) in Bild und Text schildert. Zum Stall heruntergekommene Kirchen gibt es in Nordzypern zwar leider zur Genüge, die Kirche von Lythrágomi gehört jedoch nicht dazu. Es ist erfreulich, daß die internationale Presse sich des schwierigen politischen Problems Zyperns immer wieder annimmt. Doch nur gelegentliche Meldungen, die kein authentisches Bild zeichnen, und schlecht recherchierte Beiträge sind der Sache Zyperns wenig nützlich. Sie liefern stets nur der Gegenseite willkommene Argumente, die Verleumdungskampagnen ermöglichen. Zwar ist der Innenraum weder Schaf- noch Ziegenstall, doch er ist ausgeraubt und völlig leer. Nur an dem nördlichen Seitenaltar sind noch spärliche Reste des Ikonostas erhalten. Es sind kostbare – von den Dieben offensichtlich vergessene – Holzschnitzereien. In der Mittelapsis klaffen die schmerzhaftesten Wunden der Kirche: die ausgebrochenen Flächen der Apsiswölbung. Hier zierte mehr als 1400 Jahre lang das frühchristliche Mosaik mit der Muttergottes den heiligen Raum, ein Weltkulturdenkmal von höchstem Rang.

Rizokárpaso, der Hauptort der Halbinsel Karpasía, war bis zum Krieg nur von griechischen Zyprern bewohnt. Heute leben dort nur knapp dreihundert Griechen und Tausende von Türken aus Anatolien. Den fremden Siedlern schenkte man Haus und Hof der geflohenen Griechen. Die Durchgangsstraße des Ortes war schon immer Marktplatz und Stätte der Begegnung zugleich. An der nördlichen Straßenseite türkische Kaffeehäuser, aus denen überlaute Musik dröhnt, Videos und Fernsehen wetteifern miteinander. Die zahllosen Kinder sind Symptom für ein kaum bekanntes Problem: Die türkischen Zyprer befürchten, von den Siedlern völlig verdrängt zu werden. Manche der anatolischen Bauern in Nordzypern haben zwei bis drei Frauen und zehn bis zwanzig Kinder ...!
Viele türkische Zyprer wünschen eine Annäherung an den Süden, aber mit der Garantie, gleiche Rechte zu erhalten. Besonders seitdem Tausende vom türkischen Festland nach Nordzypern einströmen bangen die türkischen Zyprer um ihre Existenz. Bisher sollen nach offiziellen Angaben der »TRN« ca. 80 000 Siedler eingewandert sein, die gleiche Rechte wie sie haben. Die türkischen Zyprer werden dadurch in die Opposition gedrängt, zunehmend entwickelt sich bei ihnen ein zyprisches Nationalbewußtsein. Denktaschs Politik ist ohne die Unterstützung der »Partei der Siedler« (NBP – New Birth Party bzw. YDP – Yeni Dogus Partisi) nicht denkbar. Er hätte sowohl 1985 als auch 1990 die Wahlen zum »Präsidenten« ohne sie nicht gewinnen können.
An der Südseite der Straße liegt ein griechisches Kafeneíon mit türkischer Beschilderung. Wenige alte Männer sitzen stumm vor ihrem Glas Wasser. Selten trinken sie Kaffee oder Ouzo, denn sie können es sich nicht leisten. Sie werden vom Lärm der nördlichen Straßenseite fast erdrückt. Ohne große Hoffnung warten sie auf eine politische Lösung, die ihr Schicksal erleichtert.

Nur wenige Kilometer vor der Kapspitze das **Kloster des Apostels Andréas.** Einer Legende zufolge hat der Apostel auf einer seiner Missionsreisen der in Wassernot geratenen Schiffsmannschaft hier eine Quelle gezeigt. Eine andere Erzählung berichtet, daß er sie aus dem Felsen hat heraussprudeln lassen. Schon in frühbyzantinischer Zeit verehrten die Christen dieses Quellgebiet, dessen Schutzheiliger der Apostel Andréas ist – sein Name bedeutet »tapfer und mannhaft«.
Im 15. Jahrhundert bauten die Lusignans dem Heiligen eine gotische Kapelle. Die heutigen Klostergebäude stammen aus dem 19. und 20. Jahrhundert. Vor der Inselteilung pilgerten viele griechisch-orthodoxe Christen zu dem altehrwürdigen Heiligtum. Heute erinnert das Kloster an Szenen aus einem surrealistischen Film: Trostlos liegt der weite leere Klosterhof da. Zwei türkische »Polizisten« warten auf Touristen, die sich bis in diese abgelegene Einöde wagen, um sie zu kontrollieren und ihre Personalien zu registrieren. Unter den Arkaden sitzen zwei alte Frauen, umringt von einer vielköpfigen Katzenfamilie. Aus der Kirche dringt zaghafter Gesang. Vier Frauen und drei Männer, hochbetagt, folgen der Liturgie. Der Innenraum ist prachtvoll. Wer die Kirchenausstattung nicht vor dem Krieg gesehen hat, bemerkt nicht, daß auch hier die wertvollsten Ikonen gestohlen sind. Fest und unerschütterlich, nicht im Geheimen und Verborgenen, verkündet der Priester seiner winzigen Gemeinde das Evangelium. Wie in den Jahrhunderten osmanischer Herrschaft wird der orthodoxe Geistliche auch heute zum Retter und Bewahrer griechischer Kultur und Tradition. Für wie lange noch?

Widerstand, Krieg, Vertreibung

Eine Familie im Widerstand

Obwohl das Jahr 1957 auf Zypern verhältnismäßig ruhig verlief, kam es doch immer wieder zu bewaffneten Auseinandersetzungen zwischen griechisch-zyprischen Freiheitskämpfern und Soldaten der britischen Armee. In der Vorweihnachtszeit dieses Jahres ereignete sich in einem Dorf mit rein griechischer Bevölkerung eine Tragödie, die als Beispiel für unzählige Familienschicksale gelten mag. Betroffen waren bei solchen Ereignissen manchmal griechische Zyprer, manchmal türkische Zyprer. Leid und Elend machten nicht halt vor ethnischen Zugehörigkeiten. Beiden Seiten widerfuhr Unrecht, auf beiden Seiten wurde gequält und gefoltert, vergewaltigt und gemordet. In diesem Teufelskreis der Gewalt ist ein Anfang nicht auszumachen, Schuldzuweisungen führen zu nichts. Es gilt, Wege der Annäherung zu suchen.

Die Wurzeln des Zypernkonfliktes gehen weit zurück bis zur britischen Kolonialherrschaft in der zweiten Hälfte des 19. Jahrhunderts und gipfeln schließlich darin, daß London 1954 Ankara ermuntert, territoriale Ansprüche auf Zypern zu erheben, um so einen Keil zwischen beide Volksgruppen zu treiben.

Die Auswirkungen dieses Konfliktes zeigen sich in einem kleinen zyprischen Dorf im Jahre 1957, wenige Tage vor Weihnachten. Über eine ganz normale griechisch-zyprische Familie brechen Entsetzen und Tod herein: In der Nacht zum 17. Dezember dringen britische Soldaten in das Dorf ein und umstellen das Gehöft der Kalérjiis (die Namen der Beteiligten wurden verändert). Sie suchen Andreas. Er ist der älteste Sohn der Familie. Nach dem Tode seines Vaters übernahm er als 23jähriger nach altgriechischer Familientradition die Verantwortung für fünf Brüder, Mutter und Großeltern. Andreas ist stets ein einfacher zyprischer Hirte geblieben, der mit Überzeugung und Hingabe die Rolle des Vaters lebte und all seinen Brüdern eine Ausbildung ermöglichte. Der kräftige und oft melancholische Mann ist selbstbewußt und stolz auf seine griechische Abstammung.

Als am 1. April 1955 der 1898 in Tríkomo geborene Georgios Grivas die EOKA, die »Nationale Organisation zyprischer Kämpfer«, gründete und zum Kampf gegen Briten, Kommunisten und türkische Zyprer aufrief, gehörten auch Andreas und sein zwei Jahre jüngerer Bruder Níkos zu den Freiheitskämpfern. Grivas' erklärtes Ziel war der Anschluß an das griechische Mutterland (ENOSIS). Der ehemalige General der 2. griechischen Division im Zweiten Weltkrieg begründet seine Entscheidung für den Widerstand mit folgenden Worten (in seinem Buch *Partisanenkrieg heute*): »Trotz aller Schwierigkeiten und Reaktionen, denen ich in Griechenland und auch bei einflußreichen zyprischen Persönlichkeiten begegnete, die mir einen noch so geringen Erfolg in Abrede stellten, beschloß ich, den Kampf zu beginnen, einzig und allein mit der moralischen Kraft des Glaubens und dem Willen, der gerechten Sache zum Durchbruch zu verhelfen. Mit diesen Waffen vornehmlich ausgestattet, begab ich mich an einem Oktobertag des Jahres 1954 allein und ohne Stab in ein zum Mißerfolg verurteiltes Abenteuer, wie es von allen charakterisiert wurde.«

Aus nahezu allen griechisch-zyprischen Familien meldeten sich Freiwillige für Grivas' EOKA. Die Teilnahme wurde zur Ehrensache. Die Kämpfer fühlten sich als Patrioten, sie waren keine Diebe und Terroristen, wie es die englische Presse gern darstellte; Meldungen, die oft unkritisch von der Weltpresse übernommen wurden. Als Patrioten kämpften sie in erster Linie um die Beendigung der britischen Kolonialherrschaft und für ein befreites Zypern. Ziel ihrer Sabotageangriffe waren stets militärische Einrichtungen der Briten, nie die Zivilbevölkerung. Die EOKA verstand ihre Aktivitäten immer als Notwehr im Kampf um die Befreiung ihres Vaterlandes. Im Tímios-Stawrós-Kloster von Ómodhos, einem ehemaligen Versteck der Widerstandskämpfer, ist heute ein kleines Museum eingerichtet. Die Sammlung berichtet über die grausamen Kampfhandlungen der Jahre 1955 bis 1958. Oftmals haben die Briten ihre Gegner in ihren Verstecken verbrannt. Es ist eine erschütternde Dokumentation über die Opfer der griechisch-zyprischen Bevölkerung.

Gleichermaßen sind aber auch viele Opfer der türkisch-zyprischen Bevölkerung während dieser unheilvollen Auseinandersetzungen zu beklagen. Und leider gab es auch immer wieder von Haß erfüllte Kommandounternehmen der EOKA gegen Zyprer türkischer Abstammung und der TMT, der »Türkischen Verteidigungsorganisation«, gegen griechische Zyprer!

Die Auseinandersetzungen führten zum erbitterten Kampf, eskalierten zum Bürgerkrieg. In dieser Nacht zum 17. Dezember war Andreas das von den Briten ausgesuchte Opfer. Irgendwie hatten sie erfahren, daß er Kontakte zur EOKA-Führung hat. Sie erhoffen sich Informationen von ihm, um weitere Widerstandskämpfer zu entlarven. Andreas ist mit seiner Mutter und seinen Großeltern allein im Haus. Völlig überrascht von dem nächtlichen Überfall, bleibt keine Zeit zur Flucht. Verteidigung ist sinnlos, damit würde die Familie nur unnötig in Gefahr gebracht. Schnell übergibt der Sohn der Mutter ein geheimes Dokument, das nicht in die Hände der Briten gelangen darf, denn Menschenleben hängen davon ab. Unter dem Unterrock der Mutter findet das Papier vorerst ein sicheres Versteck. Dann dringen die Soldaten gewaltsam ins Haus. Vereint leugnet die ganze Familie: Andreas, der Gesuchte, sei nicht da, und dieser junge Mann sei Gast der Familie. Doch die Briten lassen sich nicht beirren, schenken dem Ablenkungsversuch keinen Glauben. Sie zerren Andreas aus dem Haus, schleppen ihn in den Hof und beginnen unter den drei Palmen – wo er als Kind viele sorglose Tage verlebte – ihr gnadenloses Verhör. Eine halbe Stunde schmerzerfüllte Schreie in dunkler Nacht. Dann endlich ist es vorbei. Kein Laut ist mehr vom Hof zu hören. Ein Offizier holt die Mutter, zeigt ihr den zu Tode gequälten Sohn und fragt nach seinem Namen. Die Mutter verleugnet weiterhin den Sohn. Nur in ihrem Herzen darf sie trauern. Mit versteinertem Gesicht und dem Zusammenbruch nahe, unterdrückt sie jede Träne und ringt nach Stärke. Abermals verleugnet sie den Sohn und sagt: »Er ist das Salz der Erde, ein Gast der Familie.« Sie weiß auch ihren jüngsten Sohn Níkos in Lebensgefahr, der seit September 1956 in britischer Gefangenschaft ist. Gemeinsam mit dem Bruder kämpfte er für die Befreiung Zyperns. Er wurde bei einem Sprengstoffkommando verhaftet und zu zweieinhalb Jahren Haft verurteilt. Nun ist die Mutter zum Widerstand herausgefordert. Das geheime EOKA-Dokument in ihrem Unterrock entscheidet über Leben und Tod vieler zyprischer Patrioten. Sie hofft auf eine List.

Bis zum Morgengrauen durchsuchen die Soldaten das ganze Haus. Selbst der

Misthaufen, Heu und alle Vorräte werden umgeschichtet. Dann lautes Meckern der Ziegen und Schafe. Die Tiere verlangen nach ihrer morgendlichen Fütterung. Ein Soldat wird abkommandiert, die Mutter in den Stall zu begleiten. Dort zerkleinert sie im Schutze der Dämmerung das Dokument in viele kleine Schnipsel, mischt sie unter das Futter und füttert mit beidem die Tiere...

Politische Folgen des Bürgerkriegs

Die EOKA und die griechischen Zyprer hatten jedoch nicht nur die Briten zum Feind. Der ENOSIS-Bewegung Makarios' und Athens stand die von Ankara verfolgte Teilung der Insel (Taksim) gegenüber. Londons Plan, die Spaltung der beiden Völker, gelang. Zum Kampf gegen die EOKA wurde von der britischen Armee eine Spezialeinheit ausgehoben, die überwiegend aus türkischen Zyprern bestand. Und schließlich gründete Ankara zum Kampf gegen Grivas und zur Verwirklichung der Taksim-Idee die »Türkische Verteidigungsorganisation« TMT. Im Gegensatz zur EOKA wurde sie nicht von den Briten verboten, ihre Terroranschläge waren geduldet und wurden nicht verfolgt. Die erklärten Feinde der TMT waren eben auch die Feinde Londons: die griechischen Zyprer und die Kommunisten. Die Untergrundorganisation war ein Werk des türkischen Premierministers Adan Menderes, sie stand unter dem Befehl des türkischen Generalstabs und wurde von türkischen Offizieren kommandiert. Seit dieser Zeit griff Rauf Denktasch in die politische Entwicklung Zyperns ein. Er war schon damals ein entschiedener Verfechter der Teilung Zyperns, war Berater der TMT und gleichzeitig Beamter der britischen Kolonialverwaltung.

Noch mehr als zwei Jahre dauert der blutige Bürgerkrieg, bis sich eine politische Lösung abzeichnet. UNO und NATO intervenieren, auch die USA und die UdSSR. Am 11. Februar 1959 unterzeichnen Konstantínos Karamanlís und Adan Menderes in Zürich die Vereinbarung zur Gründung einer Republik Zypern. Makarios gibt seine ENOSIS-Forderung auf, Ankara die Taksim-Politik. Für Zypern wird die Lösung beschlossen, die von den griechischen Zyprern als zweitbeste Möglichkeit angesehen wird: die Unabhängigkeit Zyperns. Grivas hingegen steht fortan im scharfen Widerspruch zu Makarios' Entscheidung. Er und seine Anhänger haben bis zu seinem Tod am 21. Januar 1974 der Unabhängigkeit nie zugestimmt. Erzbischof Makarios versuchte Grivas seine Entscheidung zu erklären und legte dar, daß ein Festhalten an dem ehemalig gemeinsamen Ziel »Anschluß an das griechische Mutterland« politisch unrealistisch sei. Zypern müsse den Entwicklungen folgen und sich auf die Unabhängigkeit vorbereiten. Makarios sagte – wie Grivas in seinen Memoiren festhielt –: »Die letzten Informationen, die ich bekam, waren sehr ermutigend. Sie besagten, daß die britische Regierung entschlossen ist, ihren Plan (Gründung einer Republik Zypern) zu verwirklichen. In der Zwischenzeit zeigte sich in der britischen öffentlichen Meinung ein schwerwiegender Umschwung zu unseren Gunsten ... Auf der anderen Seite hat Amerika seine Politik ganz nach der Großbritanniens ausgerichtet. Die Möglichkeiten bei den Vereinten Nationen sind sehr begrenzt ... Unter den gegenwärtigen Umständen werden wir früher oder später gezwungen sein, der Unabhängigkeitslösung zuzusteuern.«

Am 16. August 1960 folgt die Proklamation der Unabhängigkeit Zyperns. Nicht Zyprer, sondern Briten, Griechen und Türken bestimmen über das politische Schicksal der Insel. Es bleibt ungewiß, wie das Ergebnis einer Volksabstimmung ausgefallen wäre, die Meinungen des Volkes, die damals sehr auseinandergingen, waren nicht gefragt. Die Kluft zwischen beiden Volksgruppen wurde immer tiefer.

Dem neuen zyprischen Parlament war aufgrund der festgeschriebenen Verfassung eine demokratische Mehrheitsbildung verboten. Die türkische Minderheit erhielt im Parlament das absolute Vetorecht. Damit war die Republik Zypern von Anbeginn regierungsunfähig. Folglich forderte Staatspräsident Makarios am 30. November 1963 in 13 Punkten eine Verfassungsänderung. Die Ablehnung durch die türkischen Zyprer war gewiß – und nach der gültigen Verfassung Rechtens.

Drei Wochen später, am 21. Dezember, folgen erneute Zusammenstöße der beiden Volksgruppen, die sich noch Monate hinziehen. Die »Green Line« der UN-Friedenstruppe wird in Nikosía gebildet. 1963/1964 eskalieren die bürgerkriegsähnlichen Zustände derart, daß sie die beiden NATO-Partner Griechenland und Türkei an den Rand eines Krieges bringen. Auf Druck Ankaras verlassen 1964 mehr als 20 000 türkische Zyprer, etwa 20 Prozent der Türken Zyperns, ihre Heimatdörfer, sie bilden auf der ganzen Insel Enklaven oder lassen sich im Norden der Insel nieder. Makarios versucht mit ökonomischen Blockaden eine Kapitulation der Enklaven-Bewohner zu erzwingen. Ein bedeutsamer Fehler der Regierung, die damit viele gewachsene Beziehungen unter den beiden Volksgruppen zerstörte und das soziale Gefälle zwischen ihnen vergrößerte. Es sind bittere Jahre für die türkischen Zyprer.

1967 wiederholen sich die kriegerischen Auseinandersetzungen zwischen den beiden Volksgruppen. Die türkische Luftwaffe fliegt Angriffe auf griechische Dörfer Zyperns. Im September 1971 gründet Grivas die EOKA-2. Ihr Kampf gilt Makarios, der ihrer Meinung nach die ENOSIS-Bewegung verraten hat. Ihr Ziel ist weiterhin der Anschluß an Griechenland. Von der griechischen Militärjunta unterstützt, führen diese Ereignisse schließlich 1974 zum Putsch gegen Makarios und zur türkischen Invasion.

Vertreibung aus Nordzypern

In dieser nach wie vor unruhigen Zeit nach 1960 versuchten die Zyprer griechischer und türkischer Abstammung Normalität zu leben. Sie bemühten sich um wirtschaftlichen Wiederaufbau, Stabilität und um Sicherung ihrer Existenz. In Famagústa und Varóscha und an den weiten Stränden von Salamis entstand das größte und modernste Touristenzentrum von Zypern. Während hier im Norden 1973/1974 fast siebzig Prozent aller Reisenden ihren Urlaub verbrachten, spielte der Süden in der Tourismuswirtschaft mit Ajía Nápa und Páfos eine völlig unbedeutende Rolle.

Doch dann kommt die Katastrophe: Am 20. Juli 1974 die »Operation Attila«. Der Norden der Insel, von der Morfú-Bucht bis nach Famagústa, wird von türkischen Truppen besetzt. Nur das mittelalterliche Famagústa und der moderne Vorort Varóscha bleiben im Nordosten von den Kriegshandlungen verschont. Die Großmächte verhandeln und versuchen zu vermitteln.

Auch Níkos Kalérjii, im Sommer 1959 aus der Haft entlassen, hatte mit dem Aufbau eines Geschäftes begonnen. Am 16. Oktober hatte er in Famagústa mit den Ersparnissen der Mutter von 143 Pfund (ein zyprisches Pfund entsprach 1959 etwa elf Mark) ein Reisebüro gegründet. Die Zyprer hatten erste internationale

Wirtschaftskontakte hergestellt, besonders mit Großbritannien und der Bundesrepublik Deutschland. Langsam hat sich die Bevölkerung von den Grauen des Bürgerkrieges erholt. Die Wirtschaft blickt hoffnungsvoll in die Zukunft.

Níkos und die griechischen Zyprer in Famagústa und Varóscha (1960 lebten hier 24508 griechische Zyprer) fühlen sich durch die Invasion nicht ernsthaft bedroht. Die Kampflinie kommt nördlich der Stadt zum Stillstand. Auch liegt nur wenige Kilometer weiter westlich ein militärischer Stützpunkt (»Sovereign Base Area«) Großbritanniens. Man glaubt, daß die Türken bis hierher keinen Vorstoß wagen werden.

Am Wochenende des 10./11. August 1974 will sich Níkos mit seiner Familie von der Angst und den Schrecken des Krieges erholen. Sie planen eine Woche Urlaub in dem kleinen Fischerdorf Ajía Nápa an der Südküste, nur knapp fünfzehn Kilometer von Famagústa entfernt. Níkos und seine sechs Frauen – Großmutter, Mutter, Frau und drei Töchter – nehmen nur kleines Urlaubsgepäck mit. Die jüngste Tochter ist noch nicht einen Monat alt, sie wurde eine Woche vor der Invasion, am 13. Juni, geboren. Eléni, die über 90 Jahre alte Großmutter, leidgeprüft durch die ihr aufgezwungene Flucht aus der Diaspora in Alexandria, später aus Istanbul, ist unruhig. Sie fürchtet Gefahr. Sie hat Angst, daß die Türken den Krieg nicht beenden werden. Níkos versucht sie zu beruhigen. Sie hingegen will alle ihre kleinen Kostbarkeiten – Alben, Fotos, Erinnerungsstücke an ein nicht immer einfaches Leben, auch Schmuck und Erspartes – mitnehmen. Doch Níkos wehrt ab. Er sieht keine Gefahr. Ist er sich doch gewiß, daß er am nächsten Wochenende wieder mit seiner Familie in Varóscha sein wird. Doch dann erleben sie nur drei Tage Urlaubsfreuden am Meer!

Am 13. August werden die Friedensverhandlungen in Genf erfolglos abgebrochen. Einen Tag später rollt die »Zweite türkische Invasion« in Richtung Süden. Nach weiteren drei Tagen, am 16. August, schweigen die Waffen wieder. Famagústa und Varóscha sind eingenommen. Die Ziele Ankaras sind erreicht: weitere Gebietsgewinne als Faustpfand für Verhandlung. Es kommt zur Terrorisierung der griechisch-zyprischen Bevölkerung, die panikartig die Flucht ergreift. Ankara gelingt mit der Vertreibung die angestrebte ethnische Teilung der Insel und schafft völlig neue demographische Verhältnisse.

1973 lebten auf Zypern 635000 Menschen. Auf die beiden großen Volksgruppen übertragen waren dies: 520000 (82 Prozent) Zyprer griechischer und 115000 (18 Prozent) Zyprer türkischer Abstammung. Damit hat sich seit Jahrhunderten das prozentuale Verhältnis von Griechen und Türken auf der Insel nur unbedeutend verändert. Zu Beginn der britischen Kolonialherrschaft, 1878, betrug die Gesamtbevölkerung 138000 Menschen, davon waren 74 Prozent Griechen! Die Gründe für diese verhältnismäßig konstante Bevölkerungsstruktur sind historisch bedingt: Als 1571 die Osmanen den Venezianern Zypern entreißen konnten, wurde die griechische Bevölkerung nicht vertrieben. Und den türkischen Siedlern aus Anatolien sowie von anderen Festlandgebieten wurden vornehmlich Besitztümer der vertriebenen Venezianer und Ländereien der lateinischen Kirche übertragen.

Tiefgreifende demographische Veränderungen gibt es erst seit dem Krieg von 1974. Zypern litt unter einem für die Insel unvergleichbaren Exodus, der sich nicht von der Insel weg, sondern vom Norden zum Süden hin und umgekehrt bewegte: Massenflucht von 162000 (die offiziellen Zahlen der zyprischen Regierung liegen sogar bei 180000 bis 200000) griechischen Zyprern und die von

Ankara erzwungene Umsiedlung von mehr als 45000 türkischen Zyprern aus dem Süden zum türkisch besetzten Teil der Insel. Fast 32 Prozent der griechischen und 39 Prozent der türkischen Volksgruppe wurden zu Flüchtlingen. Die katastrophale Bevölkerungsverschiebung, durch Zwangsumsiedlung und Flucht verursacht, hat schwerwiegende politische und wirtschaftliche Folgen.

Neuanfang im Süden

Ankara versucht nun seine kriegerischen Erfolge auf der Bühne der Weltpolitik absegnen zu lassen: Die Türkei proklamiert am 13. Februar 1975 durch Rauf Denktasch Nordzypern zum »unabhängigen Bundesstaat« und gründet am 15. November 1983 die ›TRN‹, die jedoch von keinem Staat der Welt anerkannt wird. Doch leider gibt es indirekte Anerkennungen, wie z.B. von der Bundesrepublik Deutschland: Sie stellte nach der türkischen Invasion sowohl den Telefon- als auch den Postverkehr auf die Forderungen Ankaras um, und festigte damit die Spaltung der Insel. Seit 1975 kann man Nordzypern nicht mehr mit der Vorwahl für die Republik Zypern, sondern nur über die Vorwahl der Türkei telefonisch erreichen. Auch akzeptiert die Deutsche Bundespost Postsendungen aus Nordzypern mit dem Aufdruck ›TRN‹ und verstößt damit gegen internationales Recht! Andere Staaten, wie z.B. Italien, lassen Postsendungen mit Briefmarken der »TRN« zurückgehen. Kommentar des Auswärtigen Amtes (vom 12. Dezember 1989): »Die Deutsche Bundespost beanstandet Postsendungen, die mit Marken der ›TRN‹ freigemacht sind, nicht. Dies gilt aus betrieblichen, jedoch auch aus humanitären Gründen, da eine Nichtbearbeitung von solchen Postsendungen den Bewohnern von Nordzypern den brieflichen Kontakt mit dem Ausland erheblich erschweren würde.« Humanitär wäre es, nicht auf den Druck Ankaras zu reagieren und die ganze Insel als Republik Zypern wie bis 1974 zu behandeln ...

Die Zyprer im Norden und Süden stehen erneut vor dem Nichts. Die Menschen der Republik Zypern schaffen im Süden der Insel bald ein Wirtschaftswunder. Es gelingt die Flüchtlinge einzugliedern. Neue Standorte für Industrie und Handel müssen gefunden werden, die im Norden zurückgelassenen Fabriken, Landwirtschaft und Tourismusindustrie werden erfolgreich neu angesiedelt. Der Handel des ehemaligen Welthafens Famagústa wird nach Límassol verlegt.

Auch Níkos Kalérjii, der Hab und Gut in Varóscha zurücklassen mußte, gründet in Límassol, der neuen Wirtschaftsmetropole der Republik Zypern, seine neue Firma. Von der »Bank of Cyprus« erhält er 200 Pfund (ein zyprisches Pfund entsprach 1974 etwa 7,06 Mark) Darlehen als Startkapital. Für seine in Famagústa geführten Bankkonten und Geldanlagen erhält er keine Entschädigung. Wie Tausende anderer Zyprer, steht er nach dem Krieg von 1974 vor einem völligen Neuanfang. Nichts ist ihm geblieben. Sein unbeugsamer Wille und seine Entschlossenheit, den Wiederaufbau zu schaffen, sind sein Kapital! Und seine Großfamilie. Heute beschäftigt Níkos mehr als 110 Angestellte, von denen knapp dreißig Familienmitglieder sind, die die wichtigsten Positionen besetzen. Das mittelständische Unternehmen von Níkos Kalérjii ist ein exemplarisches Beispiel dafür, wie Aufschwung, Wachstum und Stabilität der zyprischen Wirtschaft in nur sechzehn Jahren erzielt werden konnten, so daß die zyprische Währung der kleinen Inselrepublik heute zu den harten Währungen der Welt zählt.

Der Konflikt zwischen griechischen und türkischen Zyprern hält unvermindert an. Zwar gibt es politische Kontakte zwischen Inselgriechen und Inseltürken, auch Vermittlungen durch die UN sowie die USA und UdSSR, doch bisher konnte kein Durchbruch erzielt werden. De facto ist die Republik Zypern geteilt, eine Situation, die eine starke Bedrohung des Friedens im östlichen Mittelmeer bedeutet. Für die Republik Zypern ist die Voraussetzung für jede Annäherung und für neue Vertragswerke der völlige Abzug türkischer Truppen und die Rückkehr aller Festlandtürken in ihre Heimat. Eine künftige Bundesrepublik Zypern mit einer föderativen Zweikammerlegislaturversammlung ist denkbar. Zypern könnte vor den Küsten Afrikas und Asiens als neutraler Staat, mit Bürgern unterschiedlicher ethnischer Zugehörigkeiten, zum Friedensstifter im östlichen Mittelmeer werden.

Der Aphroditefelsen zeigt zu jeder Tages- und Jahreszeit eine andere Gestalt und Farbigkeit.

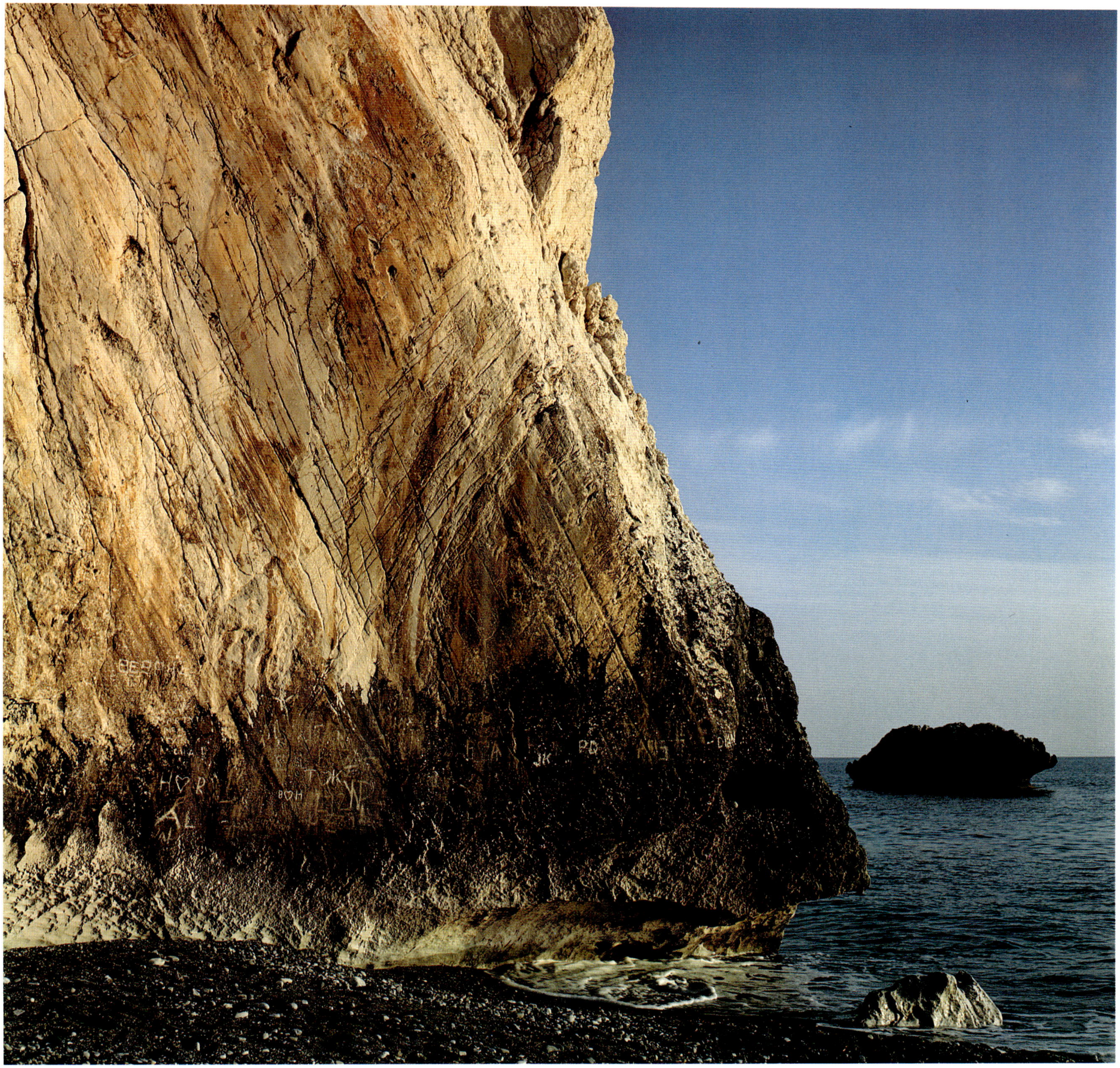

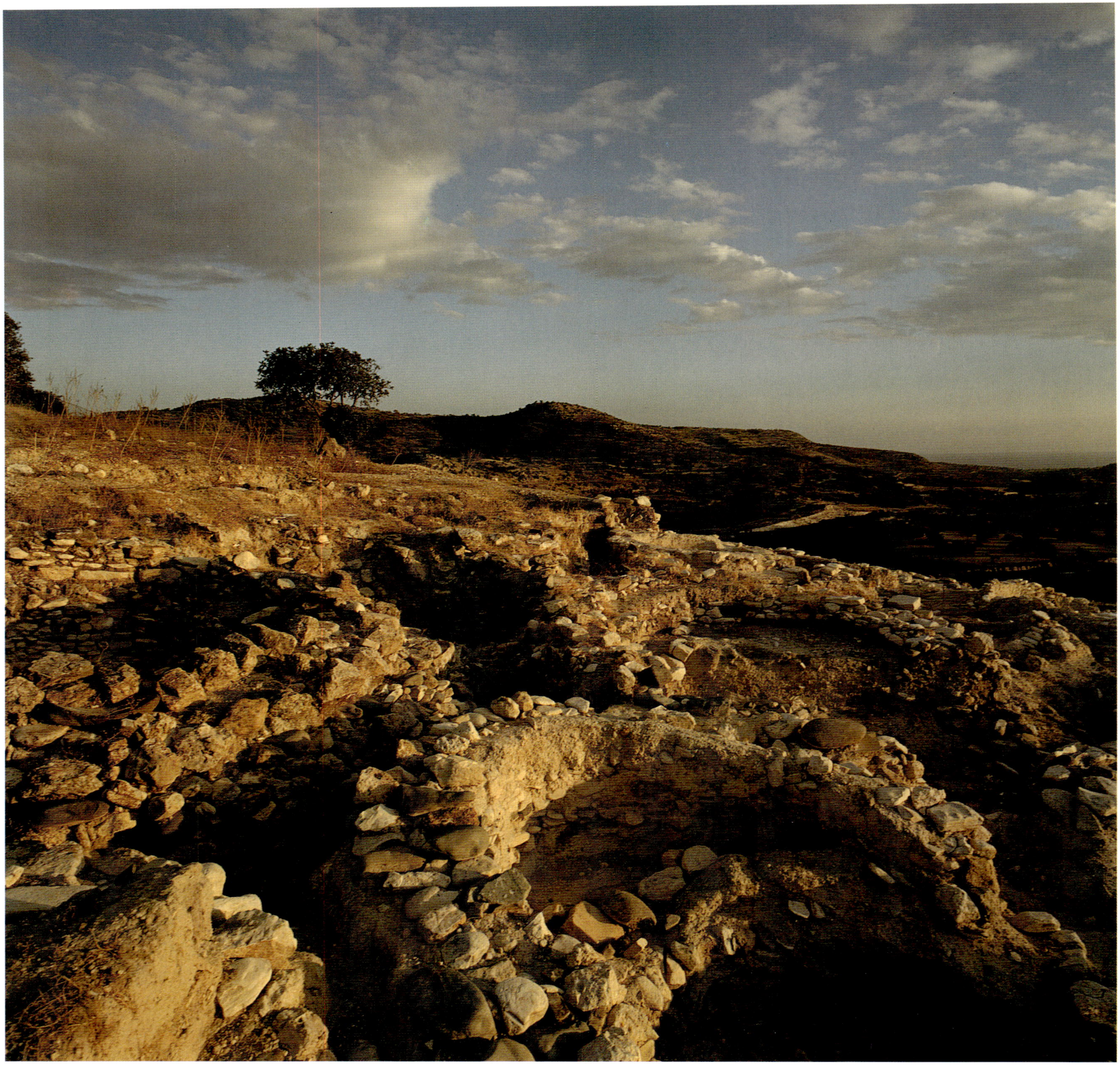

55

Seite 54:
In den Rundhäusern von Chirokitiá lebten bereits zur Jungsteinzeit (ab 7000 v. Chr.) die ersten Menschen Zyperns.

Seite 55:
In Kúklia entwickelte sich der frühe Fruchtbarkeitskult der Insel zum Aphroditekult. Hier war das wichtigste Heiligtum der Liebesgöttin, dessen Zeugnisse heute noch zu sehen sind.

In nur fünfzehn bzw. zwanzig Jahren (von 1290 bis 1305/1310) erneuerten die Johanniter nach ihrer Vertreibung aus dem Heiligen Land auf Zypern, in Kolóssi, ihren Orden, bevor sie dann auf Rhodos ihr Johanniterreich gründeten.

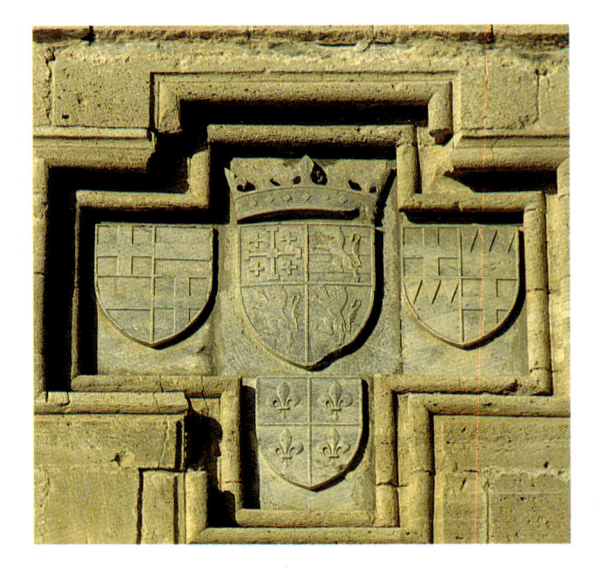

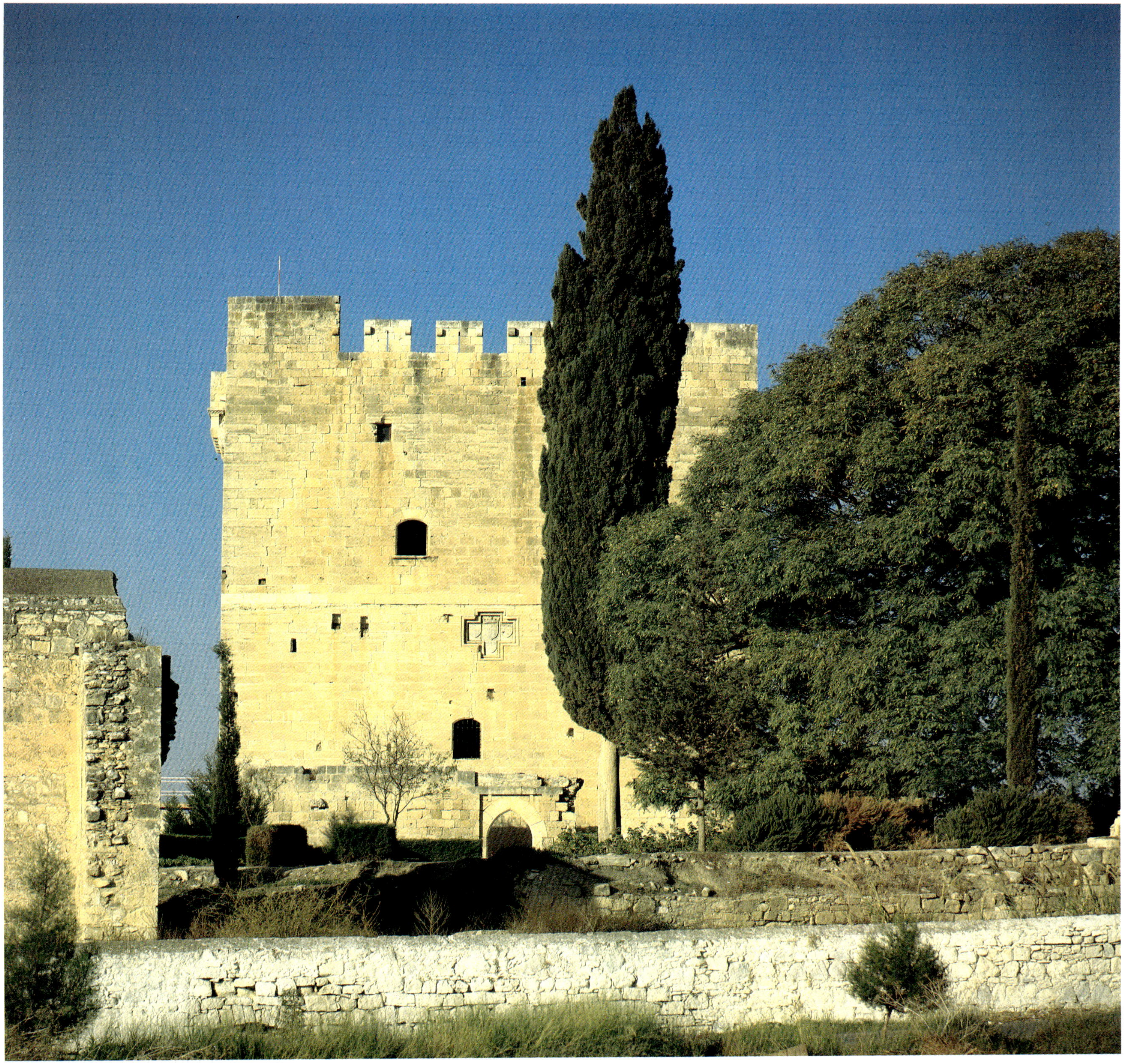

Das Meer wurde für Zypern zur Brücke und zum verbindenden Element. Die Insel empfing aus den Kulturen dreier Kontinente Anregungen. Nach der Besetzung Nordzyperns durch türkische Truppen ging der Welthafen Famagústa für die Republik Zypern verloren. Límassol wurde zum neuen Wirtschaftszentrum der Insel; sein Hafen wurde nun Welthafen.

Östlich des neuen Zentrums von Límassol liegen die antiken Reste von Kúrion, einer Stadt, die schon im 13. Jahrhundert v. Chr. von Siedlern aus der Argolis gegründet und erst nach den Arabereinfällen im 7. Jahrhundert n. Chr. von ihren Bewohnern verlassen wurde.

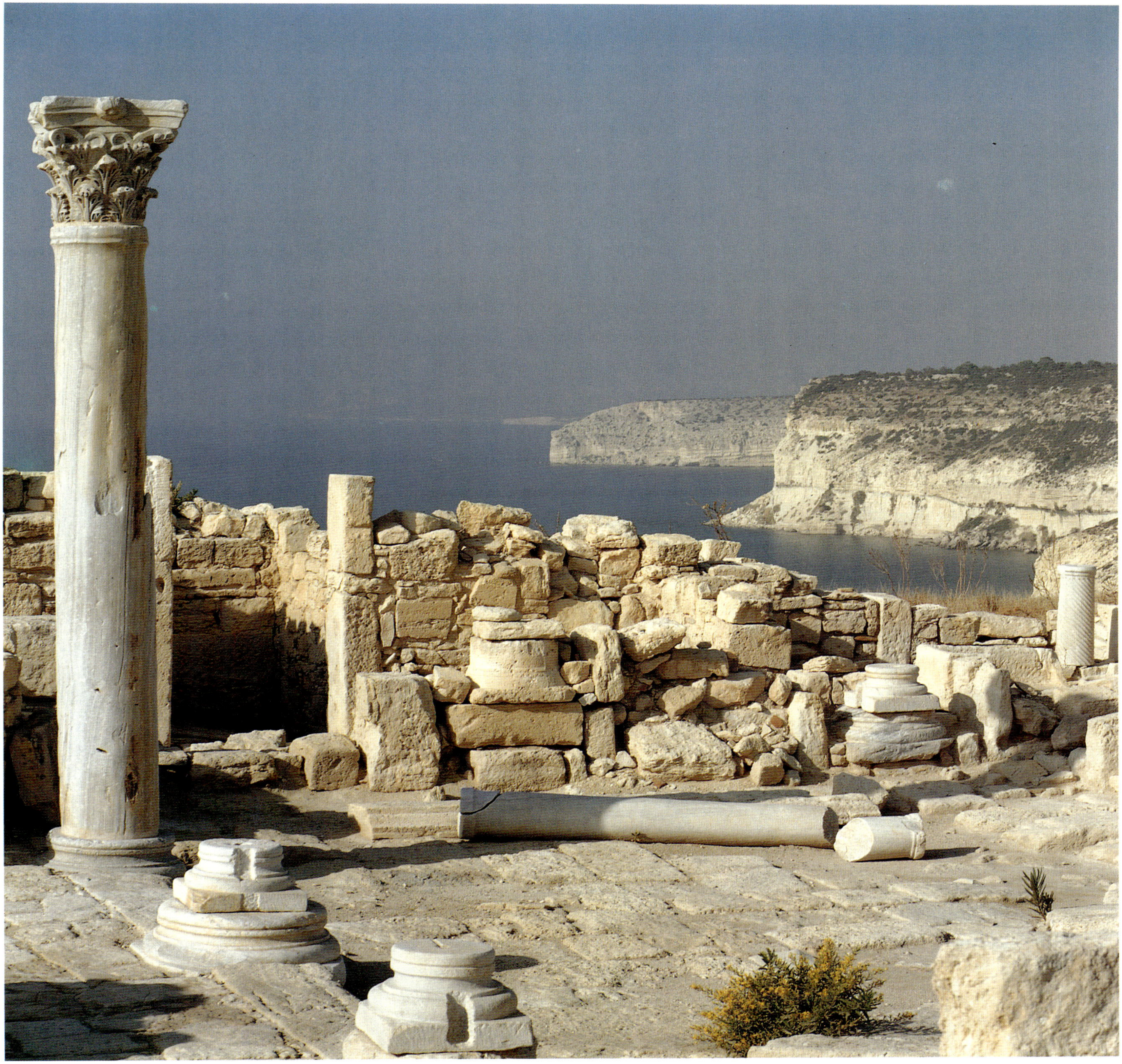

Die antike Stadt Kúrion liegt auf einem rund siebzig Meter hohen Steilfelsen in beherrschender Lage und erstreckt sich etwa einen Kilometer parallel zur Südküste. Zu den eindrucksvollsten Baudenkmälern auf der Akropolis gehört das Theater. Ein erster Vorgängerbau entstand im 2. Jahrhundert v. Chr.; ihm folgten Bauänderungen im 2. Jahrhundert n. Chr., aus der die heutige architektonische Gestalt hervorging. Noch heute finden etwa 3500 Zuschauer bei den Sommerfestspielen im antiken Theaterrund Platz.

Von besonderem kunstgeschichtlichen Interesse sind die spätantiken Fußbodenmosaike in Kúrion. Ikonographisch selten ist das Achilleusmosaik aus dem 4. Jahrhundert n. Chr. Dargestellt ist Achilleus in Frauenkleidern, der sich am Hof König Lykomedes von Skyros aufhält. Odysseus (rechts) läßt mit einer Posaune den Kriegsruf erklingen, woraufhin sich Achilleus verrät, indem er zu seinen Waffen greift. Mit dieser List kann Odysseus Achilleus zum Kampf gegen Troja gewinnen. Im »Haus des Eustolios« aus dem Beginn des 5. Jahrhunderts n. Chr. gibt es eine sehr schöne Darstellung der Ktisis, Göttin des Handwerks.

Das Leben der Frauen, besonders auf dem Lande, ist sehr hart und mühsam. Uralte Traditionen, die uns oft märchenhaft und exotisch erscheinen, können qualvolles Schicksal sein. Frauen hüten nicht nur Haus, Hof und Familie, gehen nicht nur der Feldarbeit tagtäglich nach, sondern leisten auch Schwerstarbeit im Bausektor. Diese Eisenflechterinnen beim Straßenbau verdienen nur etwa sechzig Prozent des Gehalts ihrer männlichen Kollegen.

Schuschúkos ist eine rein zyprische Spezialität: An Fäden aufgereihte Mandeln werden immer wieder in einen gelatierten Traubensaft eingetaucht und an der Luft getrocknet.

Die Nonnen im Kloster Heraklídos zählen nach dem Osterfest ihre reiche Kollekte.

Diese römischen Peristyl-Felsenbauten im dorischen Stil sind die unterirdischen »Königsgräber« von Páfos. Hier wurden keine Könige, wohl aber reiche Bürger und Beamte der ptolemäischen Herrschaft (297-57 v. Chr.) Zyperns bestattet. Die Nekropole wurde bis zur frühchristlichen Epoche benutzt.

65

Der Reichtum der spätantiken Stadt Páfos spiegelt sich besonders in seinen mit – sehr gut erhaltenen – Fußbodenmosaiken reich ausgestatteten Wohnhäusern wider: Im »Haus des Aion« wurden wertvolle Meisterwerke aus dem 2. Viertel des 4. Jahrhunderts n. Chr. entdeckt: Die Geburt des Dionysos (links) und der Musikwettstreit zwischen Apollon und Marsyas (rechts).
Die Geburt des Achilleus (unten) aus dem 5. Jahrhundert n. Chr. ist eine spätantike ikonographische Vorlage für die Geburtsszene Christi in der byzantinischen Kunst.

67

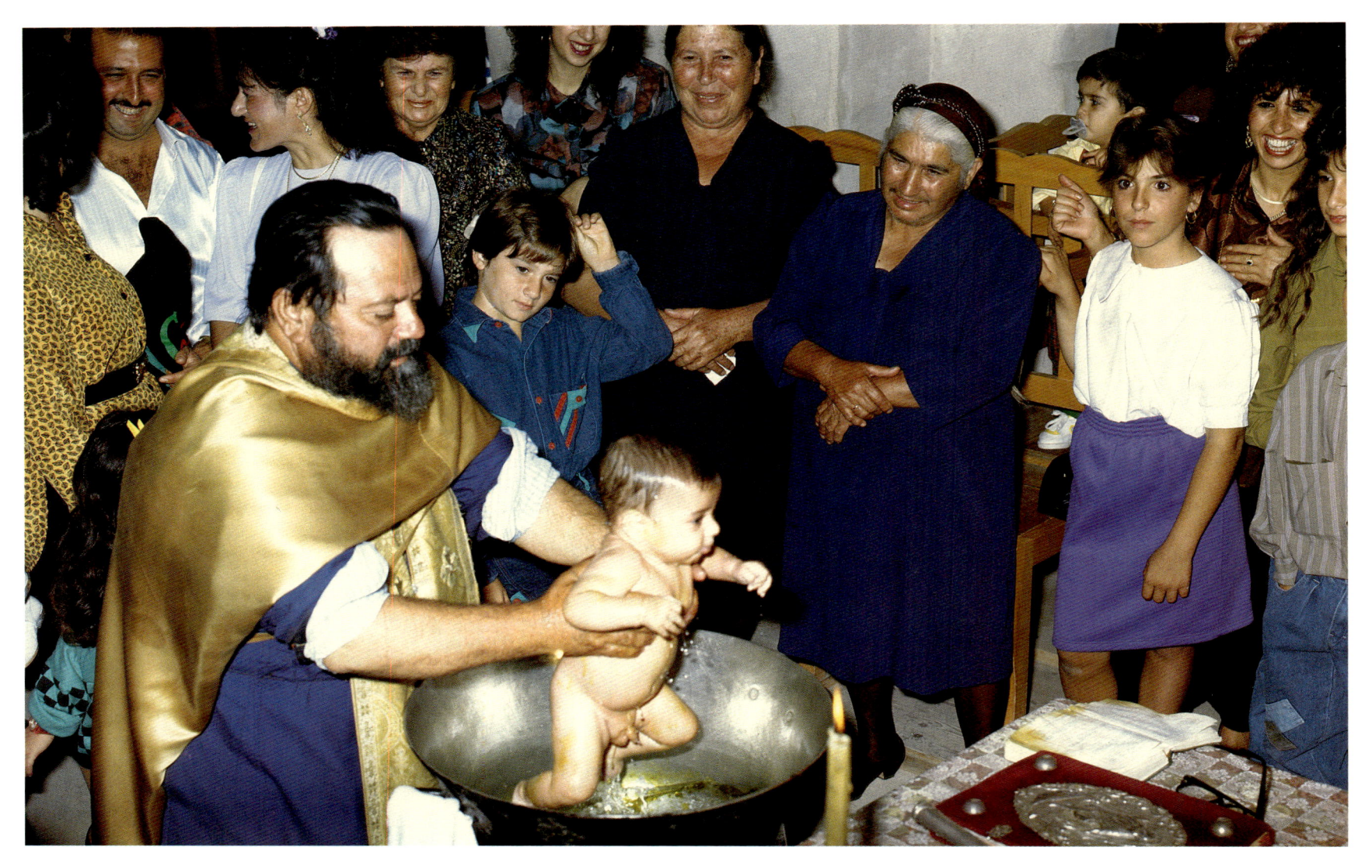

Mit der Taufe bzw. der Taufpatenschaft (hier in der Ajía Paraskewí-Kirche von Jeroskípos) schafft man das Verhältnis einer »rituellen« und »geistlichen« Verwandtschaft, die durch das kultisch-rituelle Zeremoniell der orthodoxen Kirche ganz besonderes Gewicht erhält. Der Pate (Nunós) übernimmt volle Verantwortung für die religiöse Erziehung und die Ausbildung des Kindes. Er baut sich mit möglichst vielen Kindern eine weitverzweigte Klientel auf, die ihm wiederum für seine Ziele nützlich sein kann. Der Täufling wird nach altem orthodoxen Brauch mit dem ganzen Körper ins Wasser getaucht. Der erstgeborene Sohn muß stets den Namen des Großvaters aus der väterlichen Linie erhalten.

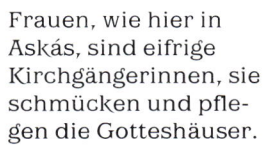

Frauen, wie hier in Askás, sind eifrige Kirchgängerinnen, sie schmücken und pflegen die Gotteshäuser.

Die Bilderwand (Ikonostas) aus dem 16. Jahrhundert und die Christus-Antiphonitís-Ikone des zyprischen Malers Titos aus dem Jahre 1536 gehören zu den kostbarsten Schätzen der Panajía Chryseleússa-Kirche von 'Emba.

Am westlichen Ufer des Salzsees von Lárnaka erhebt sich das moslemische Heiligtum Chála Súltan Tékke. Es wurde 1816 von dem osmanischen Verwalter Zyperns Seyyit Emis Effendi errichtet. An diesem Ort verstarb im Jahr 647 Umm Haram, Pflegemutter oder Tante Mohammeds, der man hier eine Grabstätte errichtete.

Palächóri gehört zu den hübschesten Gebirgsdörfern des Tróodhos-Gebirges. Schöne Malereien aus der Mitte des 16. Jahrhunderts birgt die Ájios Sáviur tu Sótreos-Kirche.

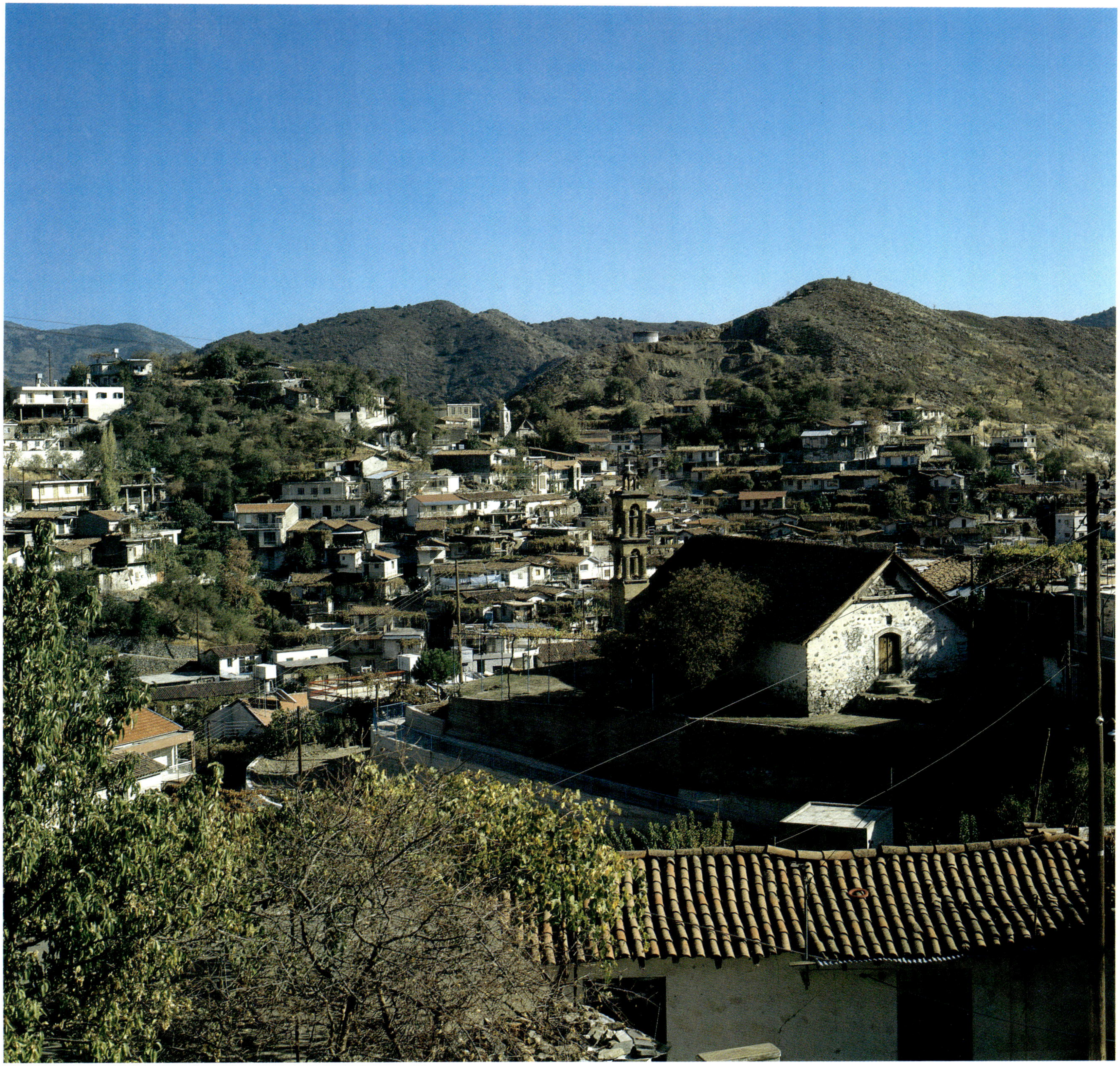

Das bedeutendste Juwel byzantinischer Kunst auf Zypern sind die Malereien aus dem Jahre 1192 in der Panajía tú Arakú-Kirche von Laghudherá. Der orthodoxe Sakralraum mit hoher Vierungskuppel und Tonnengewölben erhielt im 14./15. Jahrhundert zum Schutz vor Witterung ein scheunenartiges Satteldach. Farbigkeit, Linienführung und die Architekturlandschaft deuten auf einen Künstler aus Konstantinopel, der dem neoklassischen Stil folgte. Vor allem die geradezu »fliegende« Bewegung des Erzengels Gabriel aus der Verkündigungsszene (Bild links) ist von ganz besonderer Schönheit und Eleganz.

Folgende Seiten:
Hoch oben in der Kirche von Laghudherá ziert unter dem Pantokrator der leere Thron mit dem Heiligen Geist (Etimasía), von dem zum Pfingstfest die Ausgießung des Heiligen Geistes erfolgt, das Gewölbe. Der Blick in die Kuppel zeigt Christus Pantokrator als Allherrscher mit Engeln und Propheten. An den östlichen Pendentifs (unten): Verkündigung, im Westen (oben) je zwei Evangelisten.
Im Gewölbe der Apsis (Bild rechts) sieht man die thronende Muttergottes mit dem Christuskind, flankiert von den Erzengeln Gabriel und Michael; darüber, im Gewölbe des Altarraumes, die Himmelfahrt Christi (Análipsis).

73

74

75

Im Kloster des Ájios Ioánnis Lampadístis von Kalopanajiótis sind kostbare Fresken aus zwei Jahrhunderten erhalten. Großartig sind die Malereien aus der 1. Hälfte des 13. Jahrhunderts, die vom strengen Stil der Kunst Konstantinopels beeinflußt sind, wie es uns die Himmelfahrt Christi mit dem leeren Thron und dem Heiligen Geist (Abbildungen links oben) sowie der Einzug nach Jerusalem (rechts) zeigen.

In der lateinischen Seitenkapelle des Ioánnis Lampadístis ist der Akathistus-Hymnus mit stark westlichen Stileinflüssen aus der Zeit um 1500 erhalten (mittleres Bild).

77

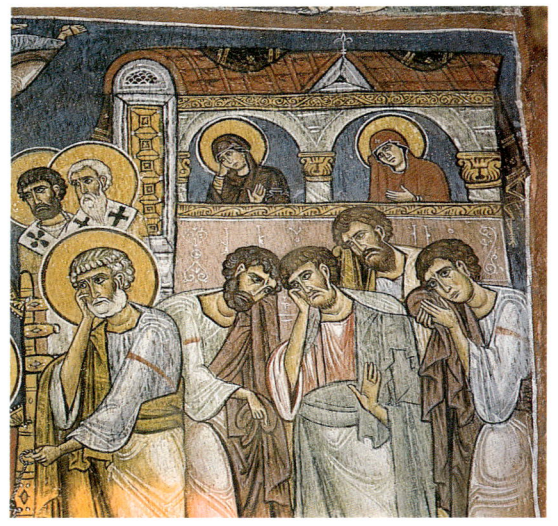

Auch die Malereien in der Panajía Phorbiótissa-Kirche von Asínu sind Meisterwerke byzantinischer Kunst auf Zypern. Sie gehören der komnenischen Stilrichtung an und wurden von Künstlern aus Konstantinopel geschaffen. Besonders die Malereien im Altarraum sind von großer Qualität. Hoch oben im Gewölbe die Himmelfahrt Christi und im Apsisbereich die Apostelkommunion (mit Judas ganz rechts), beides Werke aus den Jahren 1105/1106. Die Muttergottes mit den beiden Erzengeln folgt zwar stilistisch der Kunst aus dem Anfang des 12. Jahrhunderts, wurde jedoch erst im 14. Jahrhundert geschaffen. Von gleich hoher Qualität ist die Darstellung des Marientodes an der Westwand (Bild links), ebenfalls aus den Jahren 1105/1106. Die Malereien im später hinzugefügten Narthex (Bild rechts) stammen aus den Jahren 1332/1333 und aus dem 3. Viertel des 14. Jahrhunderts.

79

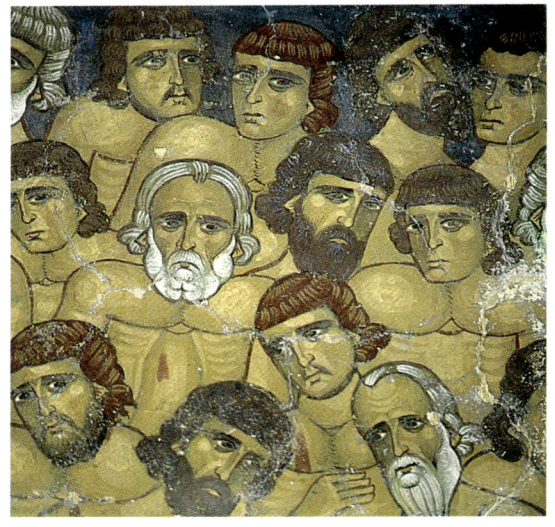

In der Ájios Nikólaos tis Stéjis-Kirche weit außerhalb von Kakopetriá sind byzantinische Fresken vom 11. bis zum 17. Jahrhundert erhalten. Die Malereien aus dem frühen 11. Jahrhundert zeigen starke Hinwendungen zur hellenistischen Tradition: Bei der Ausgießung des Heiligen Geistes (»Pfingsten/Pendekostí«, Bild rechts) bestechen ganz besonders die individuell ausgeprägten Köpfe der zwölf Apostel. Ikonographisch selten für das 11. Jahrhundert ist die Verschmelzung der beiden Themen Verklärung Christi (Metamorphosis) und die Erweckung des Lazarus (mittleres Bild). Die vierzig Märtyrer (Bild links unten) sind von herausragender Qualität und entstanden Anfang des 12. Jahrhunderts.

81

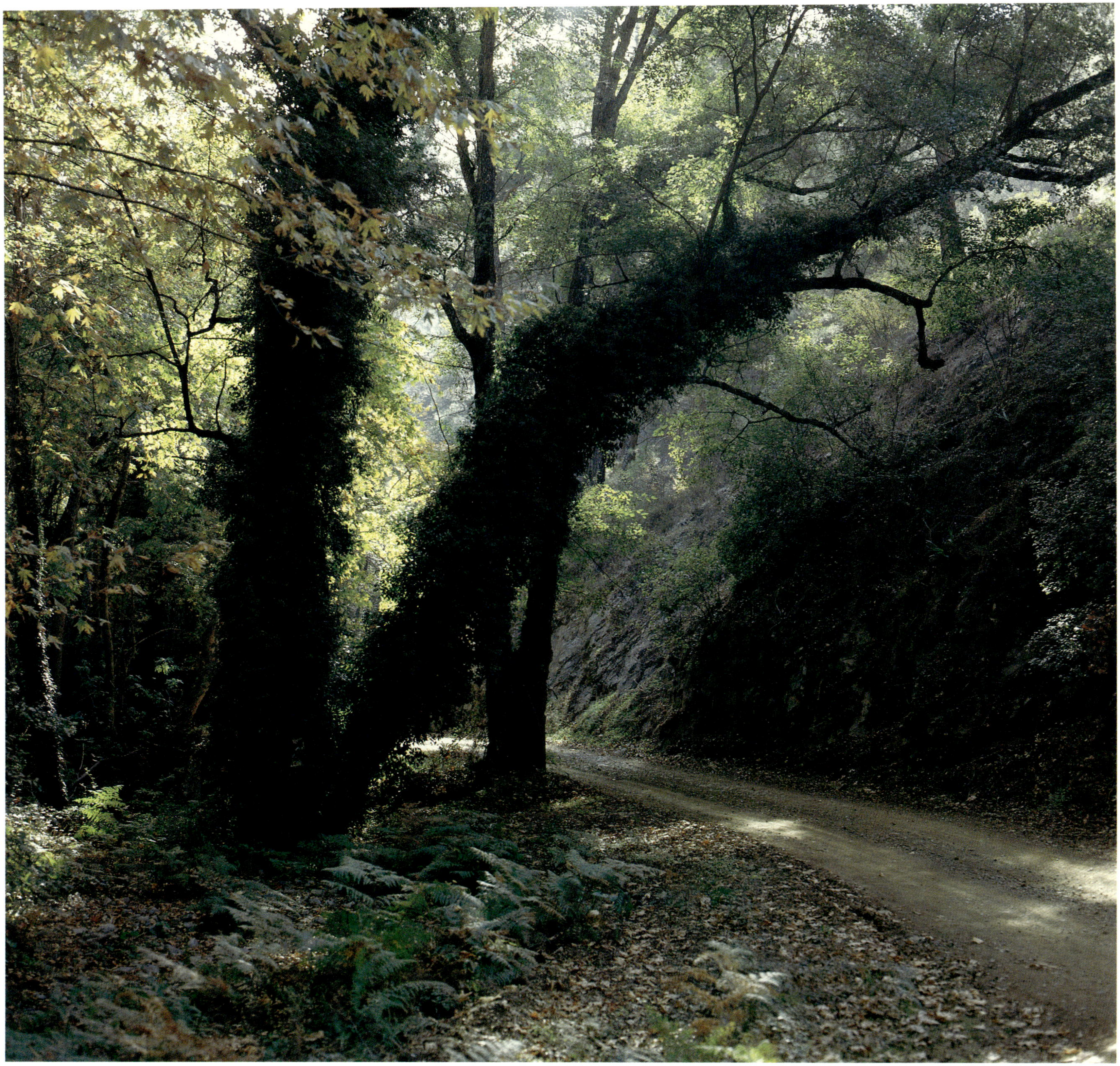

Das fruchtbare und wasserreiche Tal von Milikúri im südwestlichen Tróodhos-Gebirge ist ein Paradies für Wanderfreunde und Botaniker. Zu allen Jahreszeiten überrascht das Tal mit seiner üppigen Vegetation.
Die nordöstlichen Ausläufer des Tróodhos-Gebirges bei Aredhiú/Politikó, südlich von Nikosía gelegen, zeigen durch Menschenhand veränderte Hügelketten und Täler; Eingriffe in die Natur, die bis auf die Zeit des antiken Kupfer Bergbaus von Tamassós zurückgehen.

84

Bereits als Fünfundzwanzigjähriger ließ sich 1159 der junge Mönch Neóphytos von Léfkara als Einsiedler im Páfos-Gebirge nieder. Nur knapp drei Jahrzehnte später war er bereits so berühmt, daß er 1183 Teile seiner Felsenkirche und Felsenwohnung von Künstlern aus Konstantinopel ausmalen ließ (Bild links: im Zentrum Himmelfahrt Christi; darüber bzw. an der Höhlenwand: Neóphytos zwischen zwei Engeln). Im Jahre 1196 ließ Neóphytos den Rest der Felsenhöhlen mit Fresken im »monastischen Stil« ausmalen, die im strengen Widerpart zur Kunst in Konstantinopel stehen (Bild unten: Detail aus der Hadesfahrt mit Johannes dem Täufer). Von den Malereien in der Jahrhunderte später hinzugefügten Klosterkirche sind nur wenige, aber qualitativ beachtenswerte Fresken aus der 1. Hälfte des 16. Jahrhunderts erhalten (Bild oben): Detail aus dem Akathistus-Hymnus: Ein Engel als Personifikation des Lichtes weist den Heiligen Drei Königen den Weg, die Christus ihre Geschenke bringen.

86

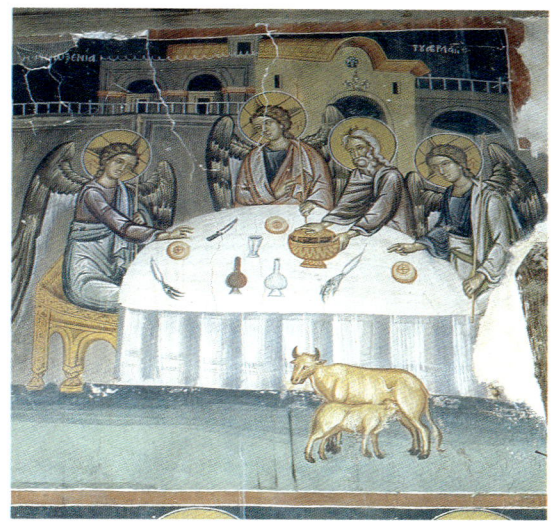

Auf Zypern gibt es zahlreiche kleine Dorfkirchen mit kostbaren Werken byzantinischer Kunst: In der Panajía Podhítu-Kirche von Ghaláta sind italo-byzantinische Malereien aus dem Jahre 1502 erhalten (Bild links). Die Kirche Ajía Paraskewí in Jeroskípos birgt eine ältere Malschicht aus dem 12. Jahrhundert (Marientod) und eine jüngere aus dem späten 15. Jahrhundert (Kreuzigung; mittleres Bild sowie Bild rechts oben). In der Ájios Sáviur tu Sóterius-Kirche in Palächóri sieht man das Gastmahl des Abraham (Mitte 16. Jahrhundert; Bild rechts Mitte). Die Stawrós tu Ajiasmáti-Kirche in Platanistássa enthält einen Freskenzyklus von Philippos Goul aus dem Jahre 1494 (Petrus verleugnet Christus; Bild rechts unten).

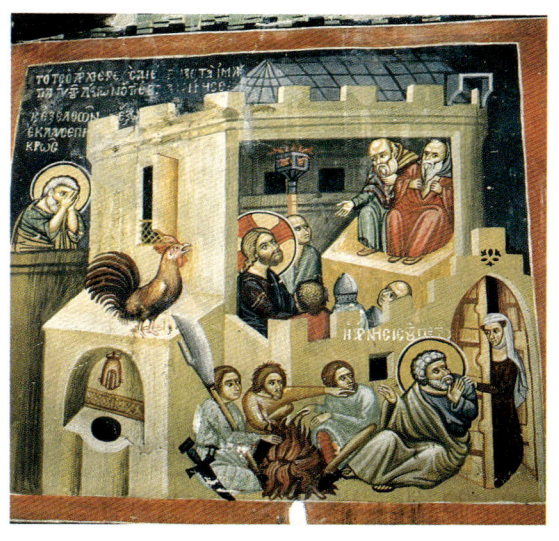

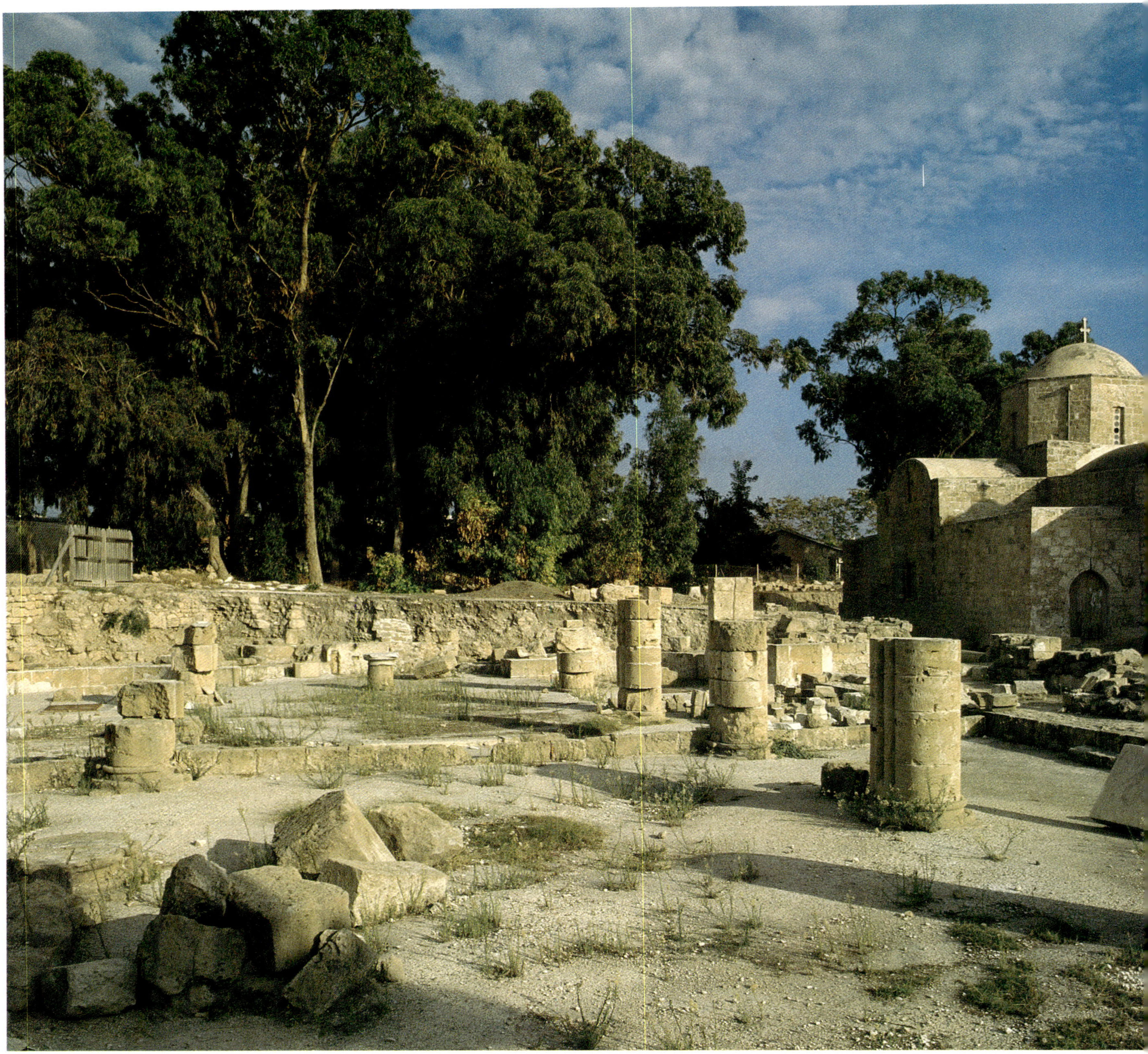

Das um 320 v. Chr. gegründete Néa Páfos hat auch eine reiche christliche Tradition: Von der fünfschiffigen frühchristlichen Basilika Chrysopolítissa aus dem 4. Jahrhundert sind noch viele Fußbodenmosaike erhalten. Der Erweiterung im 5./6. Jahrhundert zu einer siebenschiffigen Basilika folgte im 11./12. Jahrhundert der Kuppelbau der Ajía Kyriakí. Bei Ausgrabungen wurden Mauerreste und Stützpfeiler freigelegt. Im Norden der Kirche entstand um 1300 ein gotischer Sakralbau, der wahrscheinlich zum Kloster der Franziskaner gehörte.

+ΗΑΓΙΑ + ΜΑΡΙΑ +
ΜΙΧΑΗΛ ΓΑΒΡΙΗΛ

In der Panajía Ange-
lóktistos-Kirche von
Kíti sind wertvolle
Apsismosaike aus der
2. Hälfte des 6. Jahr-
hunderts erhalten, die
zu den bedeutendsten
des gesamten byzanti-
nischen Kunstraumes
gehören. Nachdem im
von türkischen Trup-
pen besetzten Nordzy-
pern, in Lythrákomi,
die Mosaike des
6. Jahrhunderts
gestohlen wurden,
sind die Werke von Kíti
die einzigen dieser
Epoche auf Zypern.

In der Ajía Paraskewí-
Kirche von Jeroskípos
sind in der Kuppel
über dem Altarraum
seltene Fresken aus
der Zeit des Ikono-
klasmus erhalten, die
aus der 1. Hälfte des
9. Jahrhunderts
stammen.

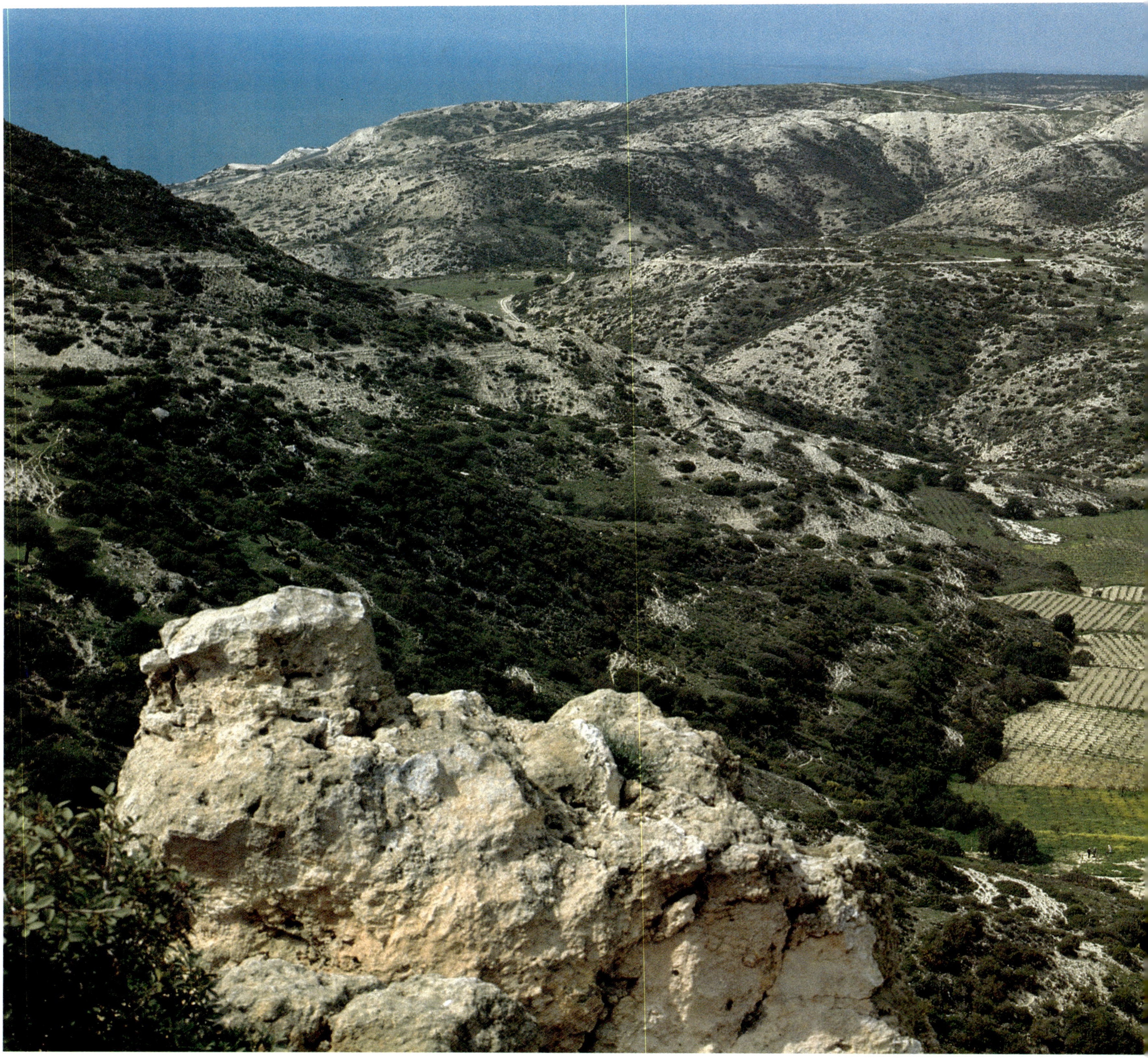

Zypern ist auch heute noch eine überwiegend agrarisch strukturierte Insel. Nahezu vierzig Prozent der Berufstätigen sind in der Landwirtschaft beschäftigt. Anders als in Griechenland gehören nur knapp sieben Prozent der landwirtschaftlich genutzten Flächen der griechisch-orthodoxen Kirche Zyperns, ein Prozent der Republik Zypern und zweiundneunzig Prozent (!) befinden sind im Besitz der Bevölkerung. Jedes auch noch so kleine fruchtbare Tal – wie hier im Gebiet von Pissúri – wird auf der stark gebirgigen Insel landwirtschaftlich genutzt. Zusätzlich werden flache Hügel terrassiert und mit Bodenfrüchten oder Baumfrüchten bestellt.

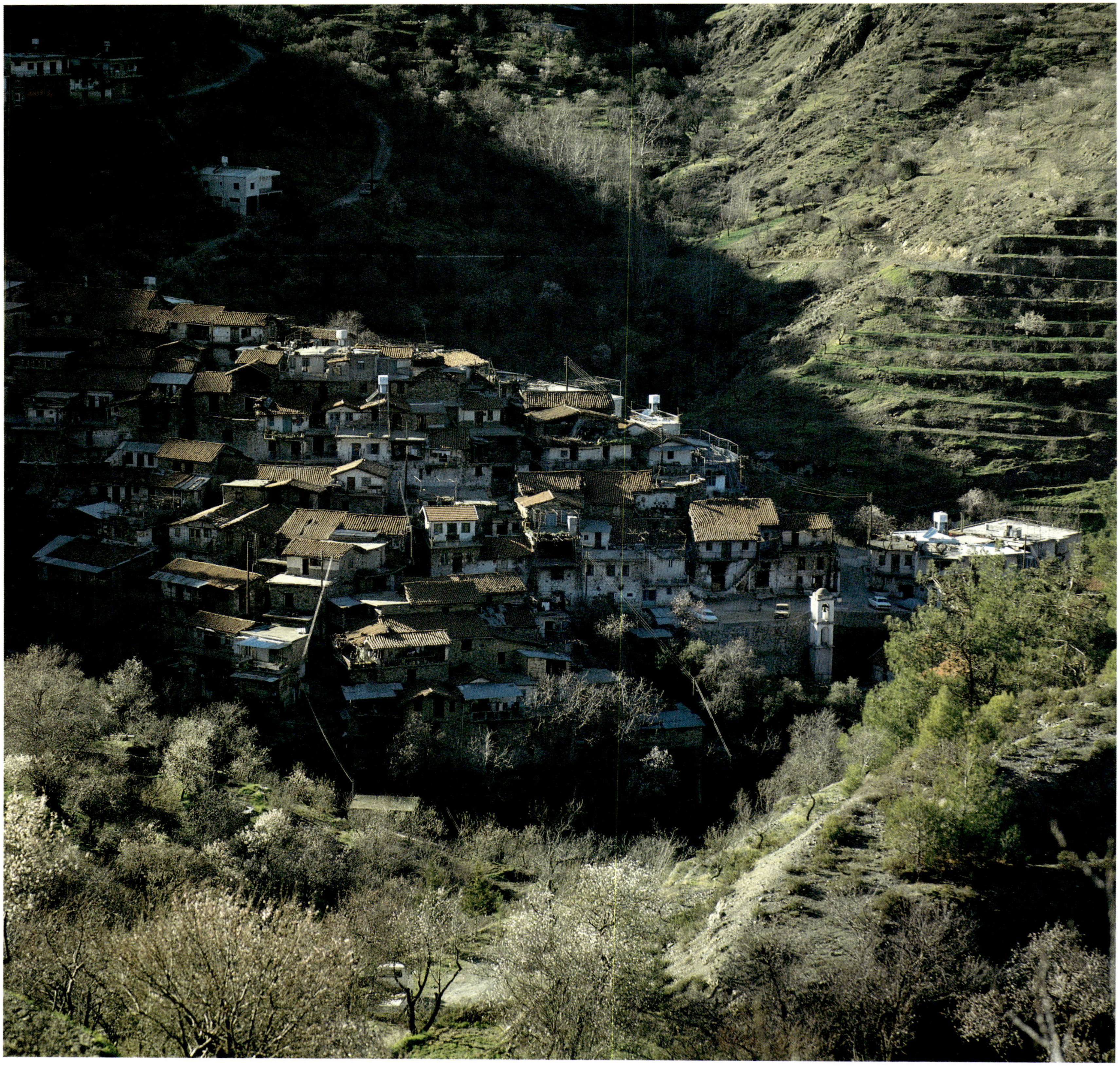

All die kleinen Dörfer
im Tróodhos-Gebirge
(wie hier Askás mit
seiner Bausubstanz,
die reich an traditioneller Architektur ist)
nutzen jeden Quadratmeter für die
Landwirtschaft, legen
selbst an steilen Hängen Terrassen an, um
fruchtbares Ackerland
zu gewinnen.

Überall auf der Insel –
besonders in Nordzypern – gibt es früchtetragende Dattelpalmen. Es sind »Fremdlinge«, die aus dem
Orient eingeführt
wurden. Meist sind es
sehr alte Bäume.
Aus dem tropischen
Südamerika stammt
die Bougainvillea mit
ihrer leuchtenden,
unterschiedlich farbigen Blütenpracht.

Weltliche und auch viele kirchliche Feiern werden von der Bevölkerung wie Volksfeste gefeiert. Wie hier in Lythrodhóndas bieten dann die fliegenden Händler all ihre Waren und Köstlichkeiten an. Schuschúkos, die traditionelle Süßigkeit Zyperns, darf dabei auf keinem Markt fehlen.

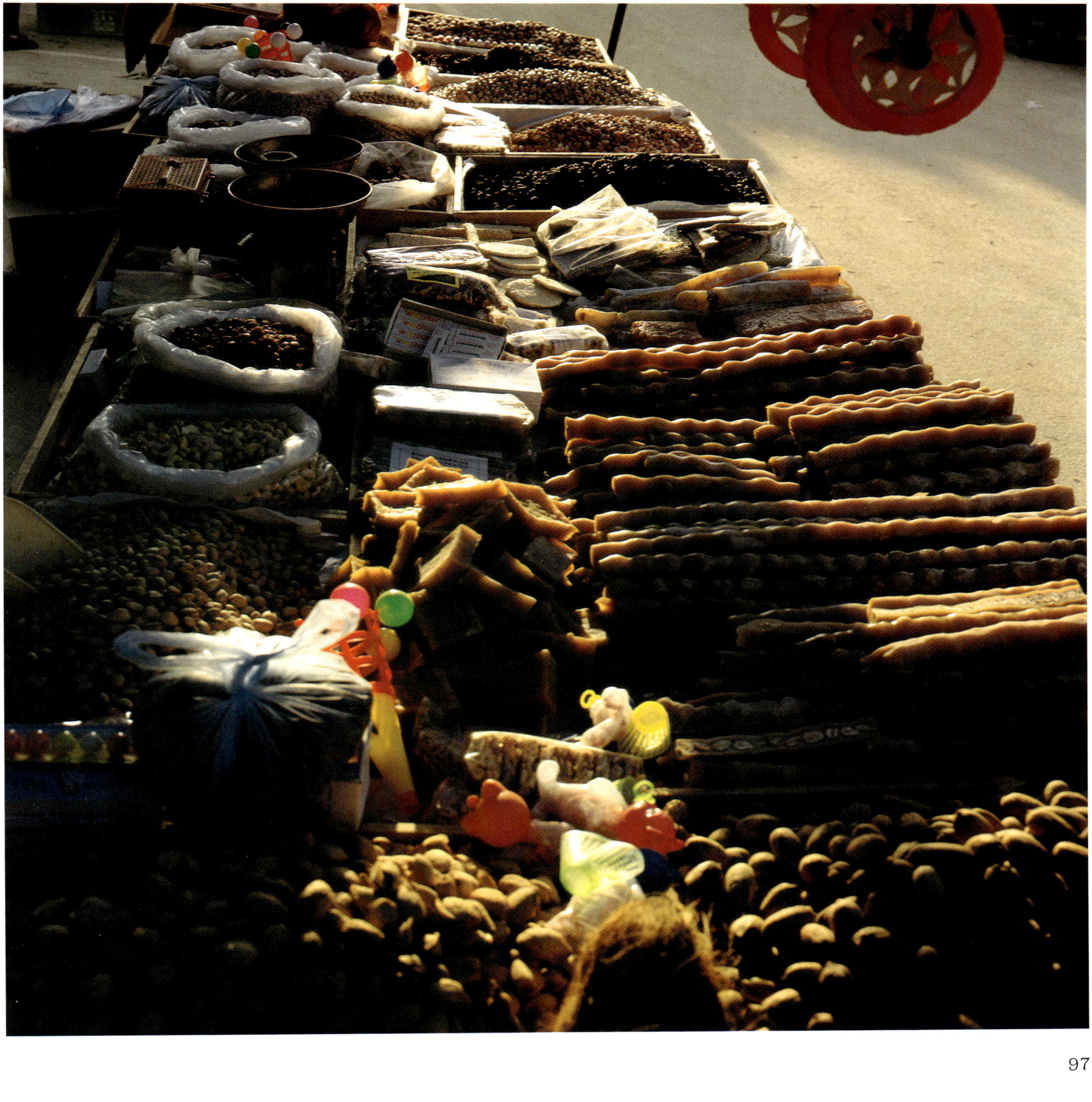

Die steinige Pikró-kremmos-Hochebene an der Südküste bei Pissúri ist ein typisches Beispiel dafür, wie aus einer unwirtlichen Landschaft im Frühjahr ein blühender Paradiesgarten werden kann.

In den weiten Küstenebenen westlich von Páfos werden vorwiegend Bananen angebaut.

99

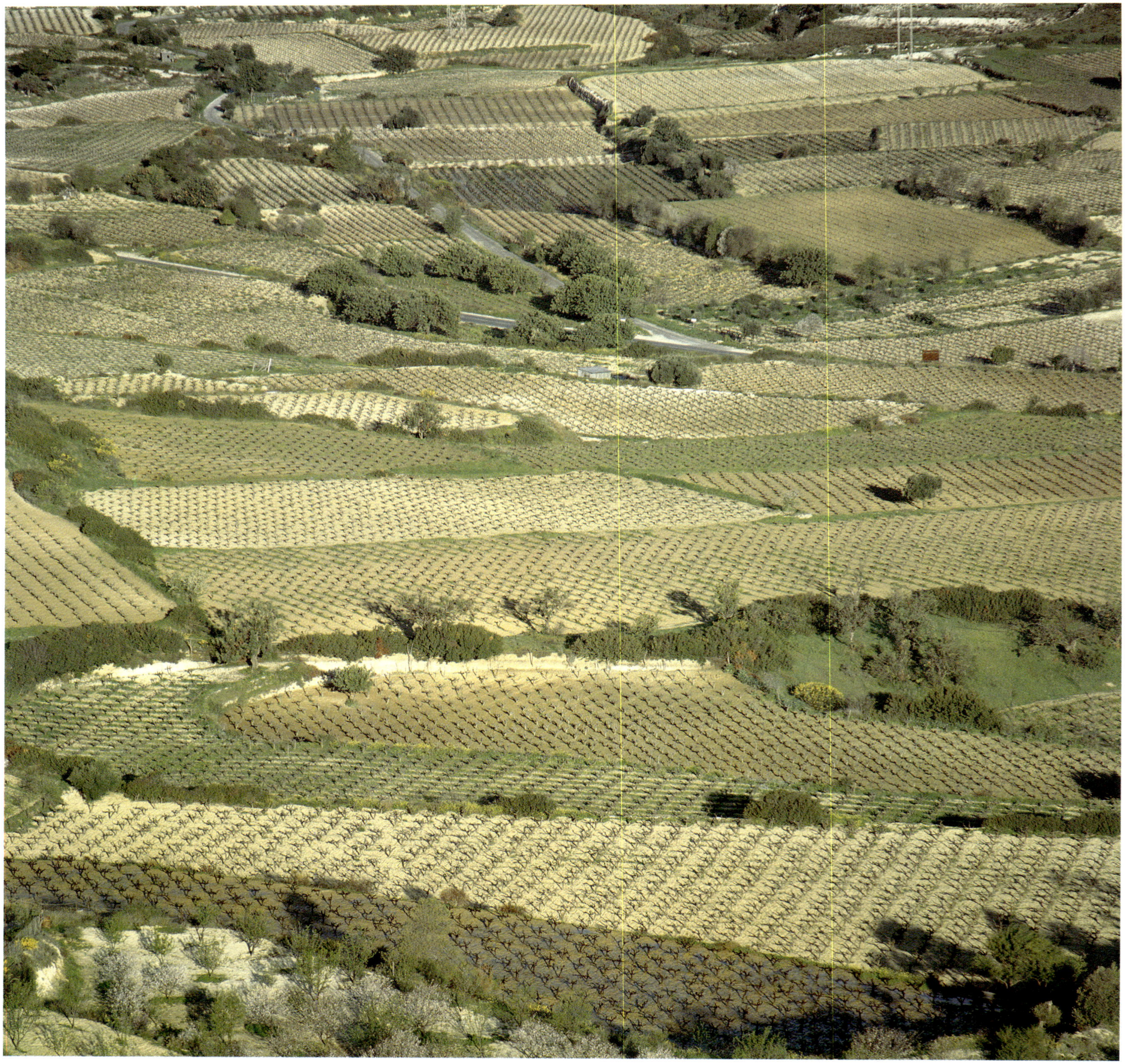

Ziegen und Schafe werden auch mit den Früchten des Johannisbrotbaumes ernährt.

Die südlichen Ausläufer des Tróodhos-Gebirges von 'Omodos bis Pissúri gehören zu den wichtigsten Weinanbaugebieten Zyperns.

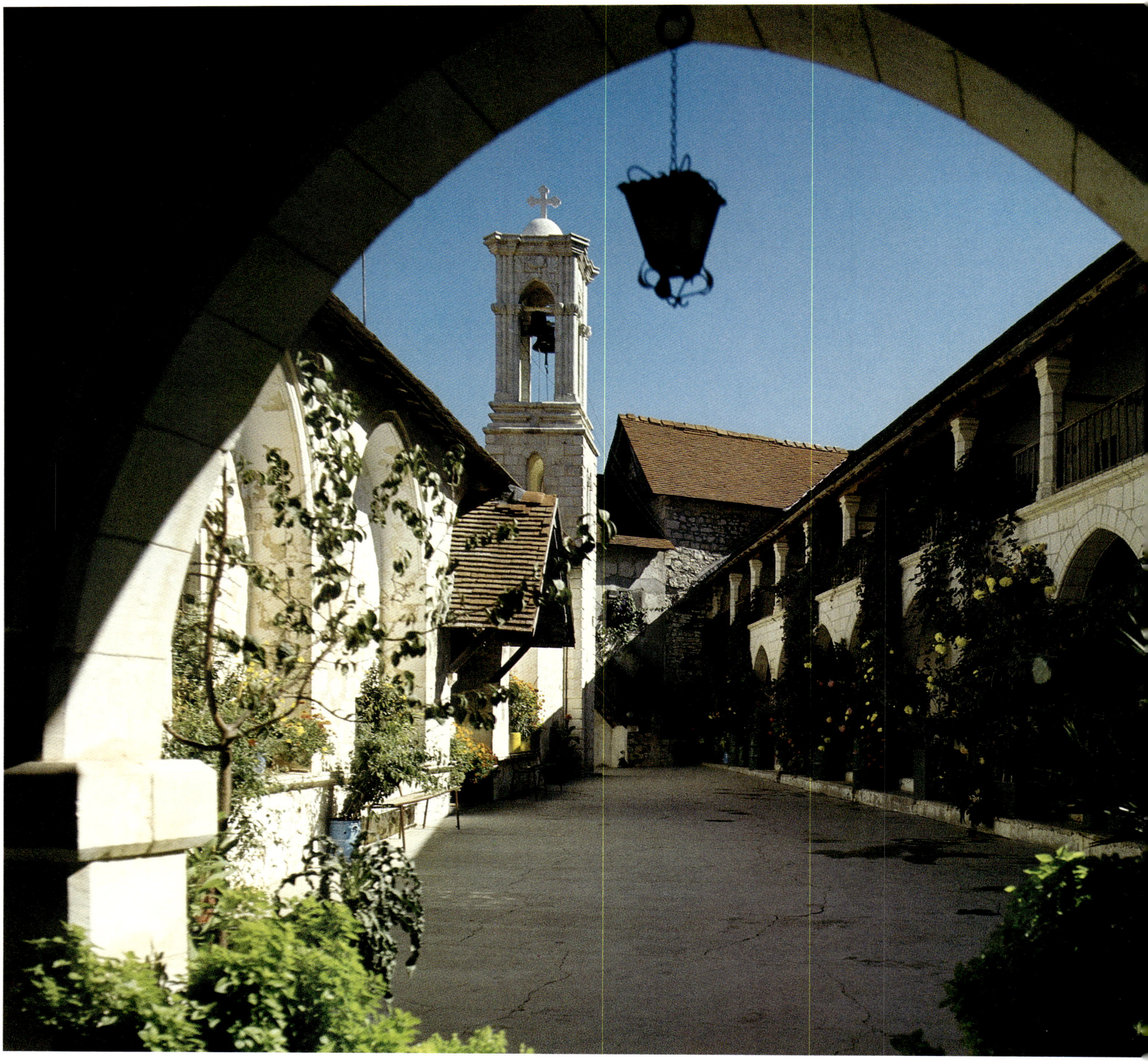

Das Kloster Chrysorrojátissa nördlich von Páfos wurde in der 2. Hälfte des 18. Jahrhunderts errichtet und geht auf eine Gründung des 12. Jahrhunderts zurück. Die Satteldachkonstruktion der Panajía tu Mutullá-Kirche ist die älteste Zyperns und stammt aus dem Jahr 1280.

Die Fünfkuppelkirche von Peristeróna aus dem 11. Jahrhundert ist ein typischer byzantinischer Sakralbau Zyperns. Nach diesem Architekturtypus wurden auch die Lazarus-Kirche von Lárnaka und die Barnabas-Kirche bei Salamis errichtet.

Uralte Olivenbäume stehen auf den fruchtbaren Ebenen der nördlichen Ausläufer des – bis 1423 Meter hohen – Machärá-Gebirges bei Aredhiú.

Seite 106/107:
Das Frauenkloster Heraklídos (Bild links) geht auf den gleichnamigen Heiligen zurück, der den Apostel Paulus bei seiner Christianisierung Zyperns begleitete. Das nicht mehr von Mönchen bewohnte Kloster Tímios Stawrós von 'Omodos (Bild rechts) stammt aus dem 18. Jahrhundert, beruht auf einer älteren Gründung und beherbergt heute ein kleines Museum, das an den Widerstand der EOKA in den Jahren 1955 bis 1958 erinnert.

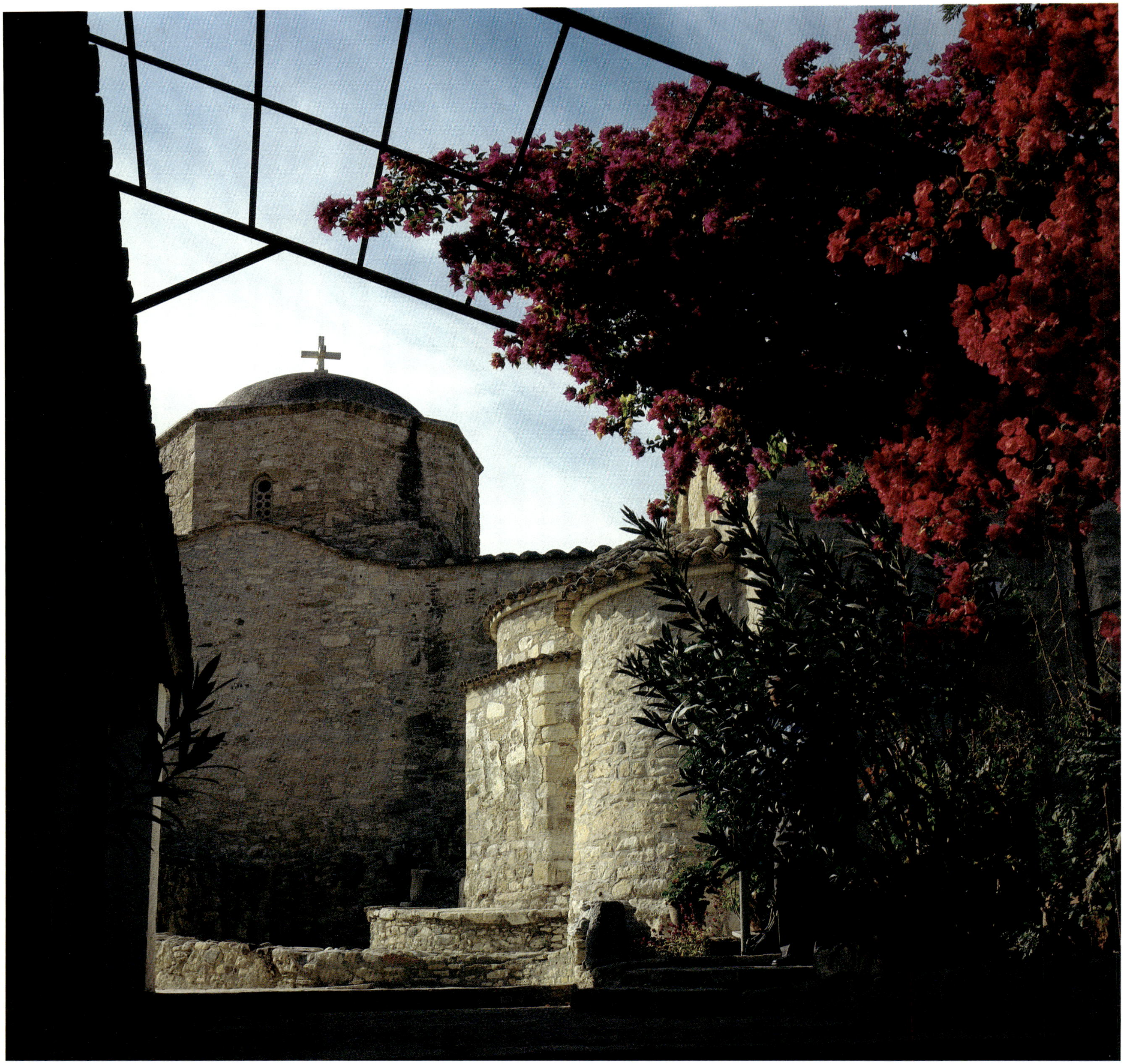

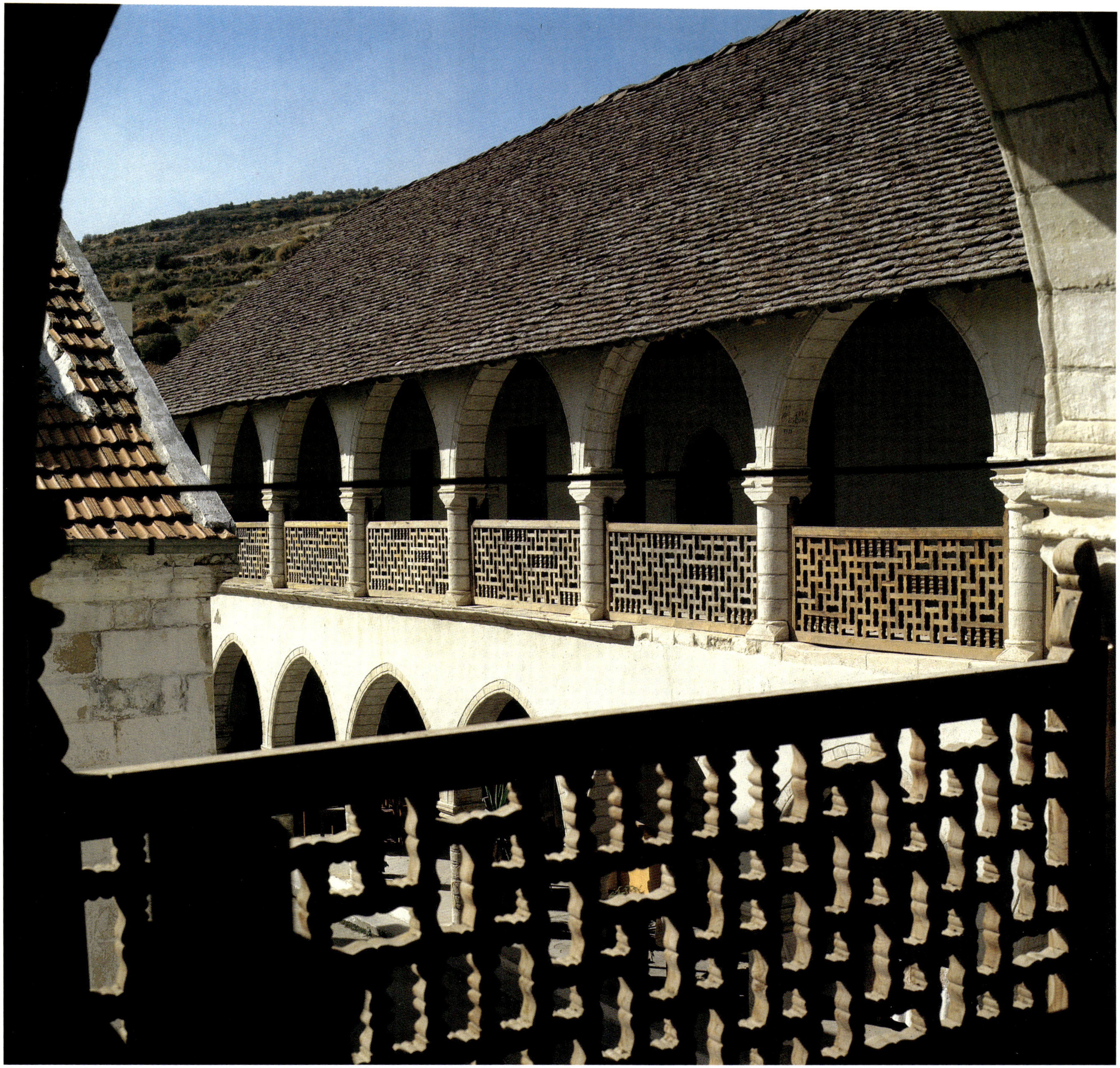

Das kleine Dorf Fikárdhos, etwa fünf Kilometer westlich vom Kloster Machärá, wurde aufgrund seiner gut erhaltenen traditionellen Architektur zu einem Dorfmuseum umgestaltet, in dem nur noch wenige alte Menschen leben.

In dem Marúllenas-Tal von Klíru bis Palächóri gedeihen besonders gut Mandel- und Olivenbäume.

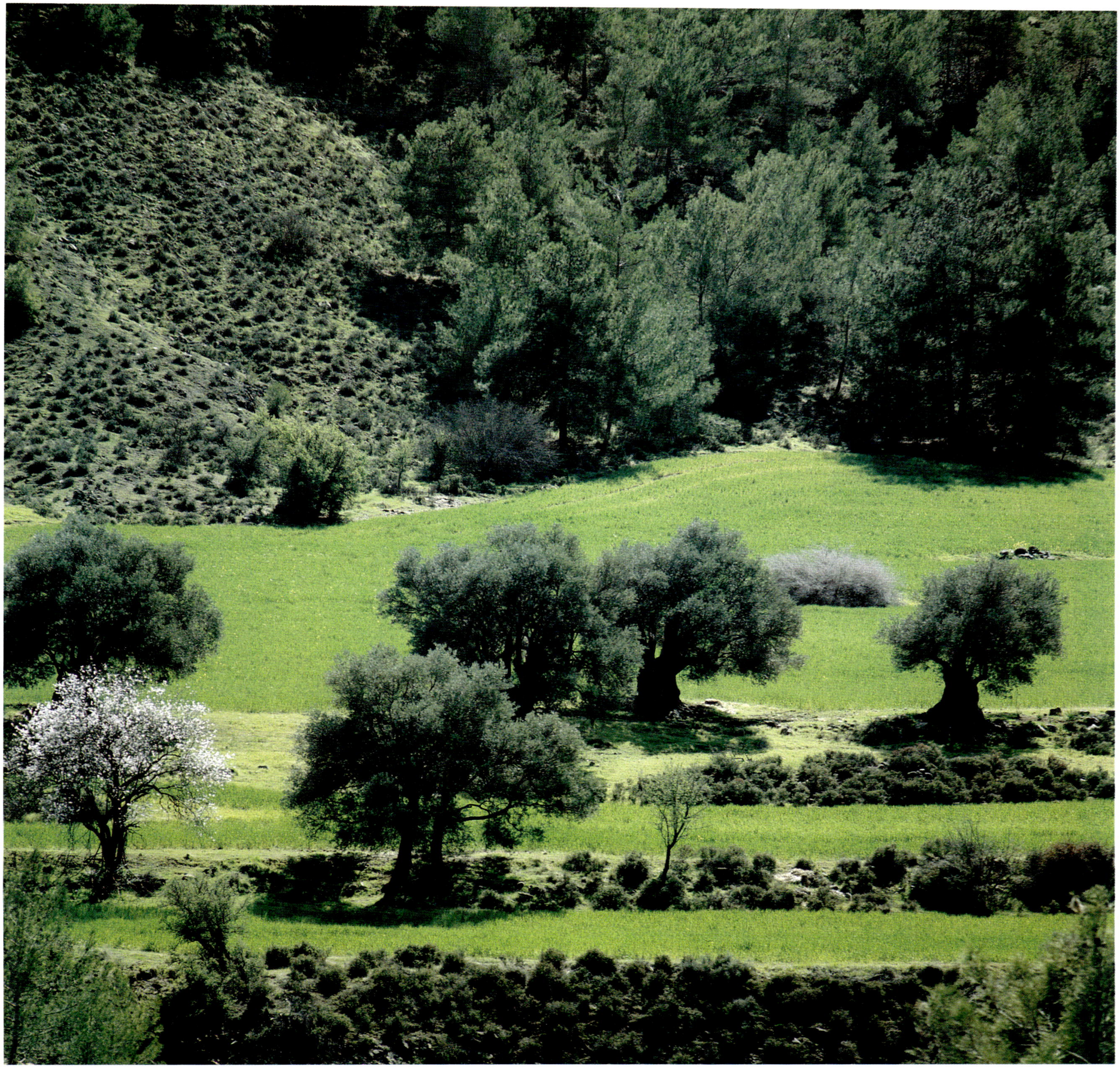

Polychrome zyprisch-archaische Kanne mit Vogel- und Fischmotiven, sog. Freier Stil, 7. Jahrhundert v. Chr. (Zypernmuseum Nikosía).

Zyprisch-archaische Wandleuchte mit modelliertem Stierkopf und der Darstellung eines Jägers aus dem 7. Jahrhundert v. Chr. (Zypernmuseum Nikosía). Dieses Exponat wurde gestohlen, illegal exportiert und mußte von der Republik Zypern wieder aufgekauft werden.

Eine Schale der geometrischen Epoche (schwarzfigurig auf weißem Grund) aus Kúklia, 10. Jahrhundert v. Chr., mit einer Jagdszene (Zypernmuseum Nikosía).

Zyprisch-archaische
Amphore aus dem
8. Jahrhundert v. Chr.
mit der Darstellung
eines getanzten Kult-
reigens.

Mykenische Amphore
(14. Jahrhundert
v. Chr.) mit frühgrie-
chischer Mythendar-
stellung: Zeus, im
langen Gewand und
der Schicksalswaage
in der Hand, steht vor
einem Streitwagen mit
zwei Kriegern.

113

Im Volkskundemuseum von Nikosía werden Geräte und Gegenstände des täglichen Lebens aufbewahrt: Tambutsiá, eine Art Tamburin, aus dem Jahre 1899 und eine Küchenholzborte mit der Darstellung des Erzengels Michael aus dem Jahre 1872.

Im Dorfmuseum Fikárdhos, nicht weit von Nikosía, sind die Magazinräume im Originalzustand belassen.

115

Im Südwesten von Lárnaka sind noch imposante Reste des türkischen Aquäduktes aus der Zeit von 1746 bis 1750 erhalten.

Das Famagústa-Tor in Nikosía von Giulio Savorgnano aus der Mitte des 16. Jahrhunderts ist eine Kopie des auf Kreta nicht mehr erhaltenen Lazaretto-Tores in Iráklion von Michele Sanmicheli.

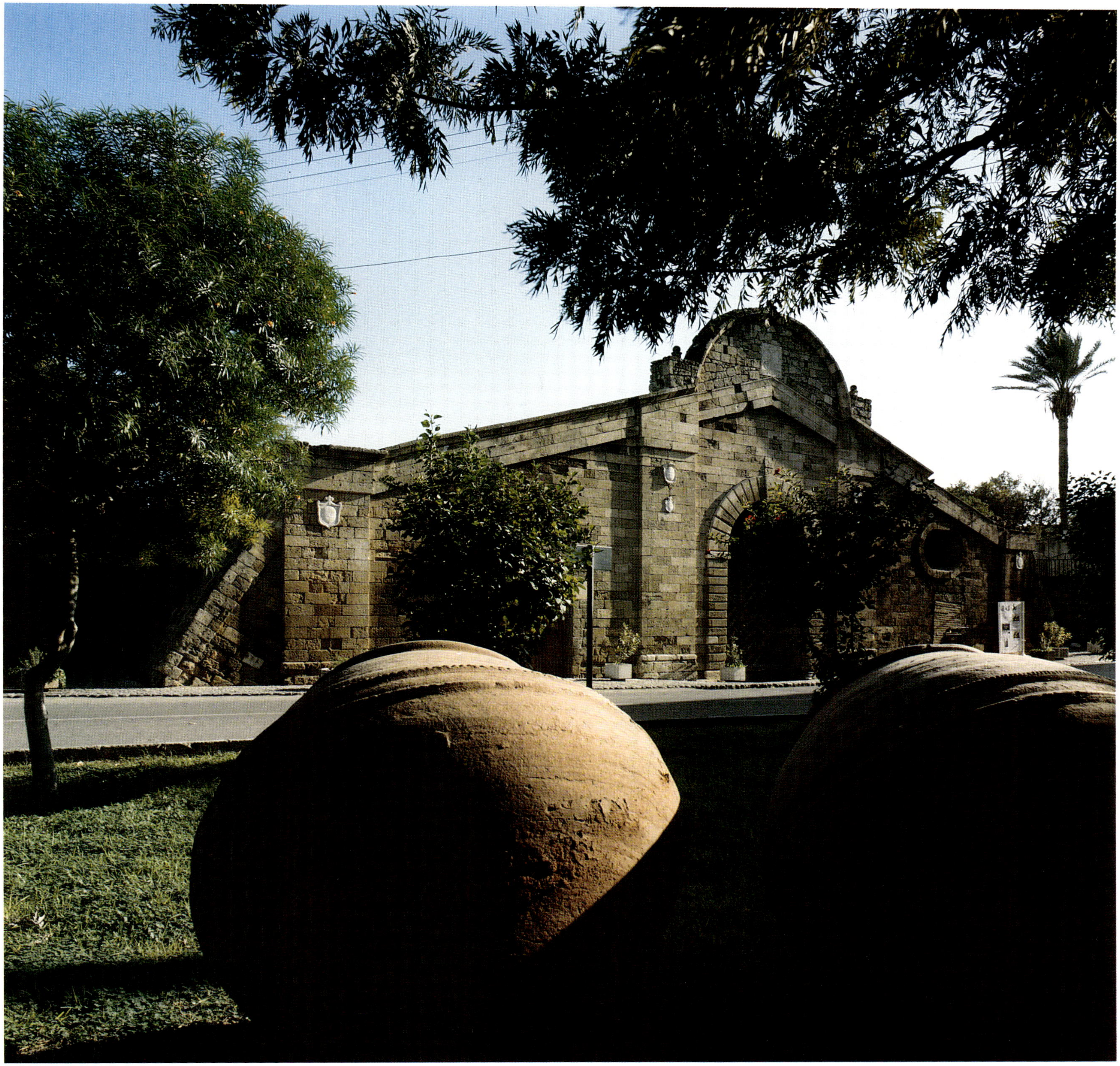

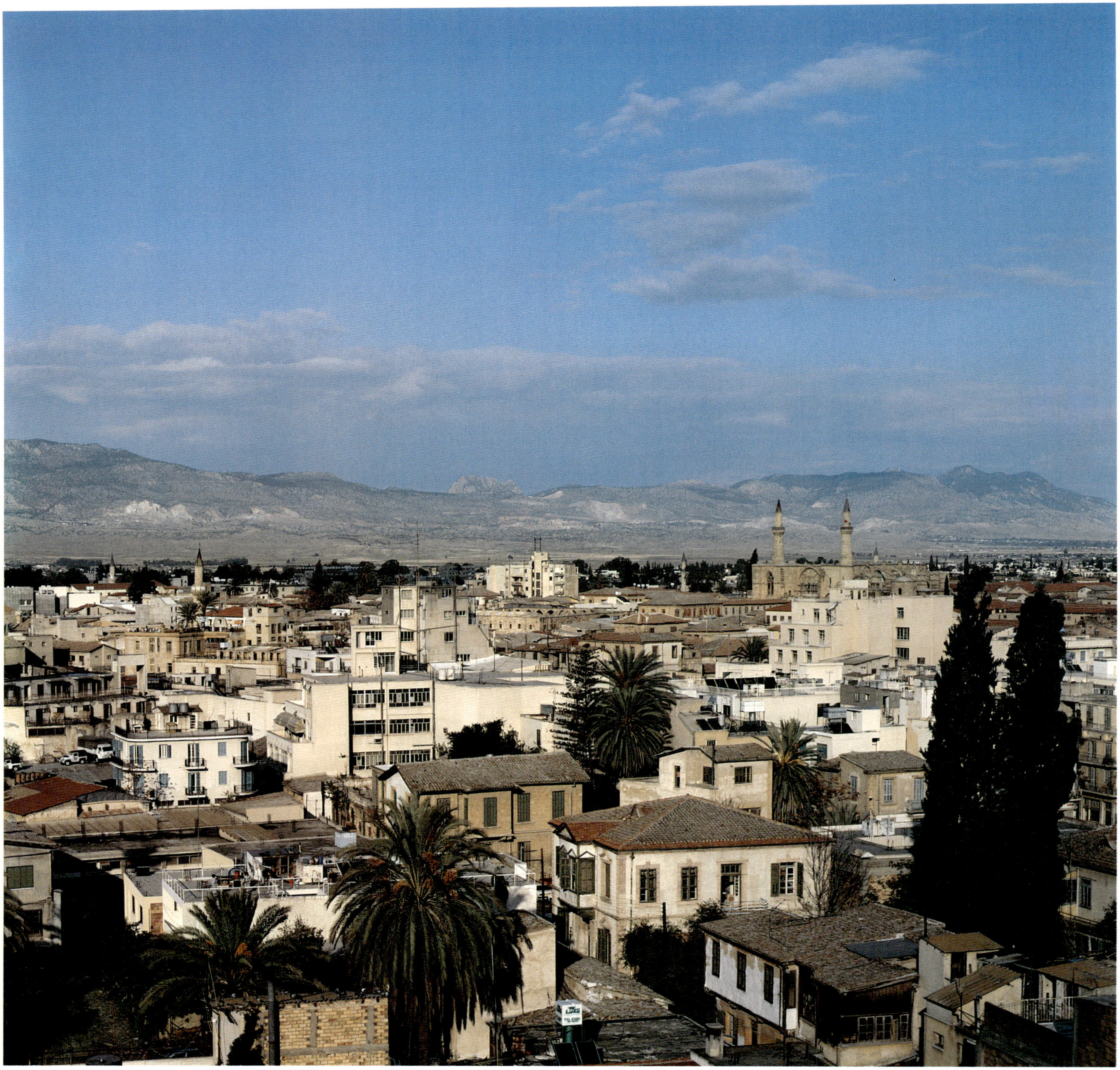

Seit 1974 ist Nordzypern – mit Nordnikosía – von türkischen Truppen besetzt. Wie ehemals in Berlin trennen Stacheldraht und Mauern die Stadt und die Insel und unterbinden jeden menschlichen Kontakt zwischen der griechisch-zyprischen und türkisch-zyprischen Bevölkerung.

Kyrínia ist die schönste Stadt Zyperns. 1974, vor dem Einmarsch türkischer Truppen, lebten hier etwa 4000 griechische und 800 türkische Zyprer. Heute ist jegliches griechisches Leben aus der Stadt verschwunden. Kein griechisches Straßenschild, nichts erinnert mehr an die jahrhundertelange griechische Tradition dieser Stadt. Jetzt leben mehr als 6000 Türken, vorwiegend vom türkischen Festland eingewandert, in Kyrínia.

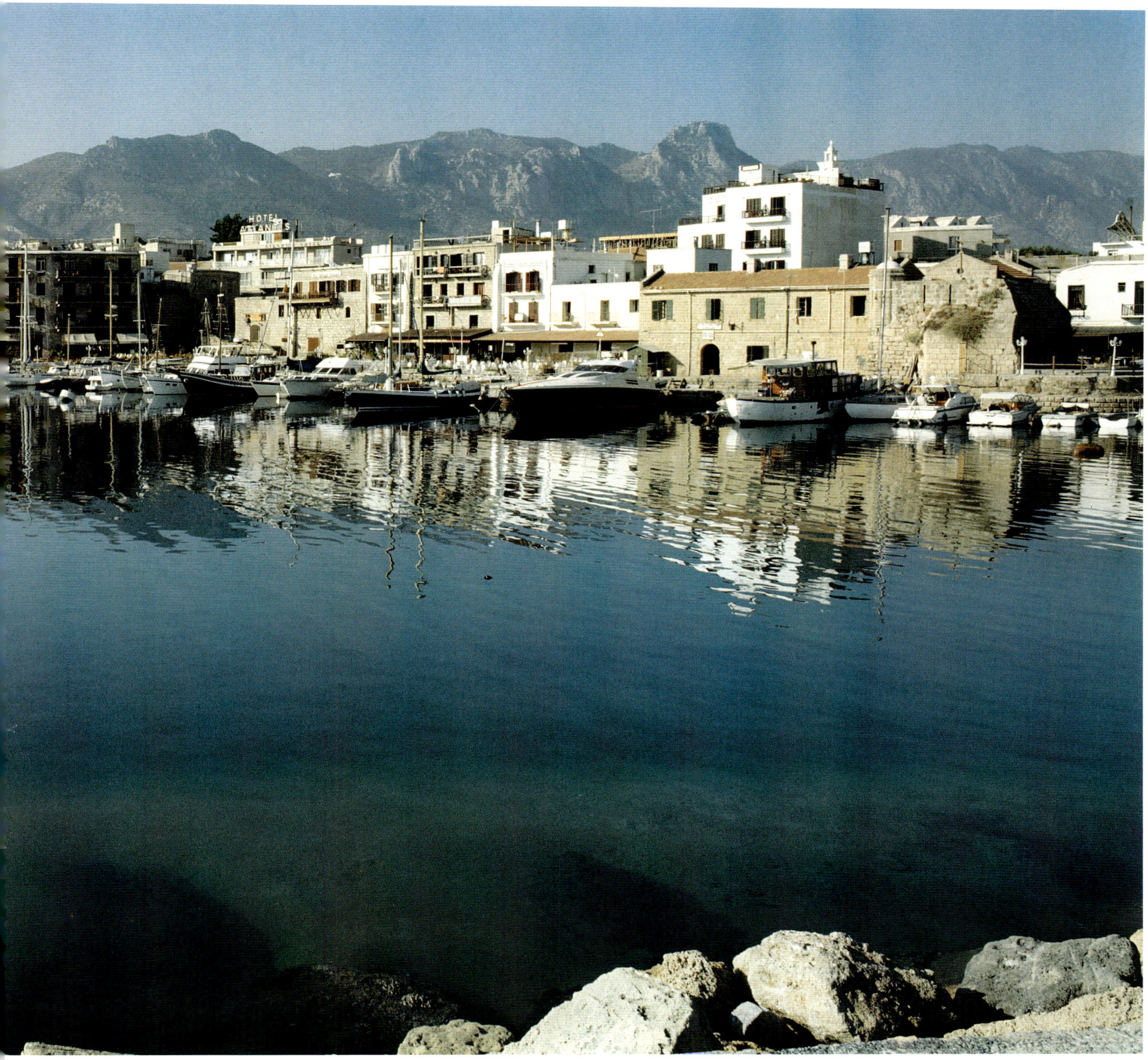
HOTEL

Kyrínia wird heute von der weltweit nicht anerkannten »Türkischen Republik Nordzypern« als Touristenmagnet genutzt. Der malerische Hafen und das »Schiffswrack-Museum« mit einem antiken Schiff aus dem 4. Jahrhundert v. Chr. locken unpolitische Touristen in den besetzten Teil der Insel.

Unweit von Kyrínia ist das wunderschön gelegene Bellapais mit seiner gotischen Klosterarchitektur ein ganz besonderes Ziel. Die Wappen über dem Portal zum Refektorium gehören dem großen Förderer des Klosters aus der Familie der Lusignans, Hugo IV. (1324 bis 1359).

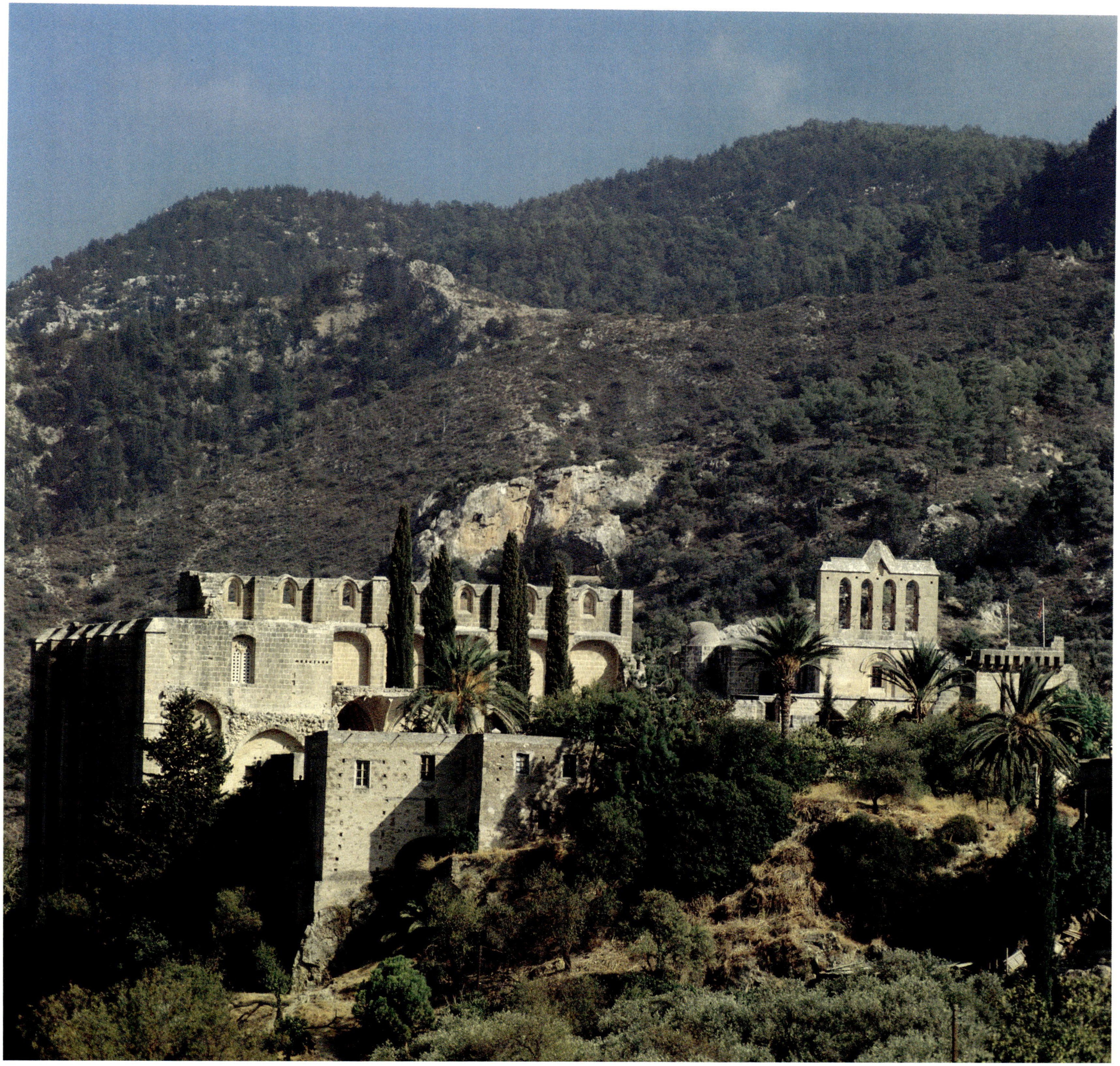

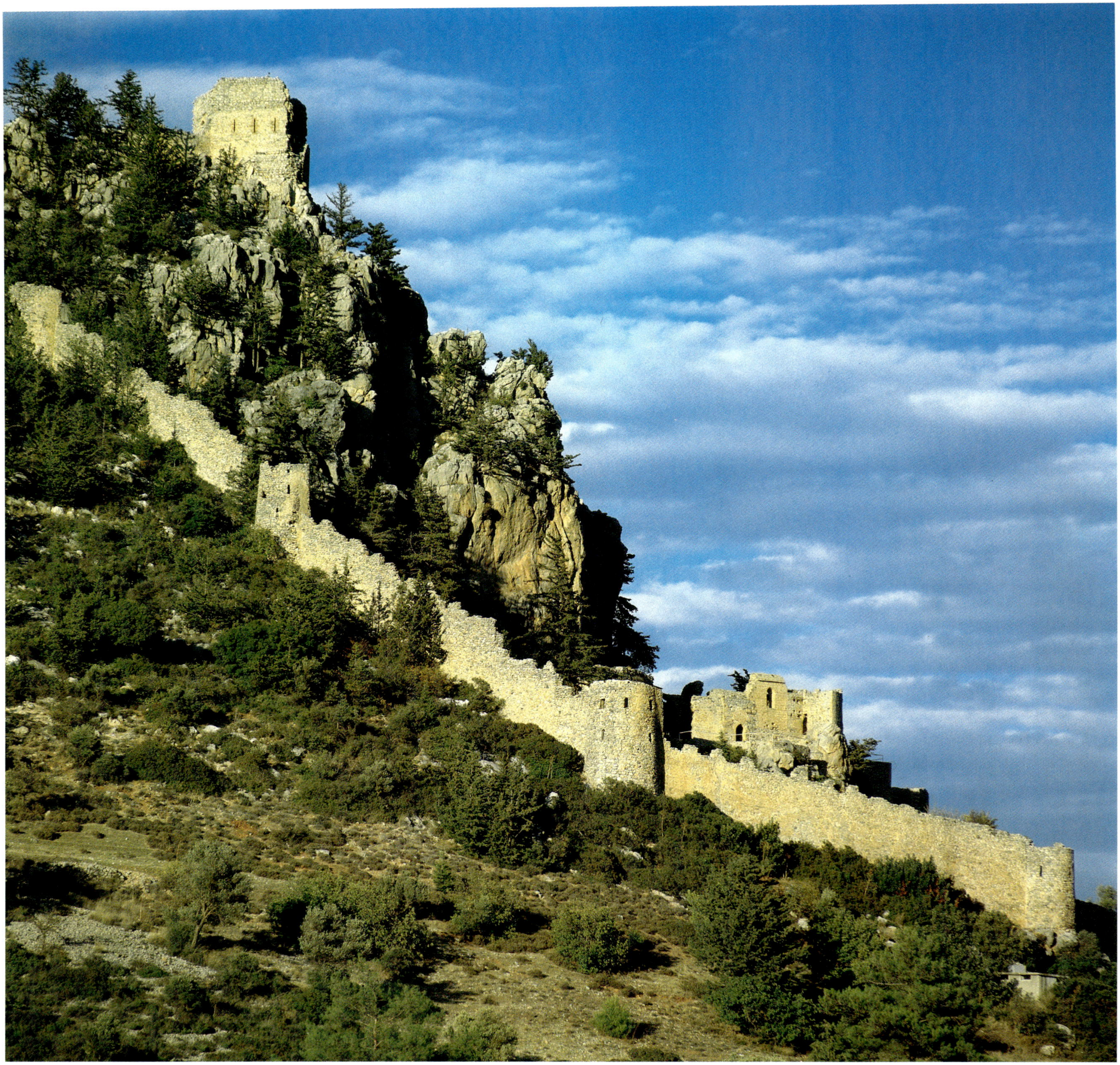

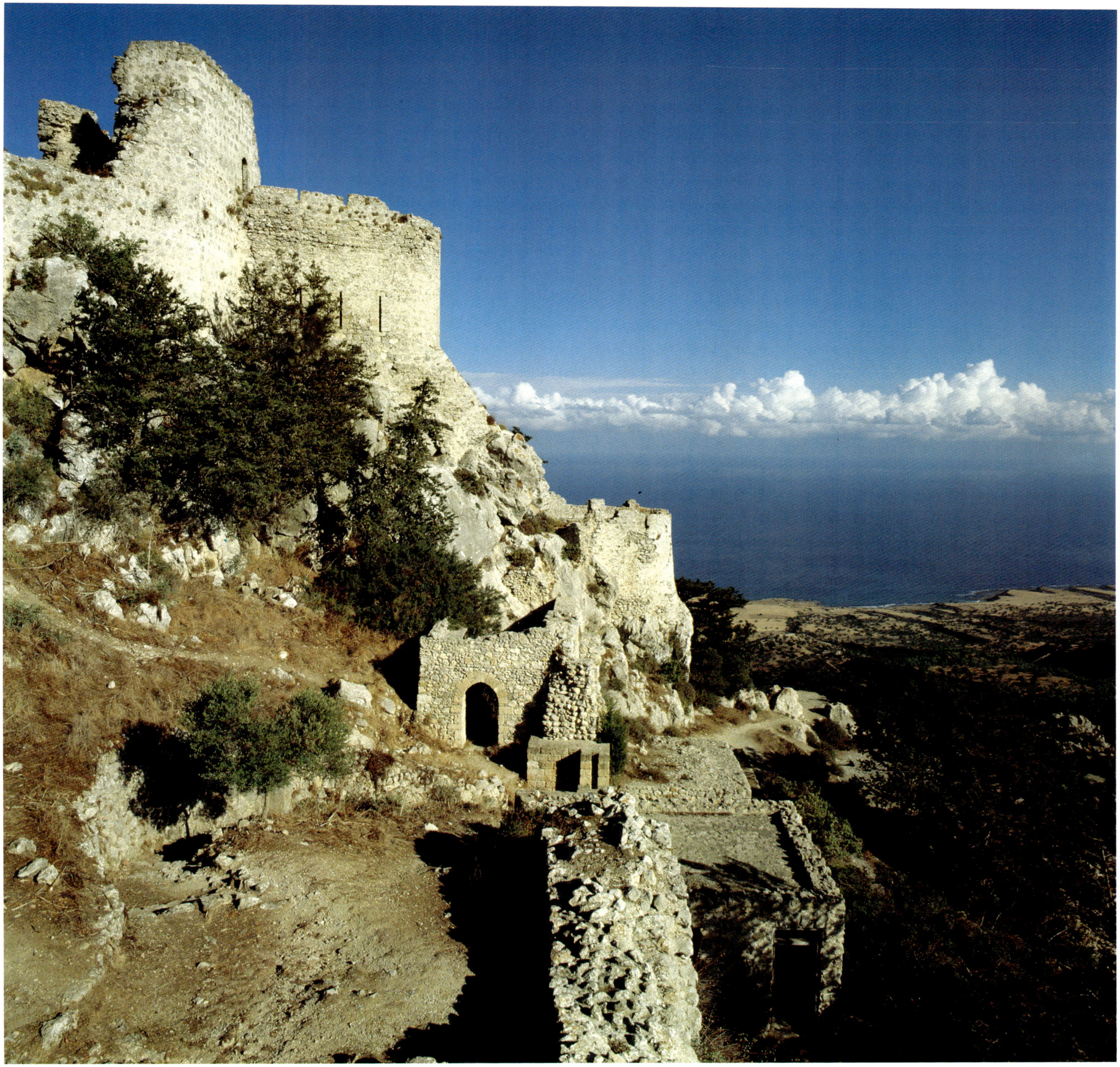

Seite 124/125: Schon in byzantinischer Zeit des 10. Jahrhunderts wurden die höchsten Berggipfel im nordzyprischen Pendadháktylos-Gebirge zu »Bergschlössern« ausgebaut, die bis zum Ende des 15. Jahrhunderts als Verteidigungswerke genutzt wurden: Ganz im Westen St. Hilaríon (725 Meter; Bild links) und ganz im Osten Kantára (630 Meter; Bild rechts).

Nach Nordzypern wurden seit 1974 von Ankara rund 80 000 Siedler aus Anatolien und anderen Landschaftsräumen der Türkei »verpflanzt«. In vielen Dörfern begegnet man fremdartigen Bildern: Bienenstöcken aus luftgetrocknetem Lehm oder anatolischen Frauen beim Weben von Teppichen.

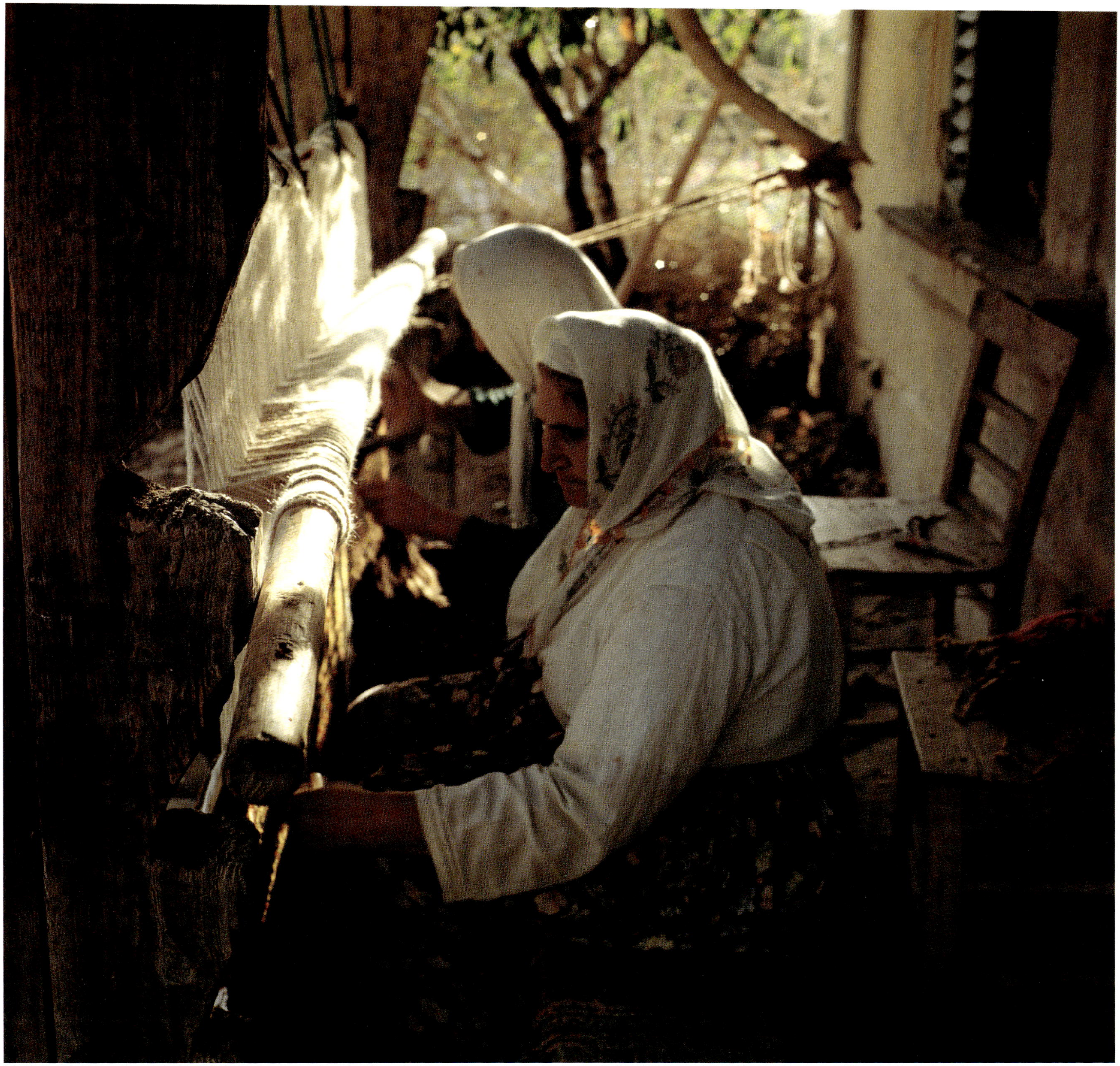

Der Palast von Vuní an der westlichen Nordküste entstand nach 500 v. Chr. und wurde um 380 v. Chr. umgebaut. Hoch oben auf dem 255 Meter hohen Felsplateau mußten Brunnen und Zisternen gebaut werden, um die Wasserversorgung zu sichern.

Die fruchtbare Landschaft im Küstenbereich von Vuní wird von türkischen Siedlern nur wenig agrarisch genutzt.

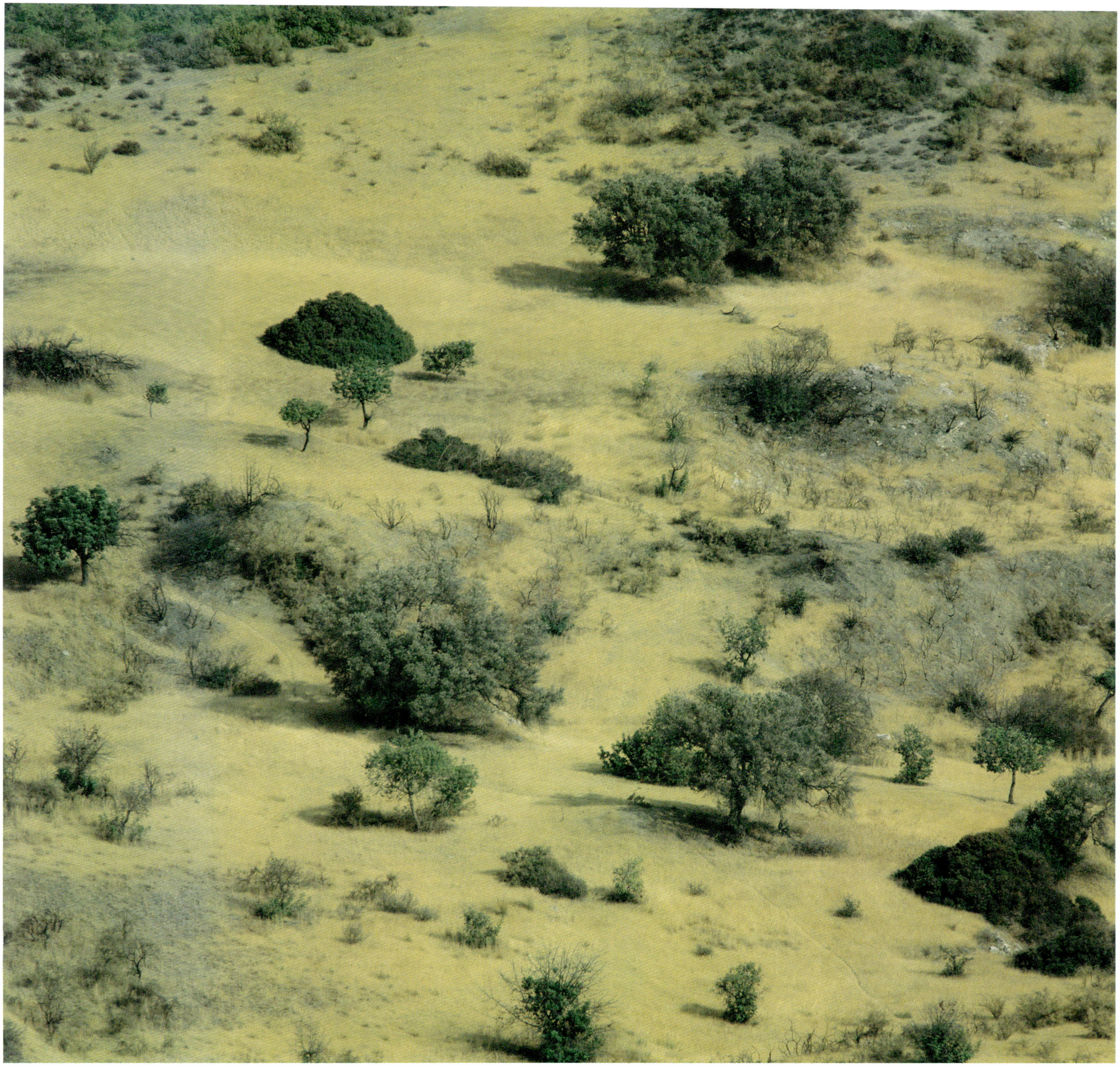

Ein bedrückendes Drama in Nordzypern ist der Kunstraub und die Demontage christlicher Kulturgüter seit der türkischen Besetzung im Jahre 1974. Im Kloster Antifonitís wurden ganze Wände ihrer Fresken beraubt. Beim Diebstahl des Erzengels Michael aus dem 12. Jahrhundert müssen die Diebe überrascht worden sein; ein Meisterwerk byzantinischer Kunst wurde für immer zerstört.

Das Kloster Acheiropïitos bei Lápithos wurde all seiner Kunstschätze beraubt. In der Klosterkirche gibt es keine einzige Ikone mehr in der Bilderwand.

Es gibt aber auch Freundschaften zwischen griechischen und türkischen Zyprern. Schützende Hände einer solchen Freundschaft mögen hier in Stýlli gewirkt haben: Überall in Nordzypern plünderte man nach der türkischen Invasion christliche Kirchen und schändete orthodoxe Friedhöfe. Gräber wurden demoliert und geöffnet ... Auch in Stýlli geschah gleiches. Doch zwei Gräber überstanden diese Vernichtungsaktion, blieben unversehrt und werden noch heute gepflegt!

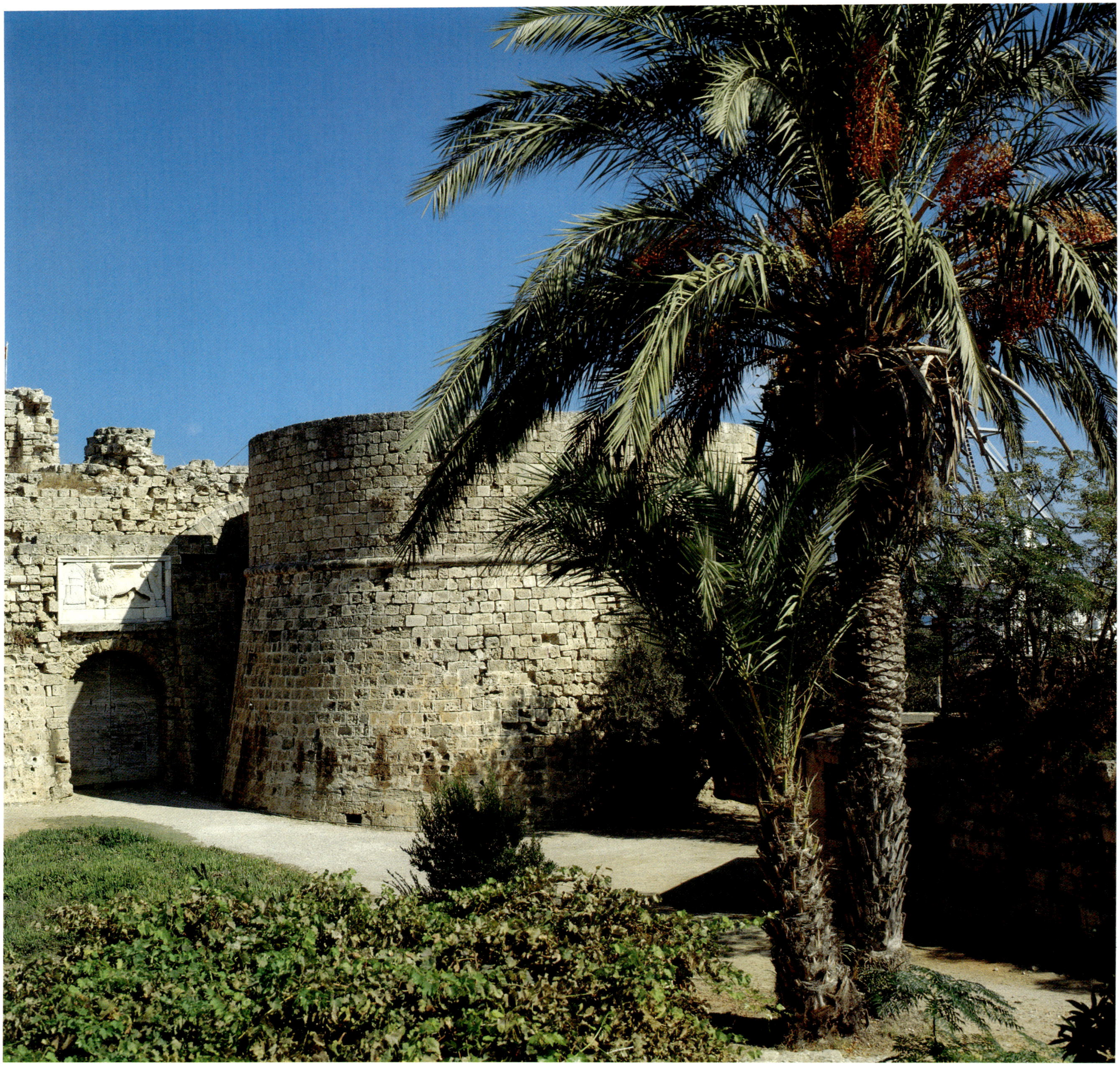

Famagústa war jahrhundertelang das Wirtschaftszentrum der Kreuzfahrer in der Levante und das christliche Bollwerk im Osten gegen die Welt der Moslems. Noch heute erinnert besonders die Stadtbefestigung mit dem »Othello-Turm«, der Zitadelle, an diese Zeit. Das Löwenrelief über dem Portal nennt Nicolo Foscarini und das Jahr 1480, als dieser den »Othello-Turm« umbauen ließ.

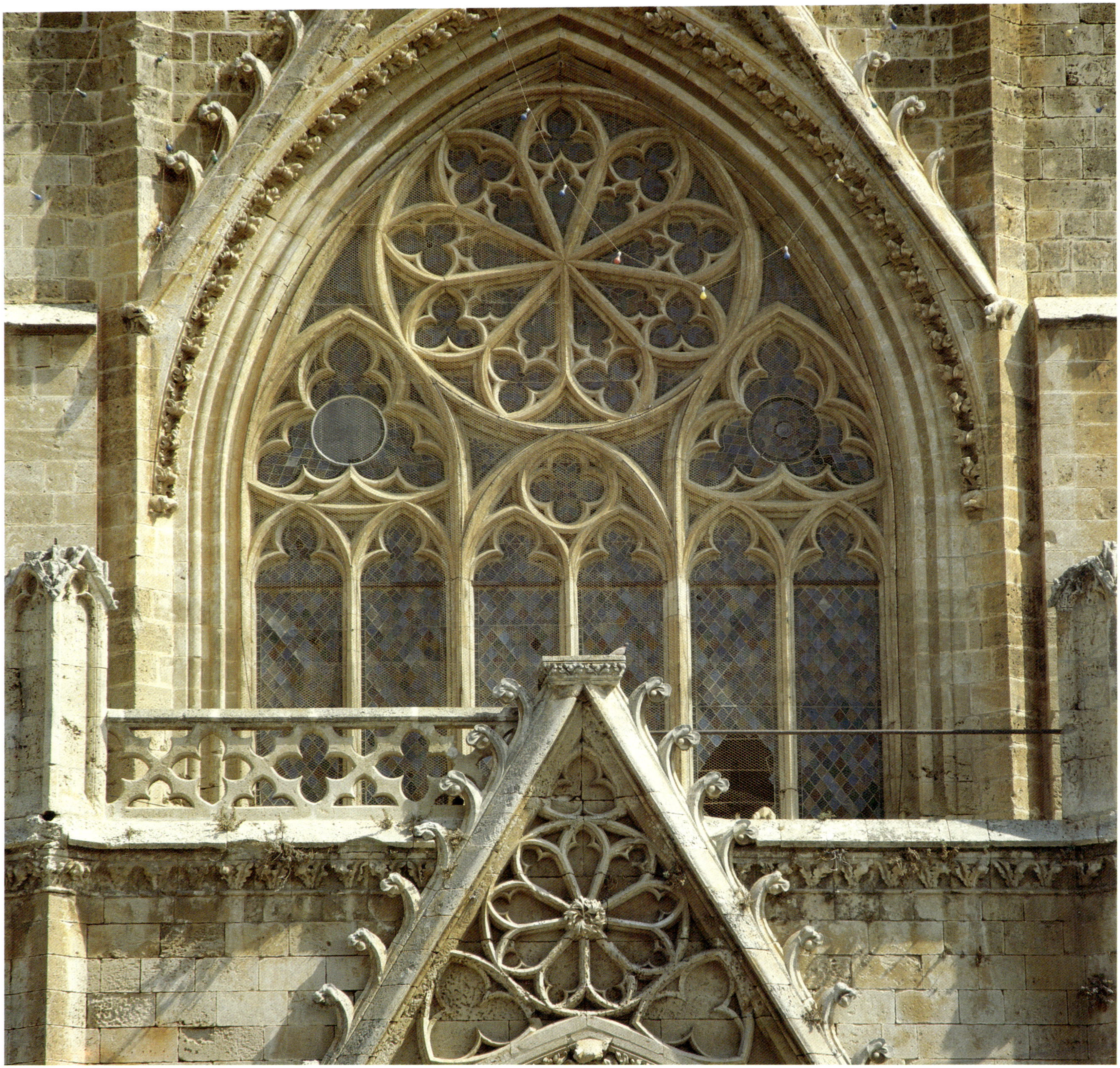

Die Nikolaus-Kathedrale in Famagústa ist ein Meisterwerk der Gotik und ein Wahrzeichen der Stadt. In nur 28 Jahren wurde das Gotteshaus von 1298 bis 1326 erbaut und im gleichen Jahr zusammen mit der Kathedrale von Nikosía eingeweiht. Seit 1571 steht die Nikolaus-Kathedrale im Zeichen des Halbmondes und wird von den Moslems als Moschee genutzt.

Außerhalb von Salamis liegt am Rande der Königsgräber der Cellárka-Bezirk. Das sind Felsgräber der Bürger, die hier vom 7. bis zum 4. Jahrhundert v. Chr. bestattet wurden.

Immer wieder sieht man an der Nordküste Palmen, wie hier bei Jálussa.

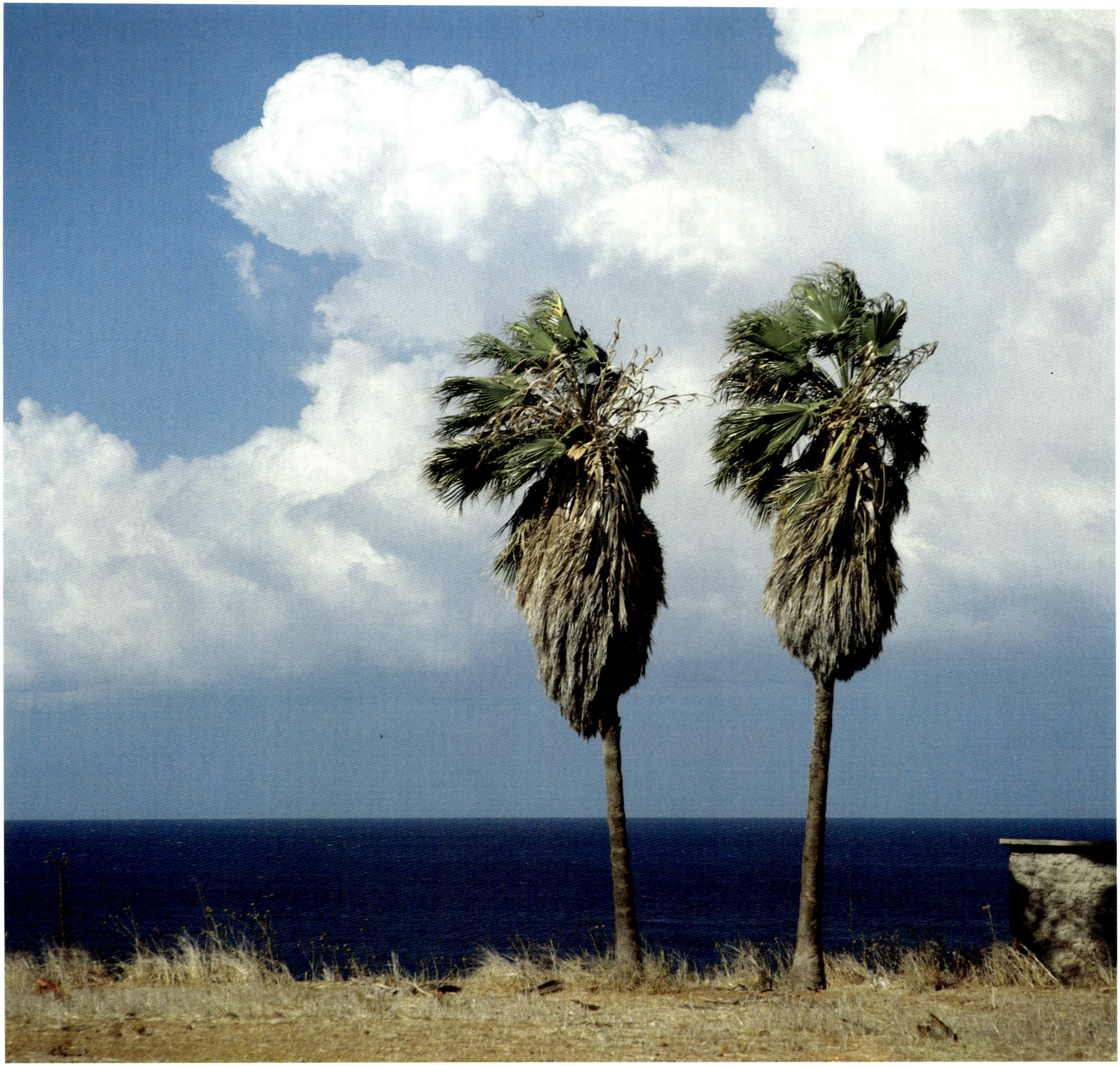

Salamis, das römische Constantia, wurde nach der Zerstörung des bronzezeitlichen 'Enkomi im 11. Jahrhundert v. Chr. von griechischen Einwanderern gegründet. Die heute zu besichtigenden Bauten von Salamis gehören alle der römischen und frühchristlichen Epoche an. Großartig ist der Zugang zur Palästra mit dem Gymnasion und die Osthalle mit den monolithischen Säulen.

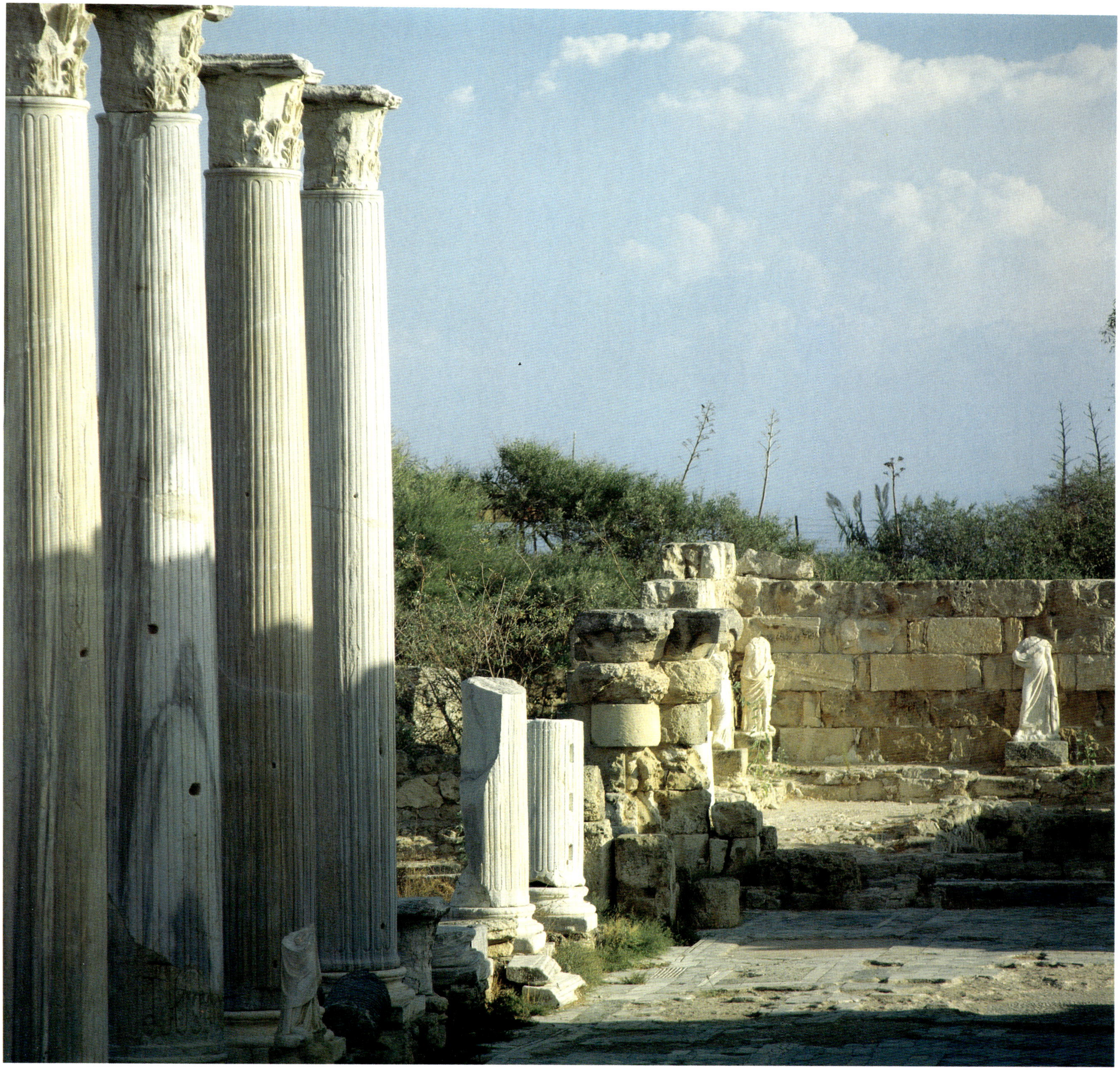

Aus der Panajía Kanakariá-Kirche von Lythragómi wurden nach 1974, während der türkischen Besetzung Nordzyperns, die wertvollen Apsismosaike aus dem 6. Jahrhundert gestohlen und auf den amerikanischen Kunstmarkt gebracht.

Auf der Halbinsel Karpasía, ganz im Nordosten Zyperns, gibt es viele frühchristliche Basiliken. Die dreischiffige Anlage von Ajía Trías mit Taufkirche und Narthex besitzt sehr gut erhaltene Fußbodenmosaike aus dem 5. Jahrhundert.

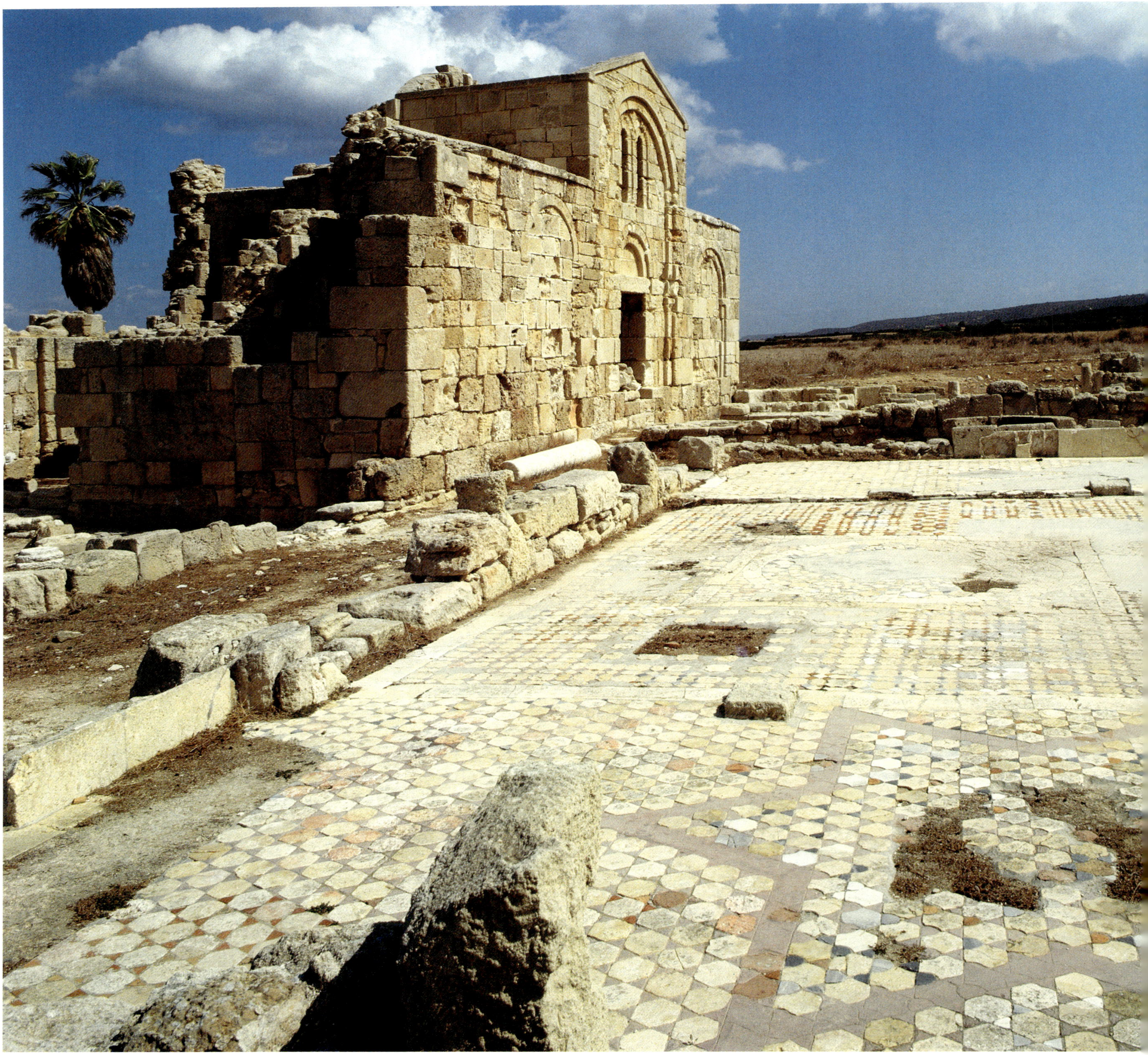

Die fruchtbaren Felder Nordzyperns gehörten einst zur Kornkammer der Insel, heute liegen jedoch viele Anbauflächen völlig brach.

Nördlich von Rizokárpaso liegt unmittelbar an der Nordküste der Halbinsel die Ájios Fílon-Basilika mit Atrium und Taufkirche aus dem 6. Jahrhundert. Darüber erheben sich die Ruinen einer Kreuzkuppelkirche aus dem 10./11. Jahrhundert.

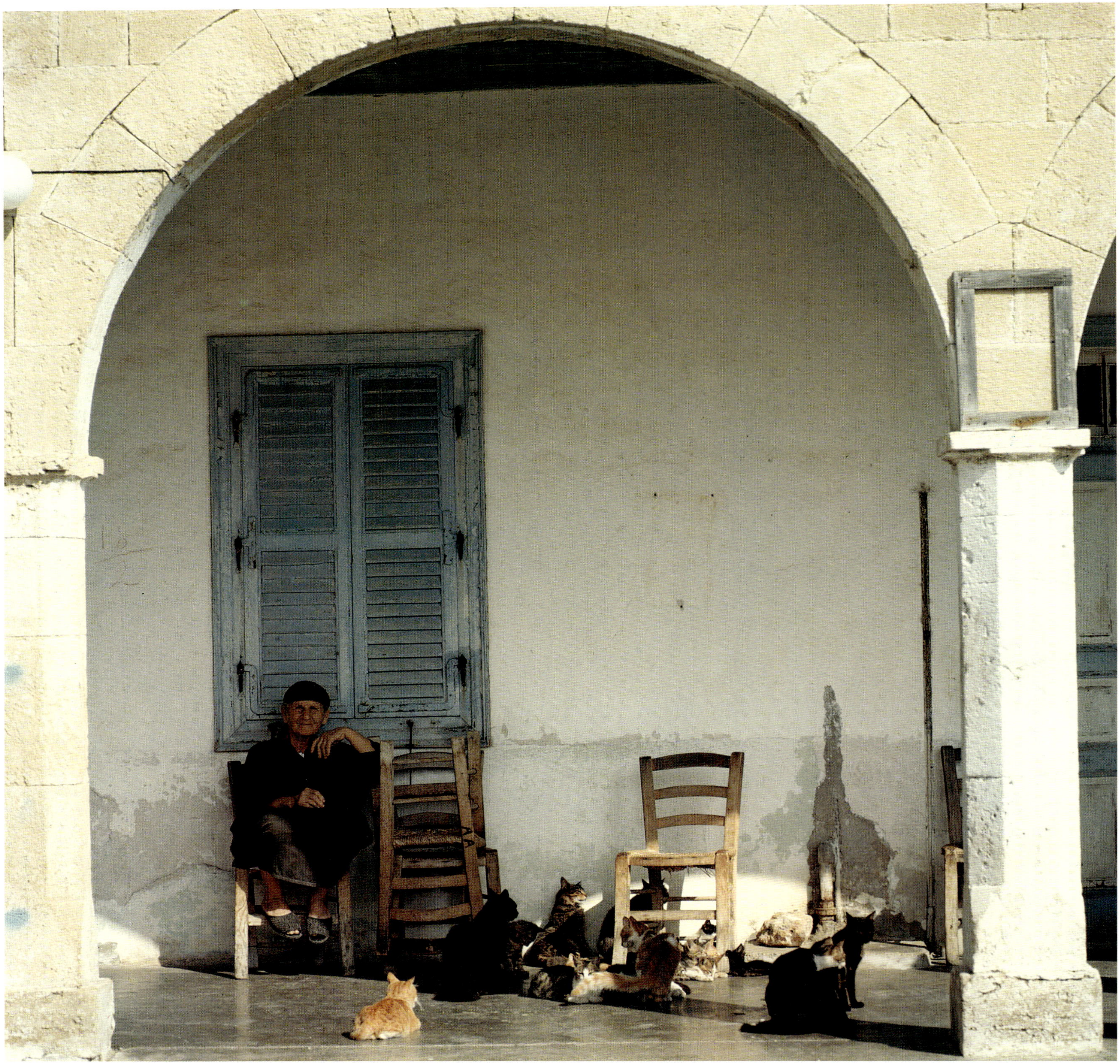

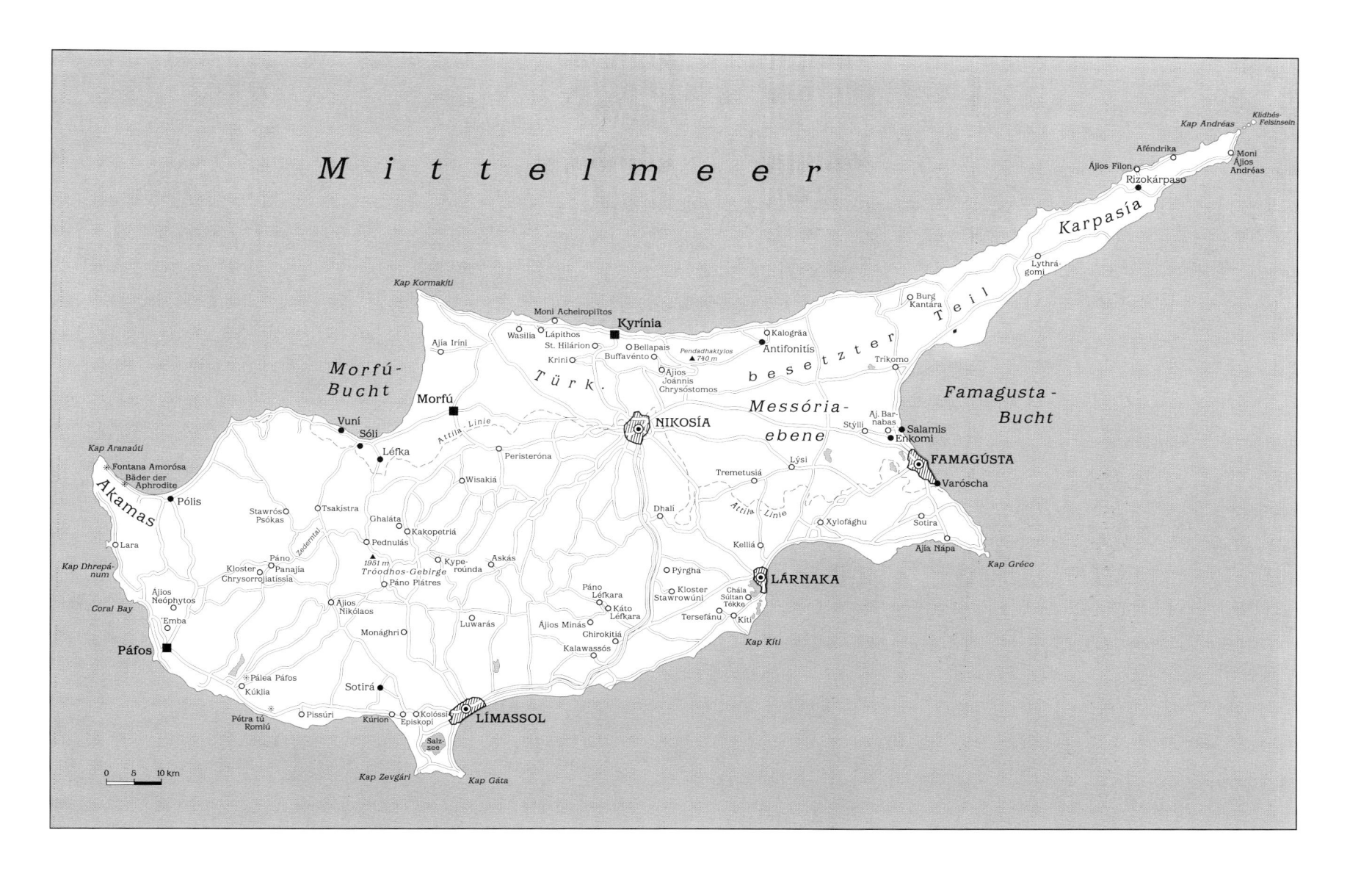

Kurz vor der Kapspitze der Halbinsel Karpasía liegt das Kloster des Heiligen Andréas. Hier leben noch wenige alte Griechinnen und Griechen, wie diese Katzenmutter, die ihre alte Heimat trotz türkischer Besetzung nicht aufgeben will.

Spaziergänge durch 9000 Jahre Kulturgeschichte

Zypern ist sehr reich an Kunstschätzen aus verschiedenen Epochen. Meisterwerke von überregionalem Rang, die heute zu den Weltkulturgütern zählen, brachten besonders die Jungsteinzeit (Neolithikum), die Spätantike und die Jahrhunderte des byzantinischen Reiches hervor. Die Hinterlassenschaften gerade dieser drei Epochen machen eine Reise durch Zypern zu einem Kultur- und Kunsterlebnis. Die neolithischen, spätantiken und byzantinischen Kulturdenkmäler sind oft von höchster künstlerischer Qualität und können entweder am Fundort im Grabungsareal der antiken Stätten, in den christlichen Sakralräumen oder in den größtenteils gut organisierten Museen der Insel entdeckt werden.

Die Hauptsehenswürdigkeiten liegen an der Nord- und Südküste sowie im Tróodhos-Gebirge und sind alle problemlos über gute Straßen zu erreichen. Einige byzantinische Kapellen, von deren Fresken und der Glut ihrer Farben man nicht selten stark beeindruckt ist, liegen versteckt am Wegesrand. Sie aufzusuchen bietet die Chance für Erlebnisse mit der Natur und Begegnungen mit den Menschen, mit Bergbauern, Winzern und Hirten.

In diesen ländlichen Regionen sollte Zypern wandernd erkundet werden. Hierzu gibt es Wandervorschläge, die Ihnen die vielseitige Landschaft der Insel erschließen helfen. Benötigt werden dazu Speziallitteratur und gutes Kartenmaterial (s. Literaturhinweise im Anhang). Die folgende Auswahl von Sehenswürdigkeiten wurde nach geographischen Gesichtspunkten zusammengestellt, so daß von einem bestimmten Standort aus die bedeutendsten Kulturdenkmäler dieser Region auf verschiedenen Routen nach eigenen Kombinationswünschen und Prioritäten besichtigt werden können. Immer sind alle Epochen bei der jeweiligen Regionsauswahl vertreten.

Das Neolithikum Eine Reise durch die Kulturgeschichte Zyperns beginnt im Neolithikum, das für unseren zyprischen Siedlungsraum ab 7000 v. Chr. angesetzt wird. Hier ragt besonders die jungsteinzeitliche Siedlung von *Chirokitiá* hervor. Nach ihr benennt man diese Entwicklungsstufe auch *Chirokitiá-Kultur* (7000 bis 6000 v.Chr./Neolithikum I). Bereits zu diesem Zeitpunkt war erdgeschichtlich der Landschaftsraum des heutigen Zypern schon lange eine Insel. Die Menschen, die hier siedelten, müssen also mit einfachen Booten von den nahegelegenen Küsten Afrikas und Asiens her gekommen sein. Syrien, Palästina und Anatolien könnten die Herkunftsländer der ersten Siedler sein. Die zeltdachartige Architektur ihrer steinernen Rundhütten deuten auf die Küstenländer Afrikas, der Gebrauch von Obsidian für Messer und Schneiden auf das asiatische Anatolien.

Aus dieser Epoche sind etwa 15 Dorfsiedlungen auf Zypern bekannt, die vornehmlich im Süden der Insel, aber auch am Kap Andréas und am Kap Greco liegen. Die eindrucksvollsten sind jene von *Chirokitiá* (Abb. S. 54/55) und jene von *Kalawassós-Ténda*. Alle Dörfer scheinen autark (wirtschaftlich unabhängig) gewesen zu sein. Die archäologischen Bodenfunde belegen, daß es unter den Dorfgemeinschaften keine kriegerischen Auseinandersetzungen gab. In Chirokitiá lebten z.B. 300 bis 600 Menschen. Sie betrieben Ackerbau und Viehzucht, wobei sie Samen und Tiere (Schafe, Ziegen, Schweine und Damwild) aus ihrer Heimat mitgebracht hatten.

Die Rundhütten waren Domizil für die Lebenden und die Toten. Die Verstorbenen wurden in Hockstellung — entsprechend der Lage des noch ungeborenen Menschen im Mutterleib — in Gruben unter dem Fußboden der Wohnhütten bestattet. Nur selten erhielten sie Grabbeigaben wie z.B. Karneolschmuck. Man kannte aus Knochen und Stein, besonders aus Andesit, gefertigte Geräte und Gefäße. Ein besonders schönes Beispiel dieser Epoche ist die Steinschale von Chirokitiá (Abb. siehe unten). Modellieren mit Ton war bekannt, doch von den luftgetrockneten oder schlecht gebrannten Tonobjekten sind nur wenige Beispiele erhalten. Steinidole in Form von ausdrucksstarken, stilisierten Menschen (Abb. oben rechts), erlauben die Vermutung, daß diese ersten Kolonisten bereits an ein Leben nach dem Tode glaubten.

Steinidol eines stilisierten menschlichen Gesichtes, 6. Jahrtausend v. Chr. (Neolithikum I; Zypernmuseum Nikosía).

Steinschale aus Chirokitiá, 6. Jahrtausend v. Chr. (Neolithikum I; Zypernmuseum Nikosía).

Dann folgen für die Zeitspanne von fast 1500 Jahren dunkle Jahrhunderte. Die bestehenden Siedlungen werden aus für uns unerklärlichen Gründen aufgegeben. Die im Ansatz sehr erfolgreiche erste Kolonisation scheitert. Für lange Zeit ist nur an vereinzelten Plätzen Zyperns primitives menschliches Leben nachzuweisen.

Für etwa fünf Jahrhunderte ist dann die *Sotíra-Kultur* (4500 bis 3900 v.Chr./Neolithikum II) auf Zypern nachweisbar, benannt nach ihrem Hauptfundort Sotíra an der Südküste zwischen Límassol und Páfos. In etwa 30 Dörfern, die auf der ganzen Insel verstreut sind, blüht Ackerbau und Viehzucht. Die Häuser sind ihrer architektonischen Gestalt nach keine Rundhütten mehr, sondern zeigen rechteckige Grundrisse mit abgerundeten Ecken. Neue Errungenschaft ist die Töpferei. Man kennt handgeformte Gefäße mit monochromer Bemalung: »Northern Painted«- und »Red on White«-Stil in Nordzypern sowie Gefäße mit »Riffel-Technik« im Süden der Insel, bei denen die meist rote Farbe mit parallelen Linien bis zum Grund aufgekratzt ist. Wirtschafts- und Handelskontakte zu den angrenzenden Küstenländern scheinen zu fehlen.

Die Kupfersteinzeit Tiefgreifende Veränderungen bringt den Menschen auf Zypern die Kupfersteinzeit (Chalkolithikum von ca. 3900 bis 2600 v.Chr.). Gesellschaftsstruktur und Wirtschaftsform wandeln sich. Die Dorfgemeinschaften scheinen eine Organisation entwickelt zu haben, die u.a. die Lebensmittelverwaltung zum Ziel hat. Handel mit den Küstenländern Asiens und Afrikas ist nachweisbar. Erstmals wird auf Zypern Kupfer verarbeitet, wobei es ungewiß ist, ob das Metall importiert wurde oder aus eigener Kupfergewinnung stammt. In dieser Zeit wird auch der Westen der Insel besiedelt. Die Rundhütte des Neolithikums erlebt eine Renaissance und wird wieder zum beliebtesten Wohngebäude. Außerhalb der Dorfsiedlungen entstehen Friedhöfe (Nekropolen) mit Gräbern für Mehrfachbestattungen, die vielfach reiche Grabbeigaben haben. Hier deuten sich neue religiöse Vorstellungen von Tod und Wiedergeburt an. Der Glaube an eine Fruchtbarkeits- und Vegetationsgöttin, der »Großen Göttin« von Zypern, die später von den Griechen als Aphrodite verehrt wird, hat sich durchgesetzt und wird zum Zentralthema der frühen Religionen Zyperns. Nach ihrem wichtigsten Fund in *Érimi*, westlich von Límassol, nahe Kúrion/Episkopí, wird diese Epoche auch *Érimi-Kultur* genannt.

Einzigartig und herausragend, ohne Vergleichsbeispiel in den vorgeschichtlichen Kulturen des Mittelmeeres, sind die weiblichen, kreuzförmigen Fruchtbarkeitsidole dieser Epoche. Aus Ton, Steatit oder Pikrit (einem blau-grünem Stein) modelliert, sind es Meisterwerke von eindringlicher Schönheit und Ausdruckskraft. Immer wird die Fruchtbarkeit der Frau dargestellt, sie wird zum Hauptthema der Kunst des Chalkolithikums. Eine dieser zauberhaften Figurinen zeigt uns ihre Funktion (s. Abb. unten): Sie wurden von Frauen um den Hals getragen. Ihre Gestalt mit ausgebreiteten Armen und in Hockstellung ist das Abbild einer gebärenden Frau. Andere Idole zeigen deutlich gekennzeichnet Scham und Brüste der Frau oder ihren schwangeren Leib. Auch kann die Horizontale der ausgebreiteten Arme als

Fruchbarkeitsidol; die Kreuzform symbolisiert hier die Vereinigung von Mann (horizontal) und Frau (vertikal. 4. Jahrtausend v. Chr., Chalkolithikum; Zypernmuseum Nikosía).

liegende männliche Figur im Sinne einer Vereinigung von Mann und Frau ausgebildet sein (Abb. S. 147), so daß bis zu drei Idole in einer Statuette enthalten sein können. Alle Darstellungen nehmen Bezug auf die Fruchtbarkeit und Fortpflanzungsfähigkeit der Frau.

Die Bronzezeit Während der *frühen Bronzezeit* (2600 bis 1900 v. Chr.) gelangen neue Siedler und neue Anregungen, besonders aus Anatolien, aber auch aus Syrien nach Zypern. Das Zentrum der Insel verlagert sich vom Süden zum Norden (nach Wasiliá, Lápithos, Vuní), wo sich größere Dorfstrukturen konzentrieren. Doch nicht die Dörfer selbst, sondern vorwiegend nur ihre Nekropolen konnten von den Archäologen entdeckt werden. Die Architektur dieser Menschen muß aus vergänglichen Baumaterialien wie z. B. luftgetrockneten Lehmziegeln bestanden haben, die die Jahrtausende nicht überdauerten. Grundsätzlich ist zu dieser Zeit, mit Ausnahme der unwegsamen Bergregionen, die ganze Insel besiedelt. Alte neolithische Siedlungsräume wurden jedoch teilweise aufgegeben.

Die wichtigsten Zeugnisse dieser Zeitspanne stammen aus der Nekropole von *Filiá*, einem Dorf östlich von Morfú, in der gleichnamigen fruchtbaren Ebene im Nordwesten der Insel. Nach diesen Funden benennt man diese Epoche auch *Filiá-Kultur*.

Geradezu revolutionär müssen sich die Einführung des Pfluges (aus Anatolien) auf den Ackerbau und die Entdeckung des Kupfergesteins bzw. die Gewinnung von Kupfer auf die Gesellschaft ausgewirkt haben.

Die Töpferei greift viele Anregungen aus Anatolien auf. Es entsteht die »rotpolierte Keramik«, deren Formenreichtum nahezu unermeßlich ist. Nicht selten werden mehrere Gefäße zu einer Einheit komponiert (Abb. unten). Immer handelt es sich um Keramik mit eingeritztem Dekor. Bei den »Brettidolen«, das sind dünne, formschöne Keramikplatten, fügen sich eingeritzte Linien und Kreise zu einem menschlichen Gesicht (Abb. S. 148). Intime Einblicke in das Leben der Menschen der frühen Bronzezeit gewähren zahlreiche Werke der Töpferkunst, die Szenen aus dem Alltagsleben und dem religiösen Kult zum Inhalt haben. Das Spektrum reicht von der Feldarbeit (Pflügen mit Ochsen, s. Abb. S. 149) über handwerkliche Arbeiten wie Melken und Schmieden bis hin zu ganz realistischen Geburtsdarstellungen. Besonders eindrucksvoll ist eine Schale aus der Nekropole von Vuní (Abb. S. 148):

Kreuzförmiges Fruchtbarkeitsidol, das von den Gläubigen um den Hals getragen wurde, wie dieses Beispiel zeigt. (4. Jahrt. v. Chr., Chalkolithikum; Zypernmuseum Nikosía).

»Rotpolierte Keramik«, um 2000 v. Chr. (Frühe Bronzezeit III; Zypernmuseum Nikosía).

»Brettidol«, um 2000 v. Chr. (Frühe Bronzezeit III; Zypernmuseum Nikosía).

Dargestellt ist ein umfriedeter heiliger Platz, auf dem mehrere Menschen an einer Totenfeier teilnehmen: das einzige Beispiel eines Heiligtums aus dieser Zeit, das bisher entdeckt wurde.

Wesentliches Kennzeichen der *mittleren Bronzezeit* (1900 bis 1650 v.Chr.) ist der aktive Ausbau von Handelsbeziehungen mit den umliegenden Kulturen des Mittelmeerraumes, womit Zypern aus seiner Jahrtausende langen insularen Isolation herauswächst. Zyprische Seefahrer nehmen umfangreiche Wirtschaftskontakte auf, die von Ägypten, Syrien und Babylon bis nach Kreta und Sizilien reichen. Die Folge sind Siedlungsgründungen besonders an der Nordküste und eine Verlagerung des wirtschaftlichen und kulturellen Lebens zum Osten der Insel. Westlich von Famagústa wird Kalopsídha zu einem wichtigen neuen Zentrum.

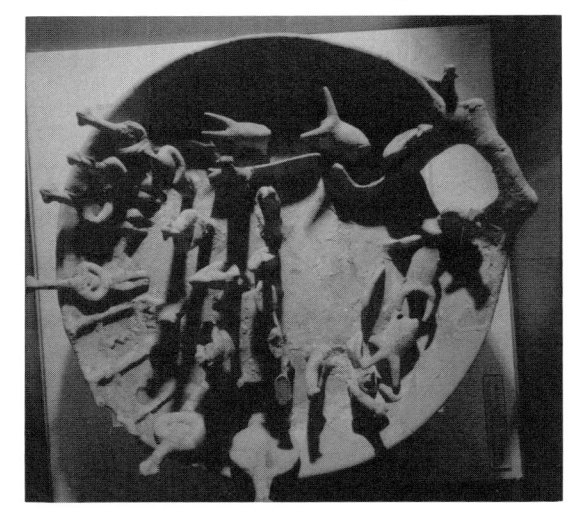

Am Ende dieser Epoche entstehen Festungsbauten nach anatolischen Vorbildern: in *Kriní* (südlich von Kyrínia), *Ajios Sozómenos* in der fruchtbaren Messaória-Ebene und in *Nitówikla* (an der Südküste der Karpasía-Halbinsel). Diese Festungen sowie reiche Waffenfunde und gewaltsame Zerstörungen von Siedlungen deuten auf vermehrte kriegerische Auseinandersetzungen am Ende des 17. Jh. v.Chr. hin. Zum einen mögen sie mit fremden Eindringlingen zusammenhängen, zum anderen mögen sie auf Spannungen und Rivalitäten unter der Inselbevölkerung hinweisen.

Der Umbruch in der antiken Welt des Orients verschafft Zypern schließlich große Bedeutung als Kupferlieferant. Diese Entwicklung führt zur wirtschaftlichen Blüte der späten Bronzezeit. Bereits ab 1700 v.Chr. beherrschen die Menschen die Technik, bei ca. 1100 Grad mit Holzkohle Kupfer zu verhütten und Arsenbronze herzustellen. Als dann mit den hethitischen Eroberungen in Anatolien und im Königreich Jamchad (heute Aleppo) die Kupferlieferungen für Syrien zum Erliegen kommen, sehen zyprische Händler ihre Chance und nutzen sie auf den Märkten der Küstenstädte Asiens. Zu dieser Zeit wird Zypern bereits in vielen Texten der Hethiter, Babylonier und Ägypter »Alasia« genannt. Immer spielen sie in Verbindung mit diesem Namen auf die Bedeutung Zyperns als Kupferlieferant an: »Kupfer aus Alasija vom Berg Tagata«, schreibt ein hethitischer Text, »Kupfer des Berges Alasa«, ein babylonischer Text aus Mari oder »Barren von Rohkupfer und Platten von Zinn befinden sich auf den Schultern der Leute von Alasia«, notiert eine Metalliste Ramses II. im Luxortempel.

Der Vertreibung der kriegerischen Hyksos (»Herrscher der Fremdländer«) aus Ägypten, die während der 15. Dynastie (1650 bis 1544/1541 v.Chr. herrschten, folgte für das gesamte östliche Mittelmeer eine Periode des Friedens sowie der kulturellen und wirtschaftlichen Blüte. Auch Zypern war davon betroffen. Die *späte Bronzezeit* (1650 bis 1050 v.Chr.) brachte für die Insel die Hochblüte in der Zeit von etwa 1600 bis 1200 v.Chr. Zeitlich deckt sich diese fruchtbare Entwicklung etwa mit der Blüte des minoischen Kreta (1700–1420/10 v.Chr.), das mit seiner hochentwickelten Kultur im 2. vorchristlichen Jahrtausend die Ursprünge Europas schuf. In der Ägäis werden zu dieser Zeit Voraussetzungen für die griechische Kultur der antiken Welt geschaffen.

Handgefertigte Keramik mit weißem Überzug und dunklen geometrischen Dekorationen (»White Slip«-Stil) sowie kugelförmige Keramik mit langem Ausguß (»Base Ring«-Stil), metallischer Oberfläche und Reliefschmuck – letztere scheinen Kopien von Bronzegefäßen zu sein – sind in allen Anrainerstaaten des Mittelmeeres sehr beliebt. Ihre Fundorte zeichnen ein farbiges Bild der umfangreichen zyprischen Handelsrouten in der späten Bronzezeit. Diese beiden Keramikgattungen werden zum Markenzeichen der zyprischen Kultur.

Zyprische Kupfer- und Bronzebarren bleiben das wichtigste Handelsgut der Insel. Neben den bereits erwähnten Ländern pflegen Minoer und Zyprer verstärkt Kontakte und haben in Ugarit, dem damaligen Zentrum des Alten Orients, bedeutende Handelsniederlassungen.

Um 1500 v.Chr. taucht auf Zypern erstmals eine Schrift auf, die starke Ähnlichkeiten mit der minoischen Linear A Schrift zeigt und »zyprisch-minoische Schrift« genannt wird. Sie wurde bisher vorwiegend in 'Enkomi gefunden und ist bis zum heutigen Tage nicht entziffert. Spärliche Einzelfunde belegen, daß sie auf der ganzen Insel verbreitet war. Wahrscheinlich haben beide Schriften ein noch unbekanntes gemeinsames Vorbild orientalischen Ursprungs.

Nach dem Niedergang der minoischen Kultur (um 1420/10 v.Chr.), die indirekt mit dem Vulkanausbruch von Santorin im Zusammenhang steht, werden die Mykener Herren der Ägäis. Sie erobern Kreta und gründen Handelsstützpunkte auf Zypern.

Nach 1400 v.Chr. entstehen an den Küsten Zyperns Stadtzentren, die von Festungsmauern umgeben sind: An der Südküste *Pálea Páfos* und *Hala Sultan Tekké*, an der Nordküste *Ajía Iríni* und *Morfú* sowie im Osten *'Enkomi*. Von all diesen spätbronzezeitlichen Städten entwickelt sich 'Enkomi zum Zentrum der Kupferverarbeitung. Sein Stadtkönig mag sogar Herrscher der ganzen Insel gewesen sein. Zahlreiche Meisterwerke der Bronzekunst wurden hier gefunden. Eine kleine bronzene Statuette aus dem 12. Jh. mit ägäischen Zügen stellt eine gehörnte Gottheit dar. Sie ist mit Schild und Lanze bewaffnet und steht auf

Tonschale aus Vuní: Darstellung eines umfriedeten Heiligtums mit einer Totenfeier (Bronzezeit; Zypernmuseum Nikosía).

Gehörnter Gott aus 'Enkomi, 12. Jahrhundert v. Chr. (Ende der späten Bronzezeit II; Zypernmuseum Nikosía).

einem Bronzebarren in Form einer »Ochsenhaut« (Abb. S. 149). Aufgrund seiner Insignien nennt man ihn auch »Schutzgottheit der Kupferproduktion«.

Der Einfluß der Mykener auf die zyprische Kultur wird so stark, daß heute von den Archäologen nicht entschieden werden kann, ob die großen Mengen mykenischer Keramik, von der die Insel fast zwei Jahrhunderte überschwemmt wurde, Importe sind oder ob sie auf Zypern von mykenischen Töpfern hergestellt wurden. Die Schalen und Amphoren sind teilweise von so großer Schönheit, sind mit szenischen Darstellungen (frühgriechischer Mythen) geschmückt (Abb. oben), daß auch die Meinung vertreten wird, die Kunstwerke seien auf dem langen Handelsweg von der Peloponnes zum Orient auf Zypern nur zwischengelagert bzw. seien dort von Mykenern für den Export produziert.

Im Verlauf des 13. Jh. v. Chr. scheinen sich die Mykener mehr und mehr bedroht gefühlt zu haben. Gewaltige Befestigungen wurden zum Schutz der Burgen errichtet, bereits vorhandene verstärkt. Dennoch sanken alle mykenischen Zentren bereits Ende des 13. bzw. Anfang des 12. Jh. in Schutt und Asche. Zur gleichen Zeit zerfiel das Reich der Hethiter; auch Ägypten sah sich in dieser Zeit dem Ansturm fremder »Seevölker« ausgesetzt, die erst Pharao Ramses III. 1176 besiegen konnte. König Hammurabi von Ugarit (heute eine Stadt in Syrien) fordert den König von Alasia zum gemeinsamen Kampf gegen die fremden Eindringlinge auf. Wir wissen heute nicht, wer diese Seevölker waren, die offenbar das gesamte Mittelmeer bedrohten. Man spricht von Philistern und ihren Bundesgenossen, die auf dem Seeweg um 1200 die erste Eroberungswelle eingeleitet und das griechische Festland, auch Kreta und Zypern überschwemmt hätten. Unabhängig von ihnen gelangten vom Norden her in einer zeitlich etwas verschobenen Einwanderungswelle die Dorer nach Griechenland, dann von hier aus zu den ägäischen Inseln und um 1100 v. Chr. nach Zypern. Die Zerstörung scheint jedoch schon im 12. Jh. gewesen zu sein, so daß die Dorer als Zerstörer der mykenischen Kultur nicht in Frage kommen. Die Historiker sind sich über die zeitliche Abfolge der Invasionen und die beteiligten Völker uneins. Es sind die »dunklen Jahrhunderte« der Mittelmeerkulturen.

Es gibt aber Hinweise, die Rückschlüsse auf das Ende der Bronzezeit anregen. Zunächst sind da die mykenischen Tontäfelchen mit Linear B-Schriftzeichen von Pylos, aus deren Inhalt hervorzugehen scheint, daß man einen kriegerischen Angriff erwartet, aber auch, daß das Rohmaterial für die Bronzeherstellung äußerst knapp geworden war.

Vor allem aber sind die Mythen aufschlußreich. Das, was die Griechen der Antike von ihren mykenischen Vorfahren zu berichten wußten, sind samt und sonders Erzählungen von Beutezügen und Kriegen: der Kampf um Troja, die Fahrt der Argonauten unter Jason, der Zug der Sieben gegen Theben. Die in den Mythen formulierten Begründungen für solche kriegerischen Aktionen sind meist recht dürftig: persönliche Kränkungen, Erbstreitigkeiten oder gar der Raub der schönen Helena, um die der zehnjährige Trojanische Krieg mit einer Unzahl von Toten entbrannt sein soll. Glaubwürdiger erscheint hier die Annahme eines Handelskrieges, denn über Troja, an der Einfahrt in die Dardanellen, führte der Zugang zum Schwarzen Meer.

Der Mythos berichtet im Zusammenhang mit dem Trojanischen Krieg auch von einer Kolonisation Zyperns durch die Achäer des griechischen Festlandes: Agapenor, mythischer König von Tegéa in Arkadien auf der Peloponnes gründet auf seiner Heimfahrt nach dem Trojanischen Krieg auf Zypern *Pálea Páfos*. Teukros, der Held von Troja, verlegt 'Enkomi zu einem natürlichen Hafen an die Ostküste und benennt die neue Stadt nach seiner Heimatinsel Salamis. Beide Könige sind Hohepriester im Heiligtum der Aphrodite. Das griechische Zypern beginnt sich zu entwickeln.

Während im 11. Jh. v. Chr. nahezu alle Mittelmeerkulturen brachliegen, erlebt Zypern mit den neuen Siedlern eine Epoche der Blütezeit. Neben Páfos und Salamis gewinnt *Kítion* (das heutige Lárnaka) an Bedeutung. Um 1050 v. Chr. wird das spätbronzezeitliche Zypern wahrscheinlich durch eine Naturkatastrophe zerstört. Zypern befindet sich am Wendepunkt seiner Geschichte, der Übergang zur Eisenzeit vollzieht sich.

Vom Reichtum und der künstlerischen Vielfalt der spätbronzezeitlichen Epoche zeugen die Grabfunde von verschiedenen Epochen. Als Beispiel für die intensiven orientalischen Kontakte sei das konische Fayence-Rhyton (13. Jh. v. Chr., s. Abb. unten) von Kítion erwähnt. Es stammt wohl aus einer syrisch-palästinensischen Werkstatt und zeigt sowohl ägyptische Einflüsse (von der Wandmalerei und dem Helm des Jägers) als auch Anregungen von den Ägäiskulturen. Während der »fliegende Galopp« der Tiere und die »laufende Spirale« bereits seit Jahrhunderten zum Repertoire der minoischen Künstler zählt, erinnert die umlaufende Darstellung auf dem Rhyton an den

Fayence-Rhyton aus Kítion, 13. Jahrhundert v. Chr., (Späte Bronzezeit II; Zypernmuseum Nikosía).

mykenischen Goldbecher von Vaphio. Für das Ende der Bronzezeit seien exemplarisch vorgestellt die goldene Szepter-Bekrönung eines königlichen Würdenträgers von Kúrion (Abb. unten) und der elfenbeinerne Spiegelgriff aus Pálea Páfos. Die Reliefdarstellung aus Elfenbein zeigt eine Kampfszene zwischen einem Krieger und einem Löwen, wie wir sie von szenischen Darstellungen auf mykenischen Goldringen her kennen.

Goldene Szepter-Bekrönung aus Kúrion, Anfang 11. Jahrhundert (späte Bronzezeit III; Zypernmuseum Nikosía).

Die Eisenzeit Mit dem Beginn der Eisenzeit (1050 bis 600 v.Chr.) verlaufen die folgenden Epochen des nun griechischen Zyperns parallel zu der Entwicklung Griechenlands. Auf der Insel wird arkadisches Griechisch gesprochen, d.h. das Griechisch aus dem Zentrum der Peloponnes. Aber immer bleibt Zypern kulturell und wirtschaftlich intensiv mit dem Orient verbunden und unterscheidet sich dadurch wesentlich von anderen Landschaftsräumen griechischer Kultur. Aus den Vermischungen von orientalischen mit griechischen Elementen entstehen eindrucksvolle Neuschöpfungen – eben die zyprisch-griechische Kunst.

Während der *geometrischen Zeit* (1050 bis 750 v.Chr.) entstehen neue Wirtschafts- und Stadtzentren in *Marion* (das heutige Polis), *Solí* und *Lápithos* an der Nordküste, in *Salamis* an der Ostküste sowie in *Kúrion* an der Südküste. Im 9. Jh. gründen Phönizer in Kítion eine Kolonie, die sich allmählich zum eigenständigen Königreich auf Zypern herausbildet. Mit den Phöniziern wird Astarte, die Göttin der Fruchtbarkeit verehrt. Ihr baut man in der Stadt einen phönizischen Tempel.

Besonders in dem »Homerischen Zeitalter« des 8./7. Jh. v.Chr. erlebt Zypern eine neue Hochblüte. Während der *archaischen Periode* stellte sich Zypern freiwillig unter assyrische Oberhoheit von (708–663 v.Chr.). Der Einfluß Assyriens zeigt sich besonders aufregend an der luxuriösen Ausstattung der Grabstätten von Salamis. Architektonische Form und Zeremoniell weisen hingegen nach Griechenland. Da gibt es Felsengräber für die einfachen Bürger auf der Gellarka-Nekropole (Abb. S. 136) und monumentale Einzelgräber mit Pferdebestattungen, in denen die Könige auf ihren Streitwägen beerdigt wurden. Hier werden Bestattungsriten erkennbar, wie sie Homer aus der mykenischen Welt beschrieben hat. Doch sie werden nicht als Relikt vergangener Zeiten gelebt, sondern sind stolzes sichtbares Zeichen einer neuen Zeit, die sich an die Helden der homerischen Epen, die Welt ihrer Vorväter, erinnert. Reichhaltig sind auch die Grabbeigaben, sie reichen von Elfenbein und Gold bis hin zu anderen Kostbarkeiten. Im Zypernmuseum Nikosía ist eigens ein großer Raum mit Grabfunden von Salamis eingerichtet.

Höhepunkt des eigenständigen zyprischen Kunstschaffens ist die archaische Keramik mit freischwebendem Dekor (»Free Field«-Stil). Zum Repertoire gehören Ornamente der orientalischen Kunst: z.B. Rosetten und Lotosblüten. Besonders eindrucksvoll sind Werke mit Menschendarstellungen (Abb. S. 110–113), die auf den hellen Grund des Gefäßkörpers in den freien Raum hineingestellt sind.

Noch ein anderer einzigartiger Fund der archaischen Epoche soll hier erwähnt werden: Das Heiligtum von *Ajía Iríni* an der Ostküste der Morfú-Bucht. Die Funde beweisen eine ununterbrochene Kontinuität dieses heiligen Ortes von sieben Jahrhunderten: von der späten Bronzezeit (um 1200 v.Chr.) bis zur Epoche Archaisch I (um 500 v.Chr.). Es handelt sich um ein umfriedetes Freilicht-Heiligtum nach Art des frühbronzezeitlichen Tonmodells von Vuní (Abb. S. 148). Der sensationelle Fund (von 1929) von mehr als 2000 Terrakotten in dem Heiligtum stammt aus einer Zeit von 625 bis 500 v.Chr. Im Mittelpukt dieser volkreichen Versammlung steht ein Priester mit einem Stierkopf (wie bei dem Modell von Vuní). Dann gibt es in unterschiedlichen Größen adorierende Gläubige, bewaffnete Krieger und Streitwagen mit Vorgespann. Sicherlich wurde hier ein Fruchtbarkeitskult

Terrakotten aus dem Heiligtum von Ajía Iríni in der Morfú-Ebene (625–500 v. Chr.; Zypernmuseum Nikosía).

in Verbindungen mit kriegerischen Elementen gefeiert.

Insgesamt kann festgestellt werden, daß für die griechische und phönizische Bevölkerung der Insel nach den assyrischen Einflüssen die ägyptische (569–546 v.Chr.) und persische (546–332) Oberhoheit folgt. Zypern wird dadurch zum Vielvölkerstaat. Gerade die Präsenz der orientalischen Völker im östlichen Mittelmeer und auf Zypern war aber ein gewichtiges Hindernis für weitere Kolonisationen aus der Richtung Griechenlands. Die archaische Epoche (750 bis 475 v.Chr.) endet mit dem Ionischen Aufstand (499/498 v.Chr.) der Städte Kleinasiens gegen den Machtbereich der Perser, dem sich auch Zypern anschließt. Später kämpfen zyprische Schiffe dann auf der Seite Persiens und erleiden gemeinsam die entscheidende Niederlage bei der Seeschlacht von Salamis (480 v.Chr.). Páfos und Kítion werden hingegen später von den Persern belagert und erobert.

Die vielen Fremdeinflüsse dieser Epoche sind für Zypern eine geistige Herausforderung. Die bereits in der geometrischen Zeit angelegten Kunstströmungen führen in der archaischen Epoche zu einer neuen Blüteperiode.

Griechen und Römer Die *Zeit der Klassik* (475 bis 325 v.Chr.) ist für Zypern eine Phase der Orientierungssuche. Der Vielvölkerstaat mit größtenteils griechischer und phönizischer Bevölkerung findet keine politische Einheit. Die Aufteilung der Insel in bis zu zehn Königreiche schwächte die innere Struktur und machte sie anfällig sowohl für Angriffe von außen als auch für innenpolitische Konflikte. 330 v. Chr. wird Zypern Teil des Reiches von Alexander d. Gr.

Ende des 4. Jh. v. Chr. erlischt die eigenständige kulturelle Entwicklung Zyperns. Trotz mannigfaltiger Fremdeinflüsse, die über sechs Jahrtausende auf die kosmopolitische Bevölkerung eingewirkt haben, gab es – wie wir gesehen haben – immer große einheimische Kunstperioden. Von nun an ist Zypern ein Teil der westlichen Welt, man spricht griechisch und gehört zu Europa. Ihre stets fruchtbare Mittlerrolle zwischen Orient und Okzident muß die Insel aufgeben. Zypern wird als Basis und Sprungbrett der westlichen Nationen zum Orient zu einem Schlachtfeld der Nationen. Seit der hellenistischen (325 bis 58 v. Chr.) und römischen Epoche (58 v. Chr. bis 395 n. Chr.), gehört Zypern zu den jeweils mächtigsten Staaten im Mittelmeerraum: Den Ptolemäern folgen Römer und Byzantiner (395–1191), dann die Lusignans (1191–1489) und Venezianer (1489–1571), bis schließlich die Osmanen (1571–1878) die Insel für 300 Jahre okkupieren. Und erst ein knappes Jahrhundert später, nach der britischen Verwaltung (1878–1960), erhält Zypern am 16. August 1960 seine Unabhängigkeit.

Zu Beginn der Hellenisierung Zyperns wurde um 320 v. Chr. Pálea Páfos (Kúklia) aufgegeben und weiter westlich als Hafenstadt Néa Páfos (dem heutigen Páfos) neu gegründet. Neu-Páfos bleibt bis zu seiner Zerstörung im 4. Jh. n. Chr. Hauptstadt und wirtschaftliches Zentrum der Insel. Nach wie vor wird in Pálea Páfos der Aphrodite-Kult gepflegt. Weitere wichtige religiöse Zentren des spätantiken Zyperns sind: das Aphrodite-Hera-Heiligtum in *Ámathus* (bei Límassol), Apollon Hylates in Kúrion und der Zeuskult in Salamis. Eine äußerst bemerkenswerte architektonische Leistung des Hellenismus sind die »Königsgräber« des 3. Jh. v. Chr. von Néa Páfos (Abb. S. 64). Vom ptolemäischen Alexandria angeregt, wurde aus dem gewachsenen Fels eine unterirdische Totenstadt herausgebrochen. Im Maßstab 1:1 entstanden Peristylhäuser mit Lichthöfen im dorischen Stil. Von den offenen Säulengängen aus erreicht man die Grabräume mit mehreren Felsengräbern. Sie waren jedoch bei ihrer Entdeckung geplündert.

Am Ende der römischen Epoche wird Zypern von einem schweren Erdbeben erschüttert. Nahezu jedes städtische Leben auf der Insel hört auf zu existieren. Nur Salamis entsteht im neuen Glanz und wird als *Constantia* neue Hauptstadt der Insel.

Wenn wir bei Plutarch lesen, wie Cato d. J. sich damit rühmt, daß er »aus Zypern mehr Schätze für Rom nach Hause gebracht (habe) als Pompeius mit all seinen Kriegen und Triumphen«, dann verstehen wir, daß die archäologischen Funde auf der Insel heute nur »zweite Wahl« sein können!

Herausragende Hinterlassenschaften der Römer sind die Privatbauten mit ihren überaus kunstvollen Fußbodenmosaiken, die jeden Vergleich mit anderen Werken des römischen Imperiums standhalten. In den Beispielen von Néa Páfos und Kúrion sehen wir keimende Ansätze für den Beginn frühchristlicher Kunst und Ikonographie. Die Mosaike sind teilweise von so hoher Qualität, daß man vermutet, sie seien von griechischen Künstlern (aus Athen oder Rhodos) ausgeführt.

Die Mosaike bestehen aus kleinen verschiedenfarbigen Steinchen (tesserae), die mit gefärbten »Glassteinchen« (fein geschnittenen Glasstücken) farblich variiert wurden, um eine kontrastreiche und lebendige Farbigkeit zu erhalten. Neben vielen geometrischen Motiven von großer Vielfältigkeit und Formenreichtum gibt es auch zahlreiche Darstellungen, die Themen der griechischen Mythologie zum Inhalt haben. Größtenteils stammen die spätrömischen Mosaike Zyperns aus den ersten nachchristlichen Jahrhunderten, von denen folgende Beispiele besondere Beachtung verdienen. Die Mosaike aus Néa Páfos im »Haus des Orpheus« und »Haus des Dionysos«, beide stammen aus der Wende vom 2. zum 3. Jh. Jene im »Haus des Aion« (Abb. S. 66/67) aus dem 2. Viertel 4. Jh. und der »Theseusvilla« vom Ende des 4. Jh. Als Beispiele aus Kúrion seien erwähnt: Das »Haus des Eustolios« aus der 1. Hälfte 5. Jh., die »Gladiatorenmosaike« vom Ende 3./Anfang 4. Jh. und das »Achilleusmosaik« aus dem 4. Jh. (Abb. S. 61).

Die byzantinische Epoche Zu Beginn der byzantinischen Epoche ist die Christianisierung der Insel bereits abgeschlossen. Die beachtliche Zahl frühchristlicher Basiliken auf Zypern unterstreicht die bedeutende Rolle, die die Insel während dieser Epoche gespielt hat. Auch sprechen sie für einen gewissen Wohlstand der Inselbevölkerung und für das Aufblühen zahlreicher christlicher Gemeinden und mehrerer Bischofsitze.

Prachtvolle Gotteshäuser wurden in den christlichen Zentren Salamis, Kúrion und Néa Páfos errichtet. Aber auch in kleinen Städten entstand eindrucksvolle Sakralarchitektur der frühen Christen. So in Sóli und Lápithos an der Nordküste, in Ájios Fílon (Abb. S. 142/3) und Ajías Triás (Abb. S. 141) auf der Halbinsel Karpasía und in Ájios Jeórjios bei Péjia an der Westküste, um nur einige Beispiele zu nennen. Alle Bauten stammen aus der Zeit des 5. bis 7./8. Jh. Die Basiliken sind jedoch nur in ihren Grundmauern erhalten. Nur die Fußbodenmosaike und marmornen Bauglieder verraten etwas über die großzügige Architektur der frühchristlichen Basiliken. Neben dem Fußboden waren einst auch alle Innenwände mit kostbaren Mosaiken geschmückt, doch auch sie gingen verloren. Lediglich in drei kleinen Dorfkirchen blieben sie erhalten. Doch in zwei davon, in den beiden Kirchen Nordzyperns, wurden sie nach der türkischen Besetzung dieses Inselteils (1974) gestohlen. So sind von diesen unschätzbaren Apsis-Mosaiken, die zu den Weltkulturdenkmälern zählen, nur noch jene von der Panajía Angelóktistos in Kíti aus der 2. Hälfte 6. Jh. erhalten (Abb. S. 90/91). Meisterwerke der Ostkirche, die wichtige Beispiele für Vergleiche mit den Werken Ravennas sind.

Der *Ikonoklasmus* (726 bis 843) forderte auch auf Zypern seinen Tribut. Dem gnadenlosen Sturm der Bilderzerstörer fiel im gesamten Reich mit Ausnahme nur ganz weniger Bildwerke alles zum Opfer. Das kaiserliche Verbot jeglicher figuraler Darstellung von Heiligen beschränkte das motivische Repertoire der Künstler jener Epoche auf rein ornamentale (anikonische) Darstellungen, ausgeführt in leuchtender Vielfarbigkeit. Aber auch diese Werke wurden nach dem Ikonoklasmus zerstört. Neben wenigen Kirchen mit ikonoklastischen Denkmälern auf der Halbinsel Máni sowie den Inseln Náxos, Rhodos und Kreta gibt es auch auf Zypern ein höchst interessantes Monument mit anikonischen Malereien: In der Ajía Paraskewí-Kirche von Jeroskípos aus dem 9./10. Jh. (Abb. S. 87).

In der mittelbyzantinischen sowie spät- und nachbyzantinischen Phase bis zum 17./18. Jh. entstehen auf Zypern wichtige Beispiele byzantinischer Freskenmalerei. Besonders die Werke des 11./12. Jh. sind von einzigartiger künstlerischer Qualität, denen auf dem gesamten Raum der Ostkirche nur wenige gleichwertige Kunstwerke gegenübergestellt werden können. Viele dieser zyprischen Kirchen wurden von Künstlern der Hauptstadt des byzantinischen Reiches, Konstantinopel, ausgemalt.

Die Kirchen im Tróodhos-Gebirge haben noch eine architektonische Besonderheit. Seit dem 14./15. Jh. wurden die gewölbten Kirchen zusätzlich mit einem großen Satteldach überspannt, um sie vor der Schneelast im Winter zu schützen. Ihr heute scheunenartiges Aussehen irritiert viele Besucher. Die Kirchen der späteren Jahrhunderte wurden dann gleich mit einem steilen Satteldach gebaut. Der hölzerne Dachstuhl bedingte eine Abänderung des ikonographischen Programmes. Themen, die sonst im Tonnengewölbe Raum fanden, schmücken nun die Giebelflächen und oberen Wandzonen.

Zu den Meisterwerken byzantinischer Kunst zählen folgende Kirchen mit Malereien der komnenischen und paläologischen Stilrichtung (benannt nach byzantinischen Dynastien), die in der UNESCO-Sammlung der Weltkunst aufgenommen sind. Ein Besuch dieser Denkmäler zählt zu den intensivsten Kunsteindrücken auf Zypern: Die Kirche Ájios Nikólaos tís Stejis außerhalb von Kakopetriá mit Fresken aus dem Anfang des 11. Jh. (Abb. S. 80), dem 12. Jh., sowie dem späten 13. Jh. und frühen 14. Jh. Die Kirche Panajía Phorbiótissa in Asínu mit Fresken aus den Jahren 1105/1106 (Abb. S. 78), 1333 und dem 3. Viertel des 14. Jh. Die Kirche Ájios Neóphytos in der Nähe von Páfos mit Fresken aus den Jahren 1183 (Abb. S. 84), 1196 und dem 16. Jh. (Abb. S. 85). Die Kirche Panajía Arakiótissa in Laghudherá mit Fresken aus dem Jahre 1192 (s. Abb. S. 72) und der Kirche Ájios Ioánnis Lampadistis in Kalopanajiótis mit Fresken aus dem 13. Jh. (Abb. S. 76/77).

Die Gotik Schließlich sei noch auf die Gotik der Kreuzfahrer hingewiesen. Im 13. Jh. bringen die Lusignans, die Zypern von 1192 bis 1489 als Könige regierten, den gotischen Stil nach Zypern. Sie holen erfahrene Architekten und Steinmetze aus Frankreich und lassen gotische Sakral- und Profanarchitektur errichten. Während in den orthodoxen Kirchen der ländlichen Regionen große Kunst der byzantinischen Malerei entsteht, wachsen in den Städten für die lateinische Kirche Kathedralen und Kirchen aus dem Häusermeer empor. Bereits zu Anfang des 13. Jh. wird in *Nikosía* mit dem Bau der *Sophienkirche* (1209) begonnen. Knapp ein Jahrhundert später legt man in *Famagústa* den Grundstein für die *Nikolauskirche* (1298, s. Abb. S. 134), um schließlich beide Kathedralen im Jahre 1326 einweihen zu können. Beide Gotteshäuser wurden bereits zu Beginn der Osmanenherrschaft (1571) zu Moscheen umfunktioniert (Abb. S. 135) und sind es bis heute geblieben.

Südzypern

Nikosía Nikosía (auf griechisch Levkosía), die Hauptstadt der Republik Zypern, ist eine geteilte Stadt, wie bis zum November 1989 Berlin. Stacheldraht und Mauer, bewaffnete türkische Soldaten im Norden, bewaffnete griechisch-zyprische Soldaten im Süden, dazwischen zerbombte und eingefallene Häuserzeilen, Niemandsland mit patrouillierenden UN-Soldaten, das ist die Grenze zwischen dem von der Türkei besetzten Norden und der freien Stadt im Süden. 1983 lebten im Süden der Insel 519200 griechische Zyprer, allein 149100 davon in Nikosía, und ca. 40000 Türken und türkische Zyprer im besetzten Teil der Stadt. Bei der Staatsgründung 1960 lebten 73381 Einwohner in der Metropole Zyperns. Krieg, Flucht und Vertreibung brachten für Süd-Nikosía ab 1974 eine explosionsartige Bevölkerungsentwicklung mit sich. Die Stadt wuchs weit über ihre alten Vororte hinaus, um den Flüchtlingen aus dem Norden neuen Lebensraum zu geben. Dadurch verdoppelte sich bis 1983 die Bevölkerungszahl nahezu, so daß im Süden von Nikosía heute rund 30 Prozent der griechischen Zyprer leben.

Das historische Nikosía der Lusignans mit seiner prachtvollen Architektur des 13. bis 15. Jh. ist uns nur aus Beschreibungen von Pilgerreisenden bekannt. Die drohende Gefahr der sich immer stärker ausbreitenden Osmanen im Mittelmeerraum zwang im 16. Jh. die Venezianer zu neuen Verteidigungsstrategien, die alten Festungen wurden ausgebessert, verstärkt oder völlig erneuert. Im Zuge dieser Baumaßnahmen wurden weite Teile des alten Nikosía mit seinen Palästen, Kirchen und Bürgerhäusern der Lusignans niedergerissen, um für das neue Festungswerk Raum zu schaffen. Venedig gab den Architekten Ascanio und Giulio Savorgnano den Auftrag, Nikosía neu zu befestigen. Sie entschieden sich für die Ideal-Stadtbefestigung, die in der Renaissance von den beiden italienischen Ingenieuren Pietro Cataneo und Bonaiuto Lorini ausgearbeitet worden war. Bereits 1567 wurde von Giulio Savorgnano Nikosía als Idealstadt mit der Grundrißform eines Kreises und einem ihn mit elf Bastionen umgebenden Festungsstern errichtet. Knapp drei Jahrzehnte später wurden seine Pläne, deren Vorbild Nikosía ist, von einer Kommission des Dogen Pasquale Cicogna für die Gründung der Stadt Palmanova in Italien auserwählt. Diese dann 1593 gebaute Idealstadt, nahe Udine in Friaul, ist das wichtigste noch erhaltene Beispiel dieser Städtebauidee.

Von dem Festungswerk in Nikosía sind nur noch einige Mauern, Bastionen und Verteidigungsgräben der sternförmigen Anlage erhalten. Im Südwesten der Verteidigungsmauern ist das Famagústa-Tor (s. Abb. S. 117) gut erhalten. Giulio Savorgnano erbaute es nahezu als Kopie des Ájios Jeórjios – bzw. Lazaretto-Tores in Iráklion auf Kreta, das dort zwei Jahre zuvor von dem berühmten italienischen Architekten Michele Sanmicheli errichtet wurde. Das zyprische Monument von Nikosía ist architekturgeschichtlich deshalb so bedeutend, da das Tor in Iráklion 1917 abgebrochen wurde, und es so auch als Beispiel für die Architektur des Michele Sanmicheli betrachtet werden kann.

Ansonsten ist der Süden der Stadt arm an historischen Baudenkmälern. Erwähnenswert sind nur die Ájios Faneroméni-Kirche aus dem Jahre 1872 und die ehemalige Augustinerkirche der hl. Maria aus dem 14. Jh., die Jahrhunderte als Moschee genutzt wurde (sie ist verschlossen, zeigt aber schöne Architekturdetails an den Fassaden). Außerdem das Herrenhaus des Chatzijeorjákis Kornésios aus der 2. Hälfte des 18. Jh. Er war von 1779 bis 1809 Dragoman, d.h. Dolmetscher und Vermittler zwischen Griechen und Türken; das Haus ist ein hervorragendes Beispiel türkischer Architektur auf Zypern.

Beachtlich hingegen ist der Teil der sanierten Altstadt: Er zeigt eine gelungene Rettungsaktion traditioneller Architektur. Dieser wiederbelebte Stadtraum heißt aber nicht einfach »Pláka«, Altstadt, wie in Griechenland allgemein üblich, sondern »Laikí Jitoniá«. In diesem Namen klingt eine Besonderheit an. Frei übersetzt bedeutet er: »vertraute Nachbarschaft«, im Sinne von jeder kennt jeden. Diese Bezeichnung erinnert an die besondere kommunikative Lebensweise, die einst in diesen Straßen und auf diesen Plätzen gelebt wurde.

Der Höhepunkt für den kunstgeschichtlich interessierten Reisenden in Nikosía sind die Museen. Zuallererst das *»Zypernmuseum«* (Archäologisches Nationalmuseum, (Abb. S. 110ff). Hier sind alle wichtigen Meisterwerke der neuntausendjährigen Kulturgeschichte Zyperns ausgestellt. Zu den herausragenden Sammlungen gehören die Funde des Neolithikums (Saal 1) und der Bronzezeit (Saal 2), dann die Exponate der geometrischen und archaischen Periode (Saal 3). Besonders eindrucksvoll sind die Funde aus dem Heiligtum von Ajía Iríni (s. Abb. S. 150) und die Dokumentation der Grabung in den Königsgräbern von Salamis (Grab 79/Saal 11). Im Aufbau befindet sich z. Zt. eine interessante Dokumentation der Industriearchäologie der bronzezeitlichen Epochen Zyperns. Sehr anschaulich dargestellt sind der antike Kupferbergbau, die Verhüttung von Bronze und die Handelswege der zyprischen Kaufleute.

Im Areal des Erzbischöflichen Palais' befindet sich das »Kulturzentrum der Stiftung Makarios III.« von 1982. Neben dem *Byzantinischen Museum* mit qualitätsvollen Ikonen vom 8./9. Jh. (!) bis zum 18. Jh. gibt es auch eine »Sammlung europäischer Malerei« (mit zum Teil leider fragwürdigen Datierungen und Beschreibungen).

Im Hof des Palais' steht die *Bischofskirche* von Nikosía. Die Kirche des heiligen Johannes des Evangelisten erhebt sich an der Stelle einer aus dem 13. Jh. stammenden Benediktinerabtei, die 1426 von den Mönchen verlassen wurde. Bei der osmanischen Eroberung von 1570 zerstört, wurde die Kirche 1662 neu aufgebaut und in der Zeit 1720 bis 1736 ausgemalt. Die Fresken sind ein schönes Beispiel der nachbyzantinischen Kunst Zyperns.

Nördlich der Kirche befindet sich das *Historische Museum* mit einer schönen Sammlung zyprischer Volkskunst des 17. bis 19. Jh. (s. Abb. S. 114). In dem gotischen Gebäude aus dem 15. Jh. ist auch ein *EOKA-Museum* untergebracht, das über den Widerstandskampf gegen die Briten in den Jahren 1955 bis 1959 Auskunft gibt.

Seit 1989 gibt es in der Hippokrates-Straße 17 das *Stadtmuseum von Nikosía* der »Anastásios G. Levéntis-Stiftung«. Es dokumentiert die Stadtentwicklung von der Antike bis zum 20. Jh.

Um die politische Situation der Republik Zypern mit der unglücklichen Besetzung durch türkische Truppen im Norden und der gewaltsamen Teilung der Insel und der Stadt Nikosía in seiner gesamten Tragweite begreifen zu können, muß man auch Nord-Nikosía und Nordzypern für einen Tag besucht haben. Der einzige Grenzübergang befindet sich westlich der Festungsmauern beim Hotel Ledra Palace. Die Formalitäten der griechisch-zyprischen Beamten werden zügig und problemlos abgewickelt. Bei den Türken im Norden der Republik Zypern hingegen muß man einen Wust von Papierkram abwickeln und »Eintrittsgeld« zahlen. In jedem Fall muß jeder Reisende darauf achten, daß die Beamten der türkischen Besatzungsmacht in den Reisepaß keinen Stempel eintragen. Die Republik Zypern *muß* jeden Tagesreisenden mit einer türkischen Paßeintragung zurückweisen! Die Duldung würde einer Anerkennung der nur von Ankara anerkannten »Türkischen Republik Nordzypern« gleichkommen!

In Nord-Nikosía und Nordzypern erwartet Sie eine völlig andere Welt. Asien und der Orient werden spürbar. Besonders die seit 1974 zum Norden eingewanderten 80000 Siedler vom türkischen Festland, speziell aus Anatolien, haben den Norden in seiner demographischen Struktur erdrutschartig verändert. Man braucht Zeit, um diese krassen Gegensätze zu begreifen ... »Entmischungen« haben stattgefunden!

Die Zahl der sehenswerten Baudenkmäler in Nord-Nikosía ist groß. Hier nur eine knappe Aufzählung als Orientierung für die Auswahl Ihres Besichtigungsprogrammes: Die Gotische *Sophienkathedrale*, die 1209 gegründet, aber erst 1326 vollendet und eingeweiht wurde. Seit der Osmanenherrschaft ist die ehemalige lateinische Bischofskirche moslemisches Gotteshaus, die Selimiye Moschee. Südlich der Kathedrale bzw. der Moschee liegen die Ruinen der ehemaligen orthodoxen Bischofskirche des hl. Nikólaos aus dem 12.–14. Jh. Ihr heutiger türkischer Name »Bedesten«, überdachter Bazar, geht auf die osmanische Profanierung zurück, als der Sakralbau zu einem Getreidespeicher und zu einer Markthalle umfunkioniert wurde. Die *Karawanserei* Buyuk Chan aus dem Jahre 1572 ist das bedeutendste Bauwerk der osmanischen Zeit, in dem viele gotische Stilelemente eingeflossen sind. Nordwestlich der nicht zugänglichen Franziskanerkirche, unmittelbar im Bereich der Sperrzone »Green Line«, liegt das *Derwisch-Pascha-Konáki*. Es ist ein gutes Beispiel traditioneller türkischer Architektur auf Zypern. Das vorbildlich restaurierte Bürgerhaus aus dem Jahre 1807 wurde 1988 als Volkskundemuseum mit Teestube eingerichtet. Pascha war der Herausgeber der ersten türkischen Zeitung auf Zypern, die 1891 unter dem Namen »Zaman«, »Die Zeit«, erschien.

Als Ausflugsziele von Nikosía aus Richtung Süden bieten sich an: *Tamassós/Politikó, Moní Machärá* und Fikárdhos (ca. 30 km nach Süden). Tamassós war eine bedeutsame antike Stadt der Kupferproduktion, die schon Homer bekannt war, der Athena sagen läßt: »Jetzo schifft ich hier an, denn ich steure mit meinen Genossen/Über das dunkle Meer zu unverständlichen Völkern,/Mir in Temesa Kupfer für blinkendes Eisen zu tauschen.« (Odyssee, I, 183–185). Von der Stadt und dem Astarte-Aphrodite-Heiligtum des 8. bis 6. Jh. v. Chr. sind bisher nur geringe Teile ausgegraben. Besonders sehenswert sind die »Königsgräber«. Es handelt sich um in den Felsen gebaute Gräber aus der 2. Hälfte des 7. Jh. v. Chr., die Holzarchitektur mit Satteldach und Volutenkapitellen nachbilden.

Nahe der Ausgrabung befindet sich im Dorf Politikó das *Frauenkloster Heraklídos*, das erst seit 1962 von Nonnen bewohnt wird. Die Geschichte dieses heiligen Ortes geht bis zur Christianisierung der Insel im 1. nachchristlichen Jahrhundert zurück, als der Apostel Paulus Heraklides als ersten Bischof der Insel in Tamassós zurückließ. Die Klosterkirche stammt aus dem 14./15. Jh.; eine frühchristliche Basilika war ihr Vorläuferbau. Das Kloster zählt zu den schönsten der ganzen Insel (Abb. S. 106). Eine wohltuende Atmosphäre lädt zum langen Verweilen ein. Ein besonderes Erlebnis ist es, am Fest des hl. Heraklídes, am 17. September, teilzunehmen.

Etwa 17 km weiter südlich liegt das *Kloster Machärá*. Es kann über eine gute Asphaltstraße erreicht werden. Lohnender ist aber eine Wanderung durch die Schlucht des Pedhiéos-Flusses. Ein grandioses Naturerlebnis mit Orchideenblüte von Februar bis April. Das Kloster Machärá ist eine Neugründung aus der Wende vom 19. zum 20. Jahrh. (nach einer Brandkatastrophe von 1892). Seine Wurzeln gehen jedoch bis auf Kaiser Manuel I. Komnenos (1143–1180) zurück und der sagenhaften Auffindung einer Ikone, in der ein Messer (machári) steckte, aus der Zeit der Bilderstürmer des 8./9. Jh. Etwas außerhalb des Klosters sieht man die Gedenkstätte und Höhle, in der der zyprische Widerstandskämpfer Grigórios Afxentiú am 3. März 1957 von den Briten verbrannt wurde.

Schließlich sei noch auf das *Dorfmuseum Fikárdhos*, ca. 5 km westlich von Machárá hingewiesen. Zu erreichen entweder von Politikó über gute Asphaltstraßen oder zu Fuß vom Kloster aus talabwärts in Richtung Ghúrri/Lazaniá. Fikárdhos ist ein Gebirgsdorf, das bereits im 15. Jh., z. Zt. der Lusignans, existierte (Abb. S. 115).

Das Tróodhos-Gebirge Das Tróodhos-Gebirge mit dem Olymp (1951 m), der höchsten Erhebung der Insel, ist eine faszinierende Kunstlandschaft im doppelten Sinne. Schon die Landschaft allein ist ergreifend. Wasserreiche Täler und windgeschützte Schluchten sind die Heimat einer sehr reichen und vielartigen Flora. Forellen tummeln sich in noch klaren Gebirgsbächen. Duftende Kiefernwälder über-

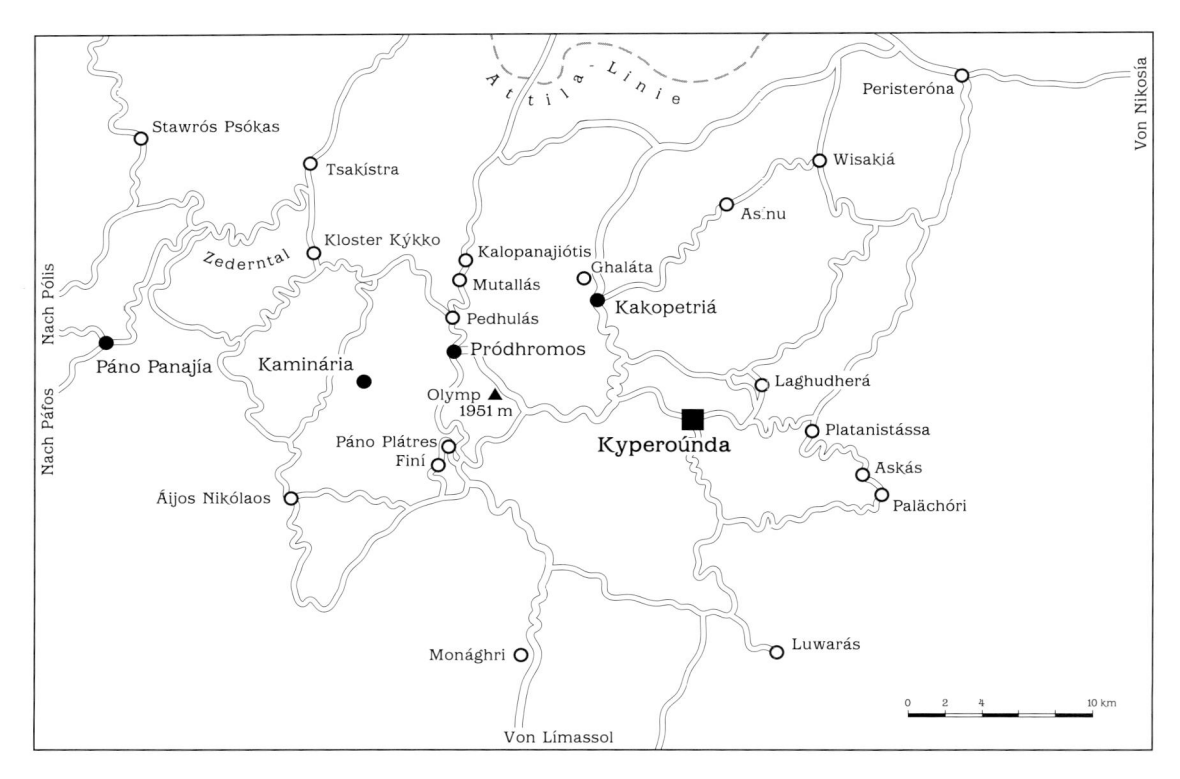

all, sie erinnern an unser heimisches Mittelgebirge. Aber auch Terrassen und sanfte Hänge mit fruchtreichen Weinstöcken gibt es dort; blühende Mandelbäume sowie Zitronen- und Orangenhaine gehören zu den reichen Geschenken der Natur in dieser Region.
Doch das Gebirge zeigt auch Spuren von Schändungen. Der Tagebergbau der Chrom- und Asbestminen bei Amiándos an den nordöstlichen Hängen des Olymps zeigt schlimme Eingriffe in die Natur, die Berg und Tal in eine Kraterlandschaft verwandeln. Überall gibt es aufgerissene Wunden, Hänge, die durch Kahlschlag ihrer Vegetation beraubt sind, gefahrvoller Raubbau mit schwerwiegenden Folgen. Schandflecke in der schönen Natur sind aber auch die Dachlandschaften der meisten Gebirgsdörfer. Mit nur wenigen Ausnahmen (Abb. S. 83) hat man die traditionellen Dächer durch Wellblech ersetzt, viele rosten bereits durch. Und es bleibt zu hoffen, daß bei der neuen Dacheindeckung eine Rückbesinnung auf die traditionellen Architekturformen der Insel erfolgt.
Das Tróodhos-Gebirge ist aber auch eine Schatzkammer byzantinischer Kunst. Es gibt in der gesamten orthodoxen Welt keinen Landschaftsraum, in dem konzentriert so viele und qualitätvolle Beispiele byzantinischer Malerei vom 11. Jh. bis zur nachbyzantinischen Epoche des 17./18. Jh. erhalten sind. Teilweise sind es stolze Dorfkirchen oder Gotteshäuser verlassener Klöster, teilweise sind es Kleinode, versteckt am Wegesrand, die es zu entdecken gilt. Und hat man erst einmal die unscheinbaren, als Scheunen »getarnten« Kirchen betreten, dann ist man nicht selten von der Pracht der Fresken und der Glut ihrer Farben überwältigt.
Für Ihre Erkundungen in Verbindung mit Wanderungen im Tróodhos-Gebirge sollten Sie sich mindestens eine Woche Zeit nehmen. Páno Plátres bietet sich als gut ausgebauter Fremdenverkehrsort (auch für Skiurlaub im Winter!) als ein Standort an. Doch es fehlen diesem Touristenort zyprisches Flair und ganz einfach Zyprer. Einfache und gepflegte Unterkünfte findet man auch in dem Töpferdorf Finí und in Pródhromos (mit eindrucksvollem Blick zur Südküste) sowie mitten im Gebirge in den Dörfern Pedhulás, Mutullás und Kalopanajiótis.
Auf den folgenden Seiten finden Sie Anregungen für Ihre Entdeckungen der byzantinischen Kunst im Tróodhos-Gebirge. Dabei werden auch bedeutende Monumente erwähnt, die auf dem Wege dorthin liegen.

Von Norden, von Nikosía kommend:
Peristeróna (Abb. S. 104): Der Kirchenbau ist ein architekturgeschichtlich bedeutsames Monument aus dem 11. Jh. Dreischiffige Anlage mit fünf Kuppeln und Westnarthex (Vorhalle) nach dem Vorbild der Johannes-Wallfahrtskirche von Ephesos aus der Justinianischen Zeit (6. Jh.). Der Schlüssel für die den hll. Hilarion und Barnabas geweihte Kirche befindet sich im Kaffeehaus am Kirchplatz.
Wisakiá: Am südlichen Dorfrand liegt rechts der Straße (von Norden kommend) die kleine Michaíl Archángelos-Kirche. Den Schlüssel bekommt man im – Richtung Dorf gelegenen – Nachbarhaus. Sie bietet schöne Beispiele volkstümlicher Malerei der nachbyzantinischen Epoche des 16. Jh. Die Architektur zeigt die Satteldachgestaltung mit bemalten Giebelflächen.
Asínu: Den Schlüssel der Kirche erhalten Sie bei dem Dorfpriester in Nikitári, den Sie zur Kirche mitnehmen und wieder heimfahren müssen (Trinkgeld!). Die *Panajía Phorbiótissa*-Kirche ist ein Juwel byzantinischer Kunst (s. Abb. S. 78/79). Die Architektur aus dem Anfang des 12. Jh. wird durch ein zusätzliches Scheunendach geschützt. Die Malerei aus den Jahren 1105/1106 ist von hoher künstlerischer Qualität der komnenischen Stilrichtung und wurde wahrscheinlich von einem Künstler aus Konstantinopel und seinen Schülern ausgeführt. Auch die Fresken aus den Jahren 1332/1333 und aus dem 3. Viertel des 14. Jh. sind von überregionaler Qualität. Von der Asínu-Kirche führt ein angenehmer Wanderweg (ca. 10 km) nach Siná Óros und Ghaláta.
Ghaláta: Von den vier sehenswerten Kirchen des Dorfes seien hier zwei vorgestellt. Die Schlüssel erhalten Sie entweder beim Priester oder beim Fílakas (Wächter) im Kaffeehaus nach der Brücke rechts bei der Platía, dem Dorfplatz. Von Norden kommend erkennt man bereits von der Hauptstraße aus, weit vor dem Dorf, rechts von der Straße die beiden scheunenartigen Kirchen. Etwa 200 m weiter Richtung Dorf liegt unterhalb der Straße das Haus des Priesters. Die *Michíl-Archángelos-*(Panajía Theotókos-)Kirche enthält Fresken aus dem Jahre 1514 von Sýmeon Axénti mit besonders eindrucksvollem ikonographischem Programm, mit Szenen aus dem Leben der Muttergottes und christologischen Themen. Beachtenswert ist die Darstellung Christus vor Pilatus (mit seiner Frau Prokla) und Petrus, der Christus dreimal verleugnet! Die *Panajía Podhíthu*-Kirche birgt Fresken aus dem Jahre 1502 mit stark westlichen Einflüssen (s. die Apostelkommunion in der Apsis und die thronende Muttergottes; Abb. S. 86). Der italobyzantinische Stil wird besonders deutlich in der Kreuzigungsszene des Westgiebels.
Kakopetriá, Ájios Nikólaos tis Stéjis: Die Kirche liegt weit außerhalb, südlich des Dorfes.

Sie ist ein wichtiges Denkmal byzantinischer Kunst des 11. bis 17. Jh. Die Malereien des frühen 11. Jh. (Abb. S. 80) zeigen starke Hinwendungen zur hellenistischen Tradition. Zwar sind sie keine großen Meisterwerke, doch gerade die Ausführung der Gesichter sind beachtenswerte Porträtschöpfungen und zeugen von großem Einfühlungsvermögen des Künstlers. Wichtig sind auch der »Einzug in Jerusalem« und die »Erweckung des Lazarus«, die als Gesamtkomposition im erzählenden Stil dargestellt sind. Für das frühe 12. Jh. sei das Fresko der »Vierzig Märtyrer« (Abb. S. 80/81) erwähnt, das zu den besten Werken dieser Malstufe gehört.

Von Süden, von Límassol kommend:

Luwarás, Ájios Mámas-Kirche: Sie ist über Ájios Fýlla zu erreichen. Neben der Platanistássa-Kirche ist sie eines der Werke, die den Maler in einer Inschrift nennt: Philippos Goul, der die Kirche 1495 ausschmückte. Der Freskenzyklus überrascht durch seine Vollständigkeit und belegt, daß der Künstler sehr detaillierte Kenntnisse der Ikonographie hatte. Beachtenswert ist das Stifterbild mit der auf Zypern im 15./16. Jh. beliebten Porträtdarstellung.

Monághri, Panajía Amásju-Kirche: Von Luwarás aus fährt man erst Richtung Westen nach Ájios Mámas und folgt dann der Hauptstraße nach Límassol. Rechts der Straße liegt, nach ca. 21 km, Monághri. Die Kirche liegt weit außerhalb, südwestlich des Dorfes; den Schlüssel erhält man vom Dorfpriester. Sie ist ein wichtiges Monument mit fragmentarischen Fresken der frühkomnenischen Stilrichtung (Ende und Anfang 12. Jh.), die an die große Kunst der Asínu-Malerei erinnern. Ein Teil der Fresken stammt aus dem Jahre 1564. Beachtenswert ist die Darstellung des hl. Syrídon, der später Schutzheiliger der Insel Korfú wird.

Man fährt die Hauptstraße weiter Richtung Norden bis nach Kyperúnda, hier rechts (Osten) bis nach Chandrá; im Dorf vor der Kirche links nach Laghudherá.

Laghudherá, Panajía tu Arakú-Kirche: Sie birgt Fresken aus dem Jahre 1192, die von Künstlern aus Konstantinopel, u.a. von Leon Authentu ausgeführt wurden (Abb. S. 72). Diese Fresken sind der absolute Höhepunkt der byzantinischen Malerei des neoklassischen Stils für Zypern und dem gesamten Kunstraum von Byzanz. Eindrucksvoll ist die dynamische Bewegung des Erzengels, der mit wehendem Gewand zu Maria eilt, um ihr die Verkündigung zu überbringen (Abb. S. 72). Der strenge Stil Konstantinopels, wie wir ihn von der Asínu-Kirche kennen, zeichnet sich hier durch menschliche Wärme aus. Die distanzierte göttliche Erhabenheit wird zurückgedrängt. Die Panajía Arakiótissa (Abb. S. 73) ist zur besorgten Mutter geworden, das unnahbar Königlich-Göttliche fehlt ihr; dieses Fresko wird zum Vorbild einer Ikonendarstellung. Bewegt und lebendig sind einige der Heiligenköpfe, die porträthafte Züge tragen. Von Laghudherá führt ein sehr schöner Wanderweg (Richtung Nordosten) über die Ausläufer des Pitsiliá-Gebirges zur Hochebene der Stawrós tu Ajiasmáti-Kirche von Platanistássa; ca. 3 bis 4 Stunden über Weinberge und durch Kiefernwälder.

Platanistássa, Stawrós tu Ajiasmáti-Kirche: Sie liegt ca. 5 km nördlich der Ortschaft. Den Schlüssel erhält man im Kaffeehaus des Dorfes, oder man bestellt den Fílakas (Wächter Chr. Makarídhes) telefonisch zur Kirche, falls sie wandern wollen (gutes Trinkgeld erforderlich!). In der Kirche gibt es einen ausführlichen mariologischen und christologischen Freskenzyklus aus dem Jahre 1494 von Philippos Goul. In der Nische der Nordwand fällt eine ikonographische Besonderheit auf: die Kombination der Auffindung des heiligen Kreuzes mit Szenen der Vita Konstantin d. Gr. und Themen des Alten Testamentes mit Moses und der Flucht aus Ägypten. Diese einzigartige Darstellung mag die Hoffnung nach der osmanischen Eroberung von Konstantinopel (1453) ausdrücken, durch das Kreuz Christi und den christlichen Glauben die Freiheit wieder zu erlangen.

Palächóri, Ájios Sáviur tu Sóteros-Kirche: Hier sieht man schöne Malereien mit einem ausführlichen ikonographischen Programm aus der Mitte des 16. Jh. Unter den volkstümlich-naiven Fresken bestechen vor allem die lebensgroßen Soldatenheiligen an der Nordwand. Den Schlüssel erhalten Sie beim Dorfpriester, der gleich neben der Kirche wohnt. Palächóri (Abb. S. 71) und die Nachbarortschaft Askás (Abb. S. 94) gehören zu den schönsten Gebirgsdörfern der Tróodhosregion. Durch die beiden Dörfer fahren Sie auf dem Rückweg von Palächóri nach Chandrá/Kyperúnda.

Von Páno Plátres Richtung Norden ins Tal von Arghákí Karwúna und nach Nordwesten ins Tal von Milikúri:

Pedhulás, Michaíl Archángelos-Kirche: Sie besitzt Fresken aus dem Jahre 1474, gute Malereien eines lokalen Künstlers, dessen Werke im engen Zusammenhang mit den Arbeiten von Philippos Goul stehen. Der überlebensgroße Erzengel Michael als Beschützer der Kirche ist ein gutes Beispiel für die künstlerische Gestaltung von Heiligen während dieser Epoche. Eine ikonographische Besonderheit ist die Heilige des Sonntags (Kyriakí) mit sechs Medaillons der übrigen Wochentag-Heiligen.

Mutullás, Panajía tu Mutullá-Kirche: Der Sakralbau ist in zweifacher Hinsicht bemerkenswert – zum einen ist das Gebäude das älteste architektonische Beispiel mit einer Satteldachkonstruktion und zum anderen zeigen die (teilweise schlecht erhaltenen) Fresken aus dem Jahre 1280 Stileinflüsse von Malereien der Klöster Kappadokiens in der heutigen Türkei.

Kalopanajiótis, Ájios Ioánnis Lampadístis-Kirche: Die verlassene, architektonisch wohlproportionierte und gut gegliederte Klosteranlage lädt zum Verweilen ein (s. Abb. S. 76f). Den Schlüssel der Klosterkirche hat der Dorfpriester. Durch Läuten der Kirchenglocke können Sie ihn herbeirufen. In der Klosterkirche des hl. Heraklídios sind kostbare Schätze der byzantinischen und italo-byzantinischen Kunst vom 13. Jh. bis um 1500 (Fresken in der lateinischen Kapelle) zu finden. Unter dem großen Scheunendach verbergen sich mehrere Kapellen, die im Laufe der Jahrhunderte dem Kreuzkuppel-Ursprungsbau hinzugefügt wurden. Die Malereien aus der 1. Hälfte des 13. Jh. gehören zum strengen Stil der Kunst Konstantinopels. Die kräftigen Umrißlinien, das tiefe Rot als Fleischfarbe in den Gesichtern sowie der Gegensatz der Unbeweglichkeit der wartenden Stadtväter von Jerusalem zu der Dynamik der hereinströmenden Menschen in die Stadt bei der Darstellung »Einzug in Jerusalem« sind charakteristische Merkmale dieser Kunst (s. Abb. S. 77). Aus der Zeit um 1400 ist ein eindrucksvoller Passionszyklus der spätbyzantinischen Epoche erhalten, der wahrscheinlich auf zyprische Passionsspiele des Mittelalters zurückgeht. Die einfache, teilweise volkstümliche Malweise nimmt den Szenen nichts von ihrer Dramatik. Im Narthex sind Malereien aus dem Jahre 1453 erhalten. Und in der nördlich anschließenden lateinischen Kapelle des hl. Ioánnis Lampadístis ist aus der Zeit um 1500 der Akathistus-Hymnus mit stark westlichen Stileinflüssen dargestellt. Es ist ein Marienhymnus, der während der ersten fünf Wochen der Fastenzeit jeden Freitag in 24 Strophen (von Alpha bis Omega) in der orthodoxen Kirche gesungen wird. Er steht im Zusammenhang mit einer durch die Anrufung Mariä aufgehobenen Belagerung Konstantinopels. Der Hymnus wurde im Stehen gesungen, daher sein Name »Akathistus«, »nicht niedergesetzt.«

Kloster Kýkko: Zurück über Mutullás und Pedhulás zur Hauptstraße, rechts Richtung Westen zum Kloster Kýkko. Ein traditionsreiches Kloster, das bis auf die Zeit Kaiser Alexios I. Komnenos (1081-1118) zurückgeht. Der Gründer des Klosters, ein Mönch Namens Kýkko, soll die schwerkranke Tochter des Kaisers geheilt haben und erhielt deshalb von Alexios I. eine Acheiropïitos (»nicht von Menschenhand gemalte«) — Marienikone. Kýkko ist heute das wichtigste mönchische Zentrum orthodoxen Lebens auf Zypern. Die Klostergebäude stammen hauptsächlich aus dem 19. und 20. Jh. Etwas außerhalb des Klosters befindet sich das Mausoleum Makarios III.

Von Kýkko aus haben Sie die Möglichkeit, über Taskístra ins *Zederntal* (Stawrós Psókas) zu fahren, einem unter Naturschutz gestellten Tal mit mehr als 30 000 Zedern (cedrus brevifolia). In dem Naturschutzgebiet gibt es auch ein Gehege für Mufflons, die vom Aussterben bedroht sind. Die Rückfahrt führt über Páno Panajía, dem Geburtsort Makarios III., nach Pólis oder Páfos.

Eine Alternative führt vom Kloster Kýkko durch das *Milikúri-Tal* (Abb. S. 82) über Ájios Nikólaos zurück nach Límassol oder über Kaminária nach Páno Plátres. Das Tal von Milikúri bietet gute Möglichkeiten für kleinere Wanderungen und für Erkundungen der zyprischen Flora, die hier besonders artenreich vertreten ist, besonders Orchideen und Farnpflanzen. In der Ajía Parthénos (Panajía)-Kirche von Kaminária sind Fresken aus dem 1. Viertel des 16. Jh. erhalten, von denen besonders das Stifterbild mit den individuellen Porträts hervorzuheben ist (Abb. S. 30).

Páfos Páfos ist eines der Haupttouristikzentren der Insel Zypern. Der Bauboom seit 1974 hat die Stadt am alten Hafen zu einem anonymen Objekt der Tourismusindustrie gemacht. Páfos — oder genauer gesagt der Stadtteil Káto Páfos — ist nicht Zypern und hat auch kein zyprisches Flair, leider! Sonne, Strand und Hotels sind austauschbar. Wer heute hier wohnt, macht morgen anderswo Urlaub, ohne Zypern zu vermissen, weil er es in Páfos — ebenso in Ajía Nápa — nicht kennengelernt hat. Lediglich in dem abseits der Küste gelegenen Stadtteil, in der Oberstadt, kann man noch zyprische Atmosphäre spüren.

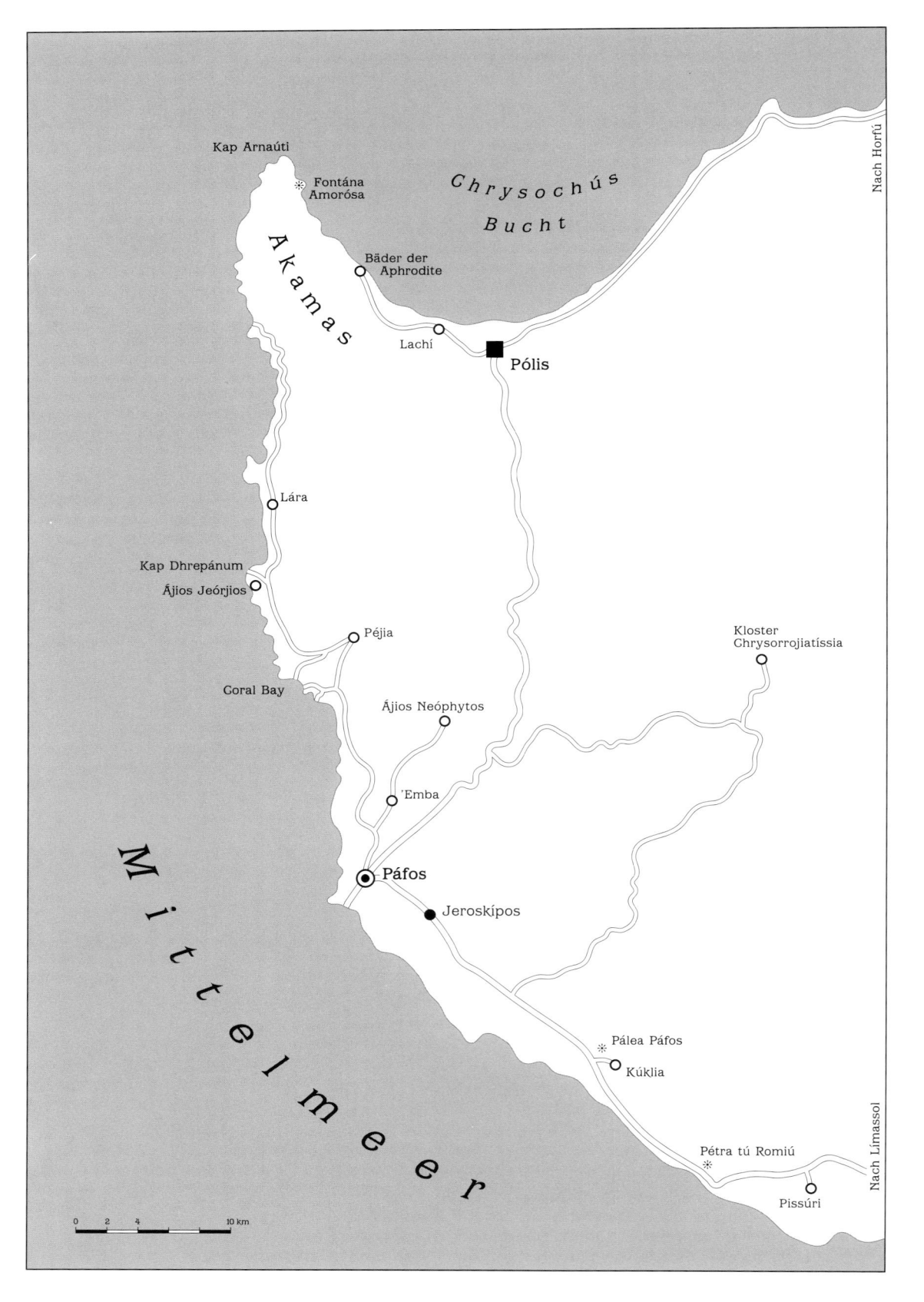

Unmittelbar im Hafenbereich liegt das einzige erhaltene historische Bauwerk in der Touristenmeile: das 1592 von Ahmed Pascha errichtete *türkische Hafenkastell*. Es wurde an der Stelle einer abgerissenen Lusignan-Festung errichtet. Von hier aus verlief, der Küste folgend, die antike Stadtmauer. Das Areal der antiken Stadt nahm ehemals einen Raum von etwa einem Quadratkilometer ein: im Westen bis zur Küste, im Norden bis zu den Steinbrüchen und im Osten bis zu dem öffentlichen Badestrand.

Die »Sonnenseite« von Páfos ist die Antike. Für kunstgeschichtlich Interessierte ist die antike Stadt, das *Néa Páfos*, ein faszinierender Spaziergang in die römische und frühchristliche Epoche Zyperns.

Im Nordwesten liegen die Ausgrabungen der spätantiken Wohnviertel. Hier können vier luxuriöse Häuser mit großartigen Fußbodenmosaiken besichtigt werden. Nach der relativ späten Gründung der Stadt, Ende des 4. Jh. v.Chr. durch Nikokles, wurde Néa Páfos während der ptolemäischen Epoche (294 bis 58 v.Chr.) Hauptstadt der ganzen Insel und stand dann bis 395 n.Chr. unter römischer Herrschaft. Mosaikfußböden waren in der römischen Epoche sehr beliebt. Mit der Ausführung der Arbeiten beschäftigten sich im regen Konkurrenzwettbewerb verschiedene Werkstätten. Es ist nachvollziehbar, daß die teilweise anspruchsvollen künstlerischen Arbeiten, wie etwa die Gestaltung der Hauptfiguren – nicht aber die Kompositionen selbst – von den Werkstattmeistern modelliert wurden. Für die detaillierten, szenischen Darstellungen aus der Welt der griechischen Mythen gab es sogenannte Musterbücher (vergleichbar etwa mit unseren heutigen Tapeten- und Stoffmusterbüchern), aus denen der Bauherr seine Auswahl traf. Dennoch waren Fehler beim Umsetzen von der Vorlage nicht ausgeschlossen. Als Beispiel sei die Mosaikdarstellung des Mythos von Pyramos und Thisbe im »Haus des Dionysos« erwähnt: Da dem Künstler der Mythos nicht geläufig war, stellte er den jungen Geliebten der assyrischen Thisbe als Flußgott Kleinasiens dar. Das Fehlen einiger Beischriften, ebenfalls im »Haus des Dionysios«, wie etwa bei den Mythen von Poseidon und Amymone sowie von Apollon und Daphne, verdeutlichen, daß zwei verschiedene »Musterbücher« als Vorlage dienten.

Das *Haus des Dionysos* ist das etwa 2000 Quadratmeter große Atriumhaus eines wohlhabenden Römers aus der Wende vom 2. zum 3. Jh. n.Chr. Es entstand an der Stelle eines älteren Gebäudes, von dem noch ein Kieselmosaik-Fußboden mit der Darstellung der Skylla aus der Odyssee erhalten ist. Dieses seltene Beispiel früher Mosaikkunst stammt aus dem 4./3. Jh. v.Chr. Heute sind 556 Quadratmeter Mosaike freigelegt. Das Hauptthema der Mosaikdarstellungen ist das Weinfest des Dionysos; daher der moderne Name des Hauses. Neben zahlreichen Szenen aus der Mythologie gibt es auch viele eindrucksvolle Darstellungen mit originellen geometrischen Motiven.

Das erst 1983 entdeckte *Haus des Aion* (Abb. S. 66f) birgt wertvolle Mosaike aus dem 2. Viertel des 4. Jh. n.Chr. Es sind wichtige Beispiele des klassizistischen »Schönen Stils«. Die Ikonographie greift zeitgenössische christliche und traditionelle spätrömische Themen auf. Dargestellt sind fünf figürliche Szenen: »Leda und der Schwan«, die »Geburt des Dionysos«, der »Schönheitswettbewerb zwischen der äthiopischen Königin Kassiopeia und den Töchtern des Nereus«, der »Triumph des Dionysos« und der »Musikwettstreit zwischen Apollon und Marsyas«. Der Entdecker der Mosaike, der polnische Archäologe W. A. Daszewski, interpretiert, ausgehend von der Geburtszene des Dionysos mit Heiligenschein(!), die Gesamtdarstellung als Gegenbewegung zur Anerkennung des Christentums durch Konstantinopel und sagt, daß der Bauherr in Dionysos und nicht in Christus den Erlöser gesehen habe – eine nicht zwingende Deutung, die von vielen Forschern nicht geteilt wird.

Die *Villa des Theseus* ist der ehemalige Sitz des römischen Prokonsuls der Provinz Zypern. Das Gebäude stammt aus der 2. Hälfte des 2. Jh. und wurde bis zum 7. Jh. bewohnt. Die Mosaike stammen deshalb aus unterschiedlichen Zeiten. Die ursprüngliche Bodenverlegung gehört dem späten 3. Jh. an. Bis zum 5. Jh. wurden dann mehrere Ergänzungen und Ausbesserungsarbeiten an den Mosaiken vorgenommen. Insgesamt gehören zu der Villa 9600 Quadratmeter Wohnfläche, von der noch heute ca. 1400 Quadratmeter Fußbodenmosaike erhalten sind. Davon wurden jedoch nur knapp 150 Quadratmeter mit figürlichen mythologischen Szenen gestaltet. Von hoher künstlerischer Qualität ist das *Theseus-Mosaik*, es wurde zur Wende vom 3. zum 4. Jh. verlegt. Ende des 4. Jh., nach einem Erdbeben, wurden die Köpfe von Theseus und der Personifikation Kretas ausgebessert. Der Mythos von Theseus und dem Minotaurus wird hier nicht als Befreiung Athens von der minoischen Herrschaft Kretas dargestellt, sondern »nur« als Triumph des Helden Theseus. Das *Achilleus-Mosaik* (Abb. S. 66) aus dem 5. Jh. ist ein anschauliches Beispiel dafür, in welchem Maße das Christentum ikonographische Anleihen von der Kunst der Spätantike übernommen hat. Dargestellt ist die Geburt Achilleus'. Für uns bedeutsam ist die Badeszene. Damit der sterbliche Sohn die Unsterblichkeit erlangt, läßt die göttliche Mutter Thetis Achilleus in das Wasser des Styx eintauchen. Doch die Hand der Amme Anatrophe vereitelt die Unsterblichkeit. Dort, wo sie den Knaben an der Ferse festhält, umspült kein Wasser die Haut und so wird die Achillesferse die verwundbare Stelle des Halbgottes; er wird vor Troja getötet. Diese beliebte Badeszene der römischen Kunst fand auch in der Geburtsszene Christi ihren Platz. Um den frühen Christen eindeutig zu demonstrieren, daß der Sohn der Jungfrau Maria Gottes Sohn und damit unsterblich ist, griff man auf ein altbekanntes Bild der heidnischen Welt zurück, das für das junge Christentum unmißverständlichen Symbolcharakter hatte.

Das erst 1984 entdeckte Mosaik im *Haus des Orpheus* stammt aus dem späten 2. bzw. frühen 3.Jh. Dargestellt ist Orpheus, der mit seiner Musik die Tiere des Waldes in seinen Bann zieht. Nördlich anschließend liegen die Reste der antiken Agorá, dem Marktplatz, mit dem Odeion und dem Asklepiosheiligtum (2. Jh. n.Chr.).

Unweit des Stadtareals mit den römischen Fußbodenmosaiken, liegen weiter östlich die Baureste des *Kastells »Saránda Kolónnes«* (vierzig Säulen). Die Anlage ist keine byzantinische Gründung, wie bisher angenommen worden war, sondern ein Bau der Lusignans vom Ende des 12. Jh., der jedoch bereits nur wenige Jahre später, 1222, bei einem Erdbeben zerstört wurde.

Im Bereich des modernen Touristenviertels liegen die Grundmauern einer 7- bzw. 5schiffigen *frühchristlichen Basilika* aus dem 4. bzw. 6. Jh., die Reste einer gotischen Kirche und der byzantinischen Kreuzkuppelkirche der Ajía Kyriakí Chrysopolítissa (Abb. S. 88f) – mehr als 1500 Jahre Kontinuität christlicher Sakralarchitektur sind hier sichtbar!

Nördlich außerhalb der antiken Stadtmauer liegen die *»Königsgräber«* (Abb. S. 64f): Römische Peristylbauten der Lebenden wurden zum Vorbild einer in den Felsen hineingebauten Totenstadt. Die zumeist im schweren dorischen Stil errichteten Gräber waren keine Königsgräber, wie der Name vermuten ließe, sondern Grabbauten für wohlhabende Bürger und Beamte der ptolemäischen Herrschaft Zyperns (297 bis 58 v.Chr.). Die Nekropole entstand im 3. Jh. v.Chr. und wurde sechs Jahrhunderte hindurch ununterbrochen benutzt.

Im Bereich der Steinbrüche liegt östlich der Hauptstraße die *Grotte der Ajía Solomoní*. Die Jüdin Solomoní erlitt 168 gemeinsam mit ihren sieben Söhnen den Märtyrertod. Die ursprüngliche Synagoge wurde später zu einer christlichen Felsenkirche.

Sehr lohnend ist auch ein Besuch des *Archäologischen Museums* von Páfos. Eine kleine Sammlung erlesener Stücke illustriert anschaulich die antiken Epochen dieser Region.

Von Páfos aus nach Norden Der Küstenstraße folgend, erreicht man, vorbei an Bananenplantagen, den beliebten Strand von »Coral Bay«. Über Péjia kommt man dann zum *Kap Dhrepánum* mit einem schönen Strand und Privatunterkünften sowie mit den Resten der frühchristlichen Stadt Ájios Jeórjios aus dem 7./8. Jh. Von der Anlage sind bisher nur die Bischofsbasilika mit sehr schönen Mosaiken, zwei weiteren Basiliken und ein Bad ausgegraben. Ältere Felsengräber an der Küste wurden auch von den Christen für ihre Bestattungen benutzt. Nach sieben Kilometern führt die Schotterstraße zu den einsamen Stränden von Lára. Es ist ein Naturschutzgebiet für die vom Aussterben bedrohten Meeresschildkröten »Caretta caretta« und »Chelonia mydas«.

Über die Hauptstraße gelangt man nach ca. 42 Kilometern von Páfos nach Pólis. Das an der Nordküste liegende Pólis ist identisch mit dem antiken Márion, das von Ptolemäus I. zerstört wurde. Es ist eine der wenigen Küstenstädte, die sich noch viel Charme erhalten hat. Bisher sind nur kleine Bereiche der antiken Stadt archäologisch erforscht.

Weiter Richtung Westen gelangt man an der Nordküste zu den *»Bädern der Aphrodite«* (Lutrá Aphrodítis) und zur *Fontána Amorósa*. Beide Stätten erinnern an den mythischen Helden Akamas, nach dem diese nordwestliche Halbinsel Zyperns benannt ist. Entlang der Küste gibt es gute Wandermöglichkeiten. Von dem kleinen Hafen Lachí, westlich von Pólis, können Sie sich mit einem Fischerboot zur Kapspitze bringen lassen, um dann von dort die Strecke von ca. 7 Kilometern, zurück zu den Aphroditebädern, wandern zu können.

Östlich und westlich der Bergstraße Pólis–Páfos liegen einige sehenswerte Kirchen und Klöster, die zusammen bei einem Tagesausflug besichtigt werden können. Von Páfos aus beschrieben sind dies: Die *Panajía Chryseleússa-Kirche* in 'Emba. In der sehr altertümlichen Dorfkirche, die aus zwei hintereinander (von Ost nach West) gereihten Kreuzkuppelkirchen besteht, gibt es gute Fresken vom Ende des 15. Jh. Einige dieser Malereien wurden bei dem Erdbeben von 1953 beschädigt. Eine Kostbarkeit besonderer Art sind der reich geschnitzte und mit Gold belegte Ikonostas aus dem 16. Jh. und die Christus Antiphonítis-Ikone des zyprischen Malers Titos aus dem Jahre 1536 (Abb. S. 69).

Das *Ájios Neóphytos-Kloster.* Die Malereien in der Felsenkapelle und der Klosterkirche des Neóphytos gehören zu den eindrucksvollsten der ganzen Insel (Abb. S. 84f). Als achtzehnjähriger ging der 1134 in Léfkara geborene Neóphytos in das im Pendadháktylos-Gebirge gelegene Kloster Ájios Ioánnis Chrysóstomos. Bereits als Fünfundzwanzigjähriger ließ er sich (1159) als Einsiedler im Páfos-Gebirge nieder. Berühmtheit erlangte er durch seine Kampfschriften (von 1196) gegen die Ausbeutung durch die Byzantiner und Kreuzfahrer. Bereits zu Lebzeiten wurde er von der Bevölkerung hoch verehrt: seine Eremitenhöhle war schon damals ein beliebter Pilgerort. Neóphytos starb 1214/15. Kunstgeschichtlich sind die byzantinischen Fresken aus vier (!) verschiedenen Stilrichtungen von Bedeutung. Die Felsengrotten, die dem Heiligen ursprünglich als Wohnhöhle gedient haben, sind eine überwältigende Felsenarchitektur. Die Malereien aus dem Jahre 1183 stammen von Theodor Apseudes und zeigen die Schaffenskraft eines großen Künstlers aus Konstantinopel, der mit vollendeter Linienführung der neoklassischen Stilauffassung folgt. Nur wenige Jahre später entstanden 1196 in den Höhlen strenge Malereien eines unbekannten Meisters. Der dargestellte Passionszyklus folgt ganz der Stilrichtung, wie sie Ende des 12. Jh. als Gegenbewegung zu der Kunst Konstantinopels in den Klöstern üblich war, dem monastischen Stil. Merkwürdig, ja fast überheblich mutet es den heutigen Betrachter an, daß Neóphytos sich bereits zu Lebzeiten unter die Heiligen einreihen ließ und er sich seinen »Lebenstraum« erfüllt, in dem er sich von zwei Engeln begleiten läßt. Die Übermalungen aus dem Jahre 1503 haben naiven-volkstümlichen Charakter. Die Malereien im Katholikon, der Hauptkirche des Klosters, entstanden in der 1. Hälfte des 16. Jh. Die Reste im nördlichen Seitenschiff zeigen Szenen aus dem Akáthistus-Hymnus und sind hervorragende Werke des italo-byzantinischen Stils (Abb. S. 85).

In eine landschaftlich sehr schöne Gegend führt der Ausflug zum *Kloster Chrysorrojiatíssia* (Abb. S. 102). Die Legende berichtet von einer Gründung im 12. Jh. im Zusammenhang mit der Auffindung einer heiligen Ikone, die der Evangelist Lukas gemalt haben soll. Die heutige Anlage geht auf die 2. Hälfte des 18. Jh. zurück, als Bischof Panáretos von Páfos das Kloster reaktivierte.

Von Páfos aus nach Osten *Jeroskípos,* die »Heiligen Gärten« (der Aphrodite), ist ein traditionsreicher Ort, dessen Wurzel bis weit in die Antike zurückreichen. Wahrscheinlich existierte hier, an der heiligen Straße zwischen Neá Páfos und Pálea Páfos, ein Heiligtum der Aphrodite. Heute birgt die Fünf-Kuppelkirche der *Ajía Paraskewí* aus dem 9./10. Jh. die bedeutendste Sehenswürdigkeit des Ortes. In der Kuppel über dem Altarraum sind Fresken aus der 1. Hälfte des 9. Jh. erhalten (Abb. S. 91). Es sind Werke mit rein geometrischen Motiven, die nach der Zerstörung von Bildwerken mit figuralen Darstellungen während der Zeit des Bilderstreits (des Ikonoklasmus von 726 bis 780 und wiederum von 815 bis 843) geschaffen wurden. Nach der Wiedereinführung der Bilderverehrung wurde der Innenraum Ende des 12. Jh. ausgemalt. Auch von diesen Werken sind wenige Fragmente erhalten. Über der Schicht der komnenischen Malerei liegen Fresken aus dem späten 15. Jh. (Abb. S. 87), die starke westliche Einflüsse zeigen; wie z.B. an den Gewändern und der »Ohnmacht der Gottesmutter«, die bei der Kreuzigung, von tiefem Schmerz erfaßt, zusammenbricht. In Jeroskípos gibt es außerdem ein sehenswertes Volkskundemuseum.

Pálea Páfos/Kúklia. Der Landschaftsraum von Pálea Páfos umspannt eine Siedlungskontinuität von knapp 5000 Jahren (von 2800 v.Chr.

Sitzstatue der Göttin Isis mit dem Horusknaben. Diese älteste bekannte Darstellung einer nährenden Gottesmutter (aus dem 4. Jahrhundert) wurde wahrscheinlich das Vorbild für vergleichbare Darstellungen in der christlichen Ikonographie. Die »nährende Muttergottes« wurde im Aphroditeheiligtum in Pálea Páfos verehrt. (Frühchristlich-Byzantinische Sammlung SMPK Berlin)

bis heute) und eine Kultkontinuität von etwa 1500 Jahren (von um 1200 v.Chr. bis zum 4. Jh. n.Chr.), wobei stets der Aphrodite-Fruchtbarkeitskult im Mittelpunkt der Verehrung stand. Die zu besichtigenden Ausgrabungen von Alt-Páfos erstrecken sich über drei Bereiche: Westlich der heute als Museum genutzten fränkischen Burg »Covocle« der Lusignans breitet sich das Aphrodite-Heiligtum aus. Die Reste sind äußerst spärlich. Imposant sind hingegen die monolithischen Steinblöcke der bronzezeitlichen Temenosmauer (s. Abb. S. 55). Nordöstlich des Dorfs erreicht man Mauerreste der antiken Stadtbefestigung und die »Perserrampe«, ein völlig singulärer Fund, der Einblicke in die ingenieurmäßige Belagerungs- und Verteidigungstechnik gibt. Um den Stadtgraben bei der Belagerung von 498 v.Chr. zu überwinden, schütteten die Perser eine Belagerungsrampe auf, um über diese ihre Rammböcke und Belagerungstürme an die Stadtmauern heranbringen zu können. Die Stadtbewohner von Páfos bauten einen Tunnel unter der Stadtmauer hindurch, um die Rampe so zu unterhöhlen und zum Einsturz zu bringen. Die Verteidigung mißlang!
Südlich der Küstenstraße liegen bei Stáwros Gebäudereste einer mittelalterlichen Zuckerfabrik. Wo vom 14. bis 16. Jh. Zuckerrohr angebaut wurde, gedeihen heute große Erdnußfelder, die im Herbst geerntet werden.
Pétra tú Romiú, heißt der nahe gelegene Aphroditefelsen und mythischer Geburtsort der zyprischen Fruchtbarkeitsgöttin (Abb. S. 29). Etwas weiter östlich, dort wo die Küstenstraße landeinwärts verläuft, beginnt eine schöne Wanderung entlang der Steilfelsen nach Pissúri (Abb. S. 93). Der Weg führt in eine biblische Landschaft. Auf der Hochebene blühen im Februar und März unzählige Anemonen in vielen Farbnuancen.

Límassol Mit 107200 Einwohnern (1982: vgl. 1960 wurden 43593 Einwohner gezählt) ist Límassol (Lemesos) die zweitgrößte Stadt der Insel und zugleich seit der türkischen Besetzung von Nordzypern die neue Handelsmetropole und der neue Haupthafen der Republik. In der Antike und im frühen Mittelalter spielte dieser Siedlungsraum nie eine besondere Rolle, er stand immer im Schatten der nur fünfzehn Kilometer weiter östlich gelegenen antiken Stadt Ámathus. Das heutige Límassol bestand damals nur aus einem byzantinischen Kastell und einer lockeren Streusiedlung. Ende des 12. Jh. ereigneten sich vor der Küste historische Geschehnisse, die Stoff für ein buntes und schillerndes Drama geben könnten: 1184 ernennt Isaak Dukas Komnenos, ein Angehöriger der byzantinischen Kaiserfamilie der Komnenen, despotisch seinen eigenen Patriarchen, der ihn dann zum (einzigen) Kaiser von Zypern krönt. Während seiner willkürlichen und grausamen Herrschaft strandet auf der Fahrt zum 3. Kreuzzug (1189-1192) das Schiff der Braut von Richard Löwenherz, Berengaria von Navarra, im Mai 1191 an der Küste von Ámathus. Rechtzeitig kann König Richard III. das Schlimmste verhindern. Er rettet seine Braut vor der Gefangennahme durch die Truppen Isaaks. Im Sturm erobert der Engländer Zypern, zerstört Ámathus und zwingt Isaak zur Flucht. Anfänglich findet er in der Kantára-Burg (Abb. S. 125) Schutz, dann im Andréas-Kloster auf der Halbinsel Karpasía. 1194 oder 1195 stirbt er in der Festung Margat bei Tripolis in Syrien. Richard Löwenherz und Berengaria hingegen heiraten am 12. Mai 1191 in der Ájios-Jeórijós-Burgkapelle der byzantinischen *Festung von Límassol*. Von diesem Zeitpunkt an entwickelt sich der Ort zur Stadt. Anfang des 14. Jh. wird die Burg von den Lusignans größtenteils abgerissen und neugebaut. Heute ist in der Anlage ein kleines Museum für mittelalterliche Kunst untergebracht. Empfehlenswert ist auch der Besuch des *Archäologischen Museums* (Richtung Ámathus beim Stadtpark). Es birgt schöne Funde von kleineren Ausgrabungen im Gebiet von Límassol. Lohnend ist auch ein Rundgang in dem weiten Grabungsareal der antiken Stadt *Ámathus*, in dem seit einigen Jahren intensiv geforscht wird. Die bisherigen Ergebnisse erlauben jedoch noch keine detaillierte Rekonstruktion der Stadt und ihrer Geschichte. Im Bereich der Küste wurden 1989 Teile der Hafenbefestigung freigelegt. Auf der Akropolis fand man Architektur vom 7. Jh. v.Chr. bis zu frühchristlichen Epochen (Basilika). Der bedeutendste Fund in diesem Bereich sind Reste des Aphrodite-Heiligtums aus dem 7. Jh. v.Chr., das um 300 v.Chr. zerstört wurde. Östlich von Akropolis und Hafen, nördlich der Küstenstraße, liegen imposante Reste der römischen Agorá, dem Marktplatz, die zur Unterstadt gehörte.

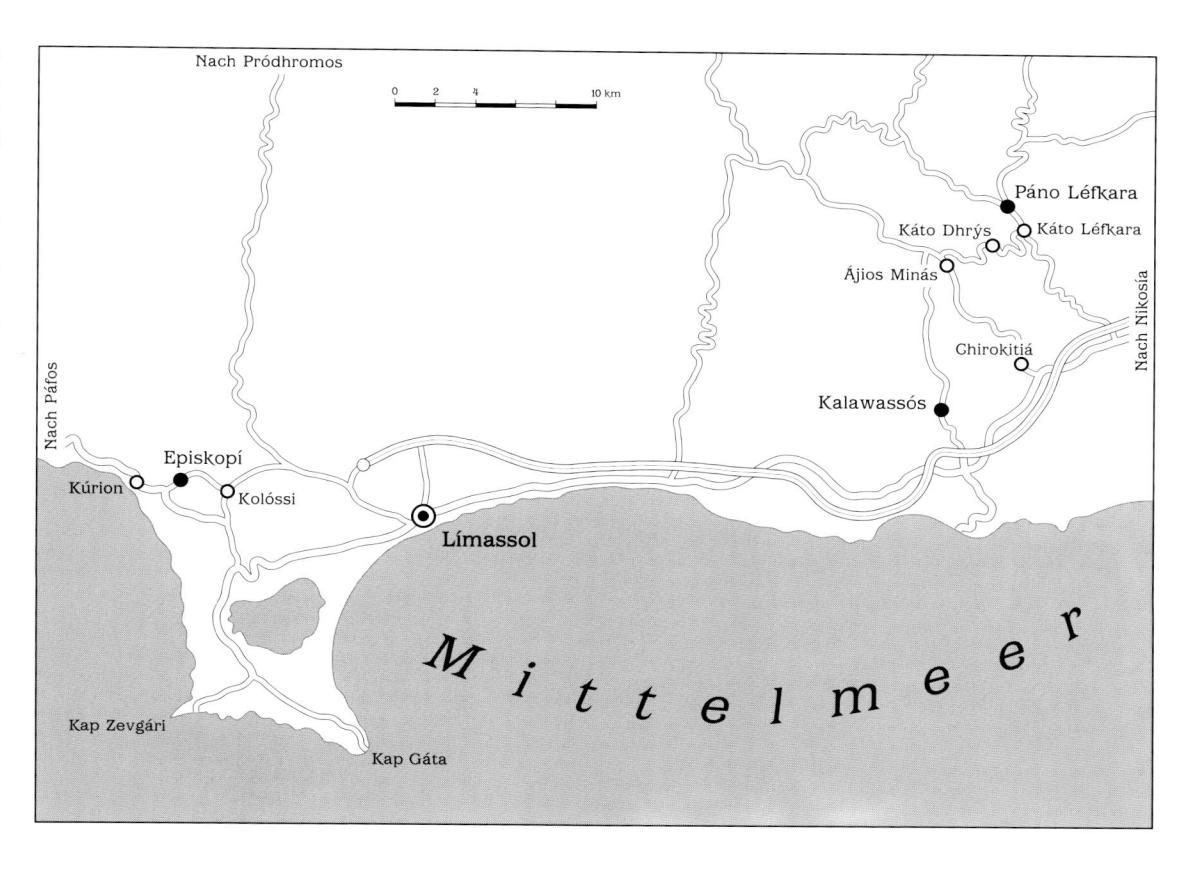

Kúrion In Kúrion ergänzen sich Mythos und Archäologie und bestätigen, daß Siedler aus der Argolis/Peloponnes dieses Gebiet im 13. Jh. v.Chr. kolonisierten. Das antike Stadtgebiet breitet sich hoch oben auf ca. siebzig Meter hohen Steilfelsen in beherrschender Lage, etwa einen Kilometer parallel zur Südküste, aus. Die Siedlungskontinuität reicht bis in die Mitte des 7. Jh. n. Chr. Zu diesem Zeitpunkt wurde Kúrion als blühende frühchristliche Stadt und Bischofsitz von den Arabern völlig zerstört, die Zypern schnell wie ein Lauffeuer eroberten. Das Grabungsgebiet von Kúrion gehört heute zu den sehenswertesten archäologischen Stätten der ganzen Insel. Nahezu die gesamte Architektur, die besichtigt werden kann, gehört zu Bauten, die alle aus den nachchristlichen Jahrhunderten stammen. Südlich der Küstenstraße breiten sich bis zur Kapspitze Akropolis und Wohnviertel aus, von denen bisher nur geringe Flächen erforscht wurden. Unmittelbar an der Straße liegt links das Haus des Achilleus. Von hier erstreckt sich die antike Wohnstadt bis zum Säulenportikus des römischen Forums. Das *Achilleus-Mosaik* (Abb. S. 61) aus der 1. Hälfte des 4. Jh. n. Chr. hat den Mythos zum Inhalt, daß Odysseus den am Königshof des Lykomedes von Skyros als Mädchen verkleideten Achilleus überlistet, dieser sich zu erkennen gibt und zu seinen Waffen greift, um in den Trojanischen Krieg zu ziehen. Die Darstellung des Helden kann als ikonographische Vorlage für die spätere byzantinische Malerei angesehen werden. Haltung und Bewegung des Achilleus erinnern an den Engel in der Verkündigungsszene (vergleiche Abb. S. 61 mit Abb. S. 74). Im »*Haus der Gladiatoren*« konnten zwei Mosaike mit Gladiatorenkampfszenen freigelegt werden, die ins 3./4. Jh. gehören. Es sind völlig einzigartige Darstellungen in dem gesamten östlichen Mittelmeerraum! Weiter südlich schließen das 45 m mal 15 m große *Nymphäon* (15–370 n. Chr.), die Hauptwasserversorgung der antiken Stadt, sowie ein 65 m langer und 4,5 m breiter Portikus eines öffentlichen Gebäudes vom Ende des 3. Jh. n. Chr. an. Die monumentale *Bischofskirche* aus dem 5. bis 7. Jh. läßt erahnen, welche Macht und welchen Einfluß die frühchristlichen Bischöfe bereits gehabt haben. Der Grundriß zeigt eine interessante architektonische Lösung: die dreischiffige Basilika mit den Katechumena-Seitenschiffen für die noch nicht Getauften und die Taufkirche sowie das Atrium und der Bischofspalast verschmelzen zu einer Einheit. In dem Stadtraum zwischen Basilika und Theater wurde ein Gebäude freigelegt, in dem ein grausiger Fund gemacht wurde: 365 oder 367 muß das Erdbeben eine Familie überrascht haben. In dem Haus lagen die Skelette eines Maultieres, eines 10jährigen Mädchens und vier erwachsener Menschen. Ganz im Süden der Akropolis befindet sich das *antike Theater* (Abb. S. 60). Die wechselhafte Baugeschichte reicht vom 2. Jh. v. Chr. bis zum 4. Jh. n. Chr. Ein Vorgängerbau aus der Zeit des Hellenismus ist bekannt. Wie vor knapp 2000 Jahren bietet das Theaterrund auch heute noch – bei den Sommerfestspielen – 3500 Zuschauern Platz. Das *Haus des Eustolios* entstand erst nach der Zerstörung des Theaters zu Beginn des 5. Jh. Es war das Privathaus eines wohlhabenden Römers und bestand aus mehr als 35 Räumen sowie einer großen Badeanlage mit Kalt-, Warm- und Heißbad. Bemerkenswert sind die Fußbodenmosaike, die kunstvolle geometrische sowie Tier- und Pflanzenmotive zeigen. Besonders erwähnenswert ist eine Inschrift, die erwähnt, daß »dieses Haus umgürtet (ist) von vielverehrten Symbolen Christi«! Unterhalb des Steilfelsen gibt es einen schönen Strand mit einfachen Tavernen. Bei der Fahrt dorthin liegt rechts der Schotterstraße die sehr altertümliche byzantinische *Ájios Ermojénis-Kirche* aus – vermutlich – dem 8./9. Jh. Weiter östlich, auf der anderen Straßenseite, breitet sich der Bereich der *Nekropole von Kaloríziki* aus, die vom 12./11. Jh. v. Chr. bis zur römischen Epoche benutzt wurde. Zu den schönsten Funden dieser Totenstätte zählt das Gold-Email-Zepter mit zwei bekrönenden Vögeln aus dem 11. Jh. v. Chr. (s. Abb. S. 150), ein wichtiger Beweis für das Eindringen mykenischer Kunstströmungen nach Zypern. Vielleicht gehörte das Zepter sogar einem eingewanderten König aus dem mykenischen Arkadien?

Nördlich der Küstenstraße nach Páfos liegen drei Monumente außerhalb der antiken Stadtmauer: Die »*kleine Basilika*« mit Narthex und Atrium stammt aus dem Ende des 5. Jh. Das *Stadion* ist ein Bau des 2. Jh., bot ca. 6000 Zuschauern Raum und wurde bis um 400 n. Chr. benutzt. Etwa einen Kilometer von der antiken Stadt entfernt, liegen die Baureste des *Apollon Hylates-Heiligtums*. Die archäologischen Funde beweisen eine Kultkontinuität vom 8. Jh. v. Chr. bis zum 5. Jh. n. Chr. »Hylates« heißt der »Beschützer der Wälder«, ein Beiname des Gottes, der völlig singulär und nur für Zypern bezeugt ist. Wahrscheinlich handelt es sich hier um die Verschmelzung einer einheimischen Vegetationsgottheit mit dem eingewanderten Apollon. Die bedeutendsten Funde sind ein Steinaltar aus der archaischen Epoche (7./6. Jh. v. Chr.) und ein »kreisförmiger Kultplatz« aus dem 1. Jh. n. Chr. Bei letzterem entdeckte man auch sieben Erdvertiefungen für heilige Bäume. Die hier gefundenen Terrakotten stellen den Reigentanz – um einen heiligen Baum – dar. Die Räume des Heiligtums, Palästra (Anfang 1. Jh. n. Chr.), die »Schatzkammer« (1./2. Jh. n. Chr.) und die Stoa (4. Jh. v. bis 3./4. Jh. n. Chr.), gruppieren sich um einen Hof, von dem die heilige Straße zum Apollon-Tempel verläuft. Er ist ein Antentempel mit vier Frontsäulen und ganz eigenwilligen Kapitellen aus dem 3. Viertel des 1. Jh. n. Chr.

Kolóssi, der ehemalige Sitz des Johanniterordens, führt uns in die Zeit der Kreuzzüge: Bereits vor dem 1. Kreuzzug (1096-1099) und der Eroberung Jerusalems (1099) bestand in der Heiligen Stadt ein von Kaufleuten aus Amalfi gegründetes Pilgerspital, das unter der Leitung seines Meisters Gerhard (1120) stand. Mit der Errichtung der Kreuzfahrerherrschaft steigerte sich der Zustrom christlicher Pilger aus dem Abendland beträchtlich. Wer sich auf die gefährliche Reise zu den heiligen Stätten begab, wurde vom Papst all seiner Sünden losgesprochen. So wurde die einstige Pilgerherberge in Jerusalem mehr und mehr zu einer wohlorganisierten Institution zur Pflege kranker Pilger ausgebaut. Während der vierzigjährigen Amtszeit des Raymund du Puy (1120-1160) entwickelt sich die ursprüngliche Spitalbruderschaft zu einem fest umrissenen Ritterorden mit eigenen Regeln und kirchlicher Rechtstellung. Auch fällt in seine Regierungszeit die zunehmende Militarisierung des Ordens, der sich aus der Notwendigkeit heraus entwickelt hatte, die Pilger sicher von den Hafenstädten nach Jerusalem zu geleiten. Die Ordensmitglieder stellten fortan ihre Waffen in den Dienst der Kirche. Die Idee eines »miles Christi« war geboren, so daß etwa ab 1140 die Ordensbrüder als Ritter auch Kriegsdienst leisteten. Als 1291 Akkon als letzter christlicher Stützpunkt der Kreuzritter im Osten endgültig den ägyptischen Mamelucken in die Hände fällt, fliehen die sieben überlebenden Johanniter und ihr schwer verwundeter Großmeister zu ihrem kleinen Besitz auf Zypern. Mit dem Verlust Akkons war die Zeit der großen Kreuzzüge praktisch zu Ende gegangen. Entfiel damit auch die Legitimation für die christlichen Orden, für die Johanniter, den Deutschen Ritterorden und für die Templer? Nein! Die Johanniter verlegten nun ihren Hauptsitz nach Zypern, zu ihrer bereits 1210 von Großmeister Garin de Montaigu gegründeten Burg Kolóssi. Die verhältnismäßig geringe Zeitspanne von 1290 bis 1305 (endgültig 1310) auf Zypern bis zur Etablierung ihrer Macht auf Rhodos (bis 1522/1523) nutzten die Johanniter, um ihren Orden völlig neu zu organisieren. Aber Zypern konnte nicht die neue Heimat des Ordens werden. Zwar widerfuhr den Johannitern nicht das grausame Schicksal der Templer, die in Frankreich als Ketzer hingerichtet und deren Orden 1312 von Papst Clemens V. aufgelöst wurde, doch sie mußten schon bald die Insel verlassen. Kolóssi war aber eine wichtige Station in der ruhmreichen Geschichte des Ordens und blieb noch zwei Jahrhunderte im Besitz der Johanniter. Ab 1310 begann für sie auf Rhodos ihr »goldenes Zeitalter«.

Die Burg Kolóssi wurde von den Johannitern erst 1210 gegründet. Ihren Besitz auf Zypern bauten sie im 14./15. Jh. als Zuckerrohrplantage aus. Die zyprische Zuckerrohrproduktion spielte im Mittelalter eine bedeutende Rolle. Von den alten Johannitergebäuden sind kaum noch nennenswerte Baureste erhalten. Die heutige Burg, der wehrhafte Wohnturm, Donjon genannt, (Abb. S. 57) stammt aus der Zeit um 1450. Seine Ostwand schmückt ein interessantes Ensemble in Stein modellierter Johanniter-Wappen (Abb. S. 56): Links das von Jean B. de Lastic (1437-1454), in der Mitte das königliche Wappen mit den Löwen für Zypern und Armenien, rechts das von Jacques de Milly (1454-1461) und unten das von Louis de Magnac, der von 1450 bis 1468 Ordensvorsteher der Johanniter auf Zypern war. Westlich des »Wohnturmes« existiert noch die Halle für die Zuckerrohrherstellung. Auch die Wasserleitung und die Mühle für die Zuckerrohrzerkleinerung ist noch erhalten.

Chirokitiá Die Jungsteinzeitsiedlung von Chirokitiá (Abb. S. 54) gehört zu den beeindruckendsten Sehenswürdigkeiten der Insel. An einem flachen Hang gruppieren sich links und rechts einer befestigten »Straße« mehrere Rundhütten, von denen noch die steinernen Fundamente erhalten sind. Bisher wurden noch nicht alle Häuser ausgegraben. In dem Dorf lebten in der Zeit ab 7000 v. Chr. etwa 300 bis 600 Menschen. Die Hütten waren Wohnraum für die Lebenden und zugleich Totenstätten (mit Beisetzungen unter den Fußböden). Nach etwa 1000 Jahren wird die Siedlungskontinuität für ca. eineinhalb Jahrtausende aus unbekannten Gründen jäh unterbrochen. Erst ab 4500 v. Chr., während des Neolithikums II, siedeln wieder neu eingewanderte Menschen in Chirokitiá. Empfehlenswert ist auch eine Wanderung zu dem Grabungsgelände von *Kalawassós*, mit Siedlungsspuren vom Neolithikum bis zur Bronzezeit.

Das lebendige Zypern des 20. Jh. kann man im *Frauenkloster Ájios Minás* und dem Gebirgsdorf *Páno Léfkara* kennenlernen. Eine schöne Wanderung führt vom oberen Dorfrand Richtung Südwesten um den markanten Berggipfel herum nach Káto Dhrýs und Káto Léfkara. In Káto Léfkara gibt es in der *Michaíl Archángelos-Kuppelkirche* wenige, aber gut erhaltene Fresken vom Ende des 12. Jh. Léfkara ist besonders berühmt wegen seiner traditionsreichen Stickerei-Handarbeiten. So soll u.a. auf einem Gemälde von Leonardo da Vinci, das den Mailänder Dom darstellt, eine »Léfkara-Stickerei« den Altar schmücken.

Lárnaka Die Stadt Lárnaka (Lárnax) mit ihren 48 300 Einwohnern (1982), das antike Kítion, entwickelte sich nach der türkischen Invasion von 1974 und der Besetzung Nordzyperns zu einem wichtigen Wirtschafts- und Touristenzentrum Zyperns: Der internationale Flughafen wurde hierher verlegt; auch erlebte der Hafen einen großen Aufschwung. Er ist heute der zweitwichtigste der Insel.

Die sehr lebendige und vom »Tourismusbazillus« noch nicht allzu stark erfaßte Stadt bietet einige interessante Sehenswürdigkeiten: Besonders reizvoll ist die Strandpromenade mit ihrer Palmenallee und diversen Kaffeehäusern und Tavernen. Das *antike Kítion* wurde bisher an zwei Stellen in der Stadt untersucht. An den Straßen Kímonos/Einar Jirstád entdeckte man ein Heiligtum aus der späten Bronzezeit des 13./12. Jh. v. Chr., das in Verbindung mit einer Bronzewerkstatt stand und nördlich der Ódhos Archipískopu Kyprianú konnten die Grundmauern des phönizischen Astartetempels aus dem 8. Jh. v. Chr. freigelegt werden. Kítion war von ca. 800 v. Chr. bis 312 v. Chr. ein eigenständiges Königreich der Phönizier, die hier im Südosten Zyperns ihre eigenständige Kultur und Sprache lebten. Im Jahre 312 v. Chr. wird schließlich auch dann der letzte phönizische König Pumiathon nach der ptolemäischen Eroberung von König Ptolemäus I. hingerichtet.

Aus byzantinischer Zeit ist die *Lazaruskirche* des 10. Jh. das herausragende Monument der Stadt. Der für Zypern in mittelbyzantinischer Zeit übliche Mehrkuppelbau wurde auch in Lárnaka realisiert, wie die Bauten in Peristeróna und Ájios Bárnabas erkennen lassen.

Zu dieser Zeit hieß die Stadt noch Kítion. Lusignans und Venezianer nannten sie nach den noch heute intakten Salinen und dem Salzsee (s. Abb. S. 70) »Salines«. Erst zu Beginn der Osmanenherrschaft, gegen Ende des 16., Anfang des 17. Jh. erhielt der Ort aufgrund zahlreicher antiker Gräber mit Sarkophagen (griechisch Larnax), die hier zutage kamen, seinen heutigen Namen.

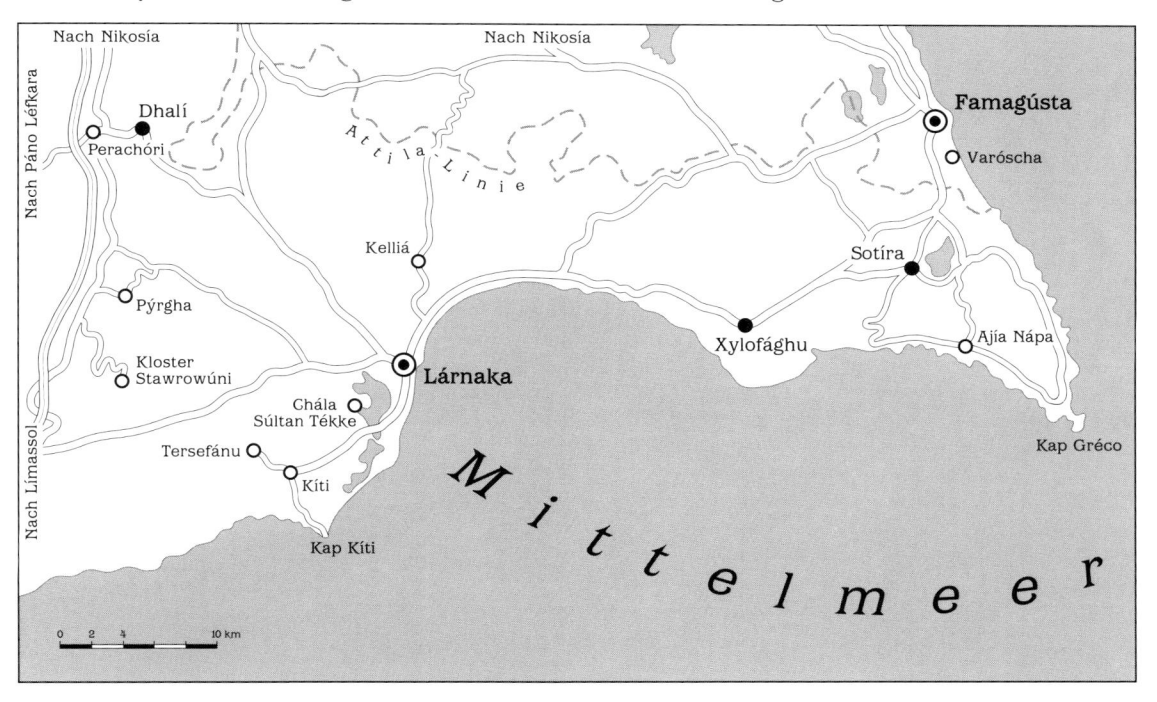

Die kraftvolle Architektur der Lazaruskirche wurde teilweise mit Säulen und korinthischen Kapitellen des antiken Kítion gebaut. Im Innenraum gewährt das unverputzte Quadermauerwerk gute Einblicke in die Konstruktion des Kuppelbaus. Die einzelnen Bauglieder sind daran gut erkennbar. Die Verschmelzung von zwei Tonnengewölben zu einem Vierungsquadrat mit Pendentifs und Tambour steht anschaulich vor dem Betrachter. Der älteste Teil der Kirche ist die Krypta. Hier fand man um 890 einen Sarkophag mit dem Namenszug »Lazarus«. Die Gebeine in dem Grab hielt man demnach für Reliquien des von Christus erweckten Lazarus. Um 900 von Kaiser Leon I. nach Konstantinopel überführt, gehörten sie 1204 zur Kriegsbeute der Kreuzfahrer und gelangten nach Marseille, wo der Heilige ebenfalls verehrt wird. So die eine Legende. Eine andere, aus dem 11./12. Jh., berichtet, daß Lazarus nach seiner Auferstehung direkt nach Marseille gekommen und dort auch verstorben sei.

Aus osmanischer Zeit sind in der Stadt noch die kleine *Türkische Festung* von 1625 an der Palmenpromenade, in der heute das Museum für bronzezeitliche Funde Kítions untergebracht ist, und der 10 km lange Aquädukt (1746-1750) mit seinen kräftigen Arkaden erhalten (Abb. S. 116).

Das *Archäologische Museum* zeigt einen guten Überblick über die Funde des antiken Kítion; hier gibt es aber auch Exponate aus Chirokitiá, Áros und von anderen Grabungen. Besonders empfehlenswert ist ein Besuch der »*Privatsammlung Pierídhes*« in der Ódhos Zinonós Kítios. Mehr als 2500 Exponate geben Einblicke in die kulturelle Entwicklung Zyperns vom Neolithikum bis zur byzantinischen Epoche. Der reiche Kaufmann Demétrios Pierídhes (1811-1895) legte den Grundstein für die Sammlung, als Zypern noch zum Osmanischen Reich bzw. zur Türkei gehörte. Nunmehr haben fünf Generationen die Sammlung erweitert.

Von Lárnaka aus nach Westen *Chála Súltan Tékke*, moslemisches Heiligtum am Salzsee von Lárnaka (Abb. S. 70). Die Geschichte dieses Ortes hängt mit den Arabereinfällen in Zypern im Jahre 647 zusammen. In diesem Eroberungsjahr begleitete Umm Haram, Pflegemutter oder Tante Mohammeds, ihren Mann Ubada, den Statthalter Palästinas, nach Zypern. Hier, an den Ufern des Salzsees, fiel sie vom Pferd und verstarb. Ihre Grabstätte gehört zu den wichtigsten Heiligtümern der moslemischen Welt. Die heutigen Bauwerke, Moschee und Grabgebäude, ließ Seyyit Emis Effendi, osmanischer Verwalter Zyperns, 1816 errichten.

Kíti, Panajía Angelóktistos-Kirche (Abb. S. 90). Ein Weltkulturdenkmal von unschätzbarem Wert. Die »von Engeln erbaute« (angelóktistos) Kirche entstand im 6. Jh. als frühchristliche Basilika und wurde in der 2. Hälfte des 6. Jh.mit kostbaren Mosaiken ausgeschmückt. Es sind wichtige Beispiele frühbyzantinischer Kunst, die für vergleichende Studien mit den Meisterwerken von San Vitale in Ravenna herangezogen werden. Da der Ikonoklasmus nahezu alle Kunstwerke der frühchristlichen Epochen zerstörte, kommt diesen Werken ganz besondere Bedeutung zu, verstärkt auch deshalb, weil im türkisch besetzten Teil Nordzyperns aus zwei Kirchen Mosaike aus der gleichen Epoche gestohlen wurden. Die frühchristliche Basilika wurde Opfer der Arabereinfälle. Nur Teile der Apsis mit ihrem Mosaikschmuck blieben erhalten. Im 10./11. Jh. entstand die heutige Kuppelkirche. Beachtenswert ist auch eine Ikone des Erzengels Michael mit Einflüssen der Kretischen Schule (15./16. Jh.).

Tersefánu. Etwa 1,5 km außerhalb des Dorfes nordwestlich befindet sich die Ájios Jeórjios-Kirche mit Fresken aus dem Jahre 1747. Es ist ein interessantes Monument, das über das Verhältnis zwischen Osmanen und Griechen erzählt: Das Stifterbild zeigt den Dragoman Christofákis mit seiner Familie, die alle türkischen Gewänder tragen. Auch dokumentiert dieser Bau die Religionsfreiheit unter osmanischer Herrschaft. Griechisch-orthodoxe Christen durften ihre eigenen Gotteshäuser bauen. Folgt man der Küstenstraße durch die fruchtbaren Ländereien bis nach Mazotós/Alaminós, dann erreicht man bei Konfínu die Hauptstraße und die Autobahn Límassol-Nikosía (nach Lárnaka ist die Autobahn noch im Bau). Kurz vor der Hauptstraße sieht man eine verlassene Moschee der Türken – gepflegt und sauber, nicht geplündert und geschändet!

Kloster Stawrowúni. Ein nur für Männer (ohne Fotoapparate) zugängliches Männerkloster in grandioser Lage hoch oben auf der Spitze eines Kegelberges (688 m). Bei guter Sicht reicht der Blick bis nach Nikosía und zum Pendadháktylos-Gebirge, nach Famagústa und der Ostküste sowie in die Ebene von Lárnaka. Die Gründung des Klosters geht auf die Auffindung des Heiligen Kreuzes durch die Mutter Konstantin d. Gr., Helena, zurück, die 327 auf Zypern dieses Kloster gegründet haben soll. Die heutigen Klostergebäude stammen aus dem 17./18. Jh. Es ist eine architektonisch sehr reizvolle Anlage. Die Klosterkirche wird z. Zt. von dem Mönch Kallinikós mit byzantinischen Fresken des tradierten ikonographischen Programms ausgemalt, und zwar nicht nur inhaltlich, sondern auch formal. Kallinikós wohnt unten im Wirtschaftskloster Ajía Warwára, er malt und verkauft dort Ikonen.

Pýrgha mit seiner gotischen »Königskapelle« und Fresken mit französischen Beischriften aus dem Jahre 1421 ist ein lohnender Abstecher. Auf dem Stifterbild sind wahrscheinlich der Lusignankönig Janus mit seiner Frau Charlotte von Bourbon dargestellt. Am westlichen Dorfrand von *Perachóri* (Péra Chorión) erhebt sich auf einem Friedhof die kleine *Ajíi Apóstoli-Kirche*. Im Innenraum sind seltene (schlecht erhaltene) Fresken aus der Zeit zwischen 1160 und 1180 zu sehen. Etwa 2 km hinter *Dhalí*, in Richtung Potamía, gelangt man zur *Ájios Demetriánus-Kirche*. Die Kreuzkuppel-Kirche steht im freien Gelände links bzw. nördlich der Straße und birgt qualitätvolle Fresken aus dem Jahre 1317. Besonders eindrucksvoll ist das Stifterbild mit Michaíl Katzurúbis und seiner Frau.

Von Lárnaka aus nach Osten *Kelliá*, 5 km nordöstlich von Lárnaka gelegen, war bis 1974 nur von türkischen Zyprern bewohnt (1960 waren es 411 Einwohner). Mitten im Dorf steht auf einer kleinen Erhebung die Kreuztonnenkirche des *Ájios Antónios*. Hier wurden seltene Fresken aus dem frühen 11. Jh. freigelegt. In der *Ájios Jeórjios*-Kirche von Xylofághu existieren Fresken aus dem späten 15. Jh. Der reich geschnitzte Ikonastas ist ein Werk aus dem Jahre 1722. – Schließlich sei noch das Touristengetto Ajía Nápa erwähnt. Es ist ein abschreckendes Beispiel für mißlungene Tourismusindustrie. Von dem ehemaligen Fischerdorf ist nichts mehr erhalten. Das Kloster aus dem Jahre 1530 wird von Souvenirläden und Tavernen erdrückt. An den Stränden steht eine Häßlichkeit neben der anderen. Die Hotels mit ihren – allerdings sehr schönen – Sandstränden werden für Tausende zum »Touristengrill«.

Nordzypern

Zwei Routen bieten sich für einen Tagesausflug nach Nordzypern alternativ an: Die erste, die Nordoststrecke, führt von Nikosía aus durch die Messóriaebene in Richtung Osten und über Stýlli weiter zu dem Ausgrabungsgelände der bronzezeitlichen Stadt 'Enkomi. Von hier aus ist es nicht weit zum Kloster Barnabas. Weiter fährt man zu den Königsgräbern von Salamis und in die Römerstadt Salamis, von dort aus nach Famagústa und zurück in Richtung Nikosía bis nach Neochóri. Von Neochóri fährt man ins Pendadháktylosgebirge, nach Buffavénto und wieder ans Meer nach Kyrínia. Dann weiter nach St. Hilárion, zum Kloster Bellapais und schließlich wieder nach Nikosía zurück. Für diesen Ausflug benötigt man etwa zehn Stunden Zeit – und ein gutes Auto.

Der zweite Routenvorschlag führt nach Nordwesten: Von Nikosía aus über St. Hilárion nach Kyrínia und Bellapais. Weiter an der Küste entlang nach Lápithos, dann ins Landesinnere nach Morfú. Von dort aus in den östlichen Zipfel Nordzyperns, nach Sóli und Vuní und schließlich über Morfú zurück nach Nikosía. Dieser Ausflug dauert etwa sechs bis acht Stunden.

Kyrínia (Kyrénia) (Abb. S. 120) ist die schönste Hafenstadt Zyperns. Mittelalterliche Bausubstanz der Lusignans, Venezianer und Osmanen verleihen dem malerischen Hafen, den Straßen und Plätzen eine wohltuende Atmosphäre. Die Tatsache hingegen, daß in der Stadt alles Griechische aufgehört hat zu existieren – 1974 lebten hier noch ca. 4000 griechische Zyprer und 800 türkische Zyprer –, daß es keine griechische Straßenbezeichnung und überhaupt kein griechisches Leben mehr in Kyrínia gibt, erzeugt Unwohlsein und erinnert an die politische Brisanz des Zypernkonflikts, der durch die türkische Besetzung eine neue Dimension erhalten hat.

Die bedeutendste Sehenswürdigkeit ist das mittelalterliche *Kastell* mit seinem »Schiffswrack-Museum«. Das von vier kräftigen Eckbastionen geschützte Kastell geht in seiner heutigen architektonischen Gestalt auf die venezianischen Baumaßnahmen von 1544 zurück. Im Ursprung war die Anlage jedoch ein Römerkastell, das im 11. Jh. die Byzantiner und nach 1191 die Lusignans erweiterten und erheblich umgestalteten. An die byzantinische Zeit erinnert noch die griechisch-orthodoxe Kirche des 12. Jh., die auf der nordwestlichen Bastion steht. Im östlichen Trakt des Kastells ist das 1968 gehobene Wrack eines griechischen Schiffes aus dem 4. Jh. v. Chr. ausgestellt (Abb. S. 122), das nach 262 v. Chr. vor Kyrínia untergegangen ist. Die genaue Datierung des Untergangs ergibt sich aus der gehobenen Schiffsladung. Das in 33 m Tiefe gefundene Schiff war ein Einmaster mit einer Länge von 14,75 m und einer Breite von 3,40 m. Insgesamt fand man 404 Amphoren, die alle aus dem Ende des 4. Jh. v. Chr. stammen und mit Wein und Öl gefüllt waren. Die mehr als 10 000 gefundenen Mandeln wurden entsprechend einer Radiokarbonanalyse zwischen 288 und 262 v. Chr. geerntet. Das Holz des Schiffes stammt dagegen aus dem Anfang des 4. Jh. v. Chr. Damit sind die Daten für die Herstellung und den Untergang eindeutig abgegrenzt. In den antiken Steinbrüchen östlich des Kastells, etwa 100 m von der Küste entfernt, gibt es in der *Felsenkapelle* des Ájios Mávra höchst seltene Fresken vom Ende des 10. Jh., Fresken aus dem Beginn der nachikonoklastischen Zeit sind im gesamten byzantinischen Kunstraum eine große Rarität.

Ausflüge in das Pendadháktylos-Gebirge

Ein besonderes Naturerlebnis ist der Besuch der drei »Bergschlösser«: St. Hilárion (Abb. S. 124), Buffavénto und Kantára (Abb. S. 125). Alle drei Burgen entstanden zur Zeit der Byzantiner, gegen Ende des 11. Jh. Die Festungen hatten Sichtkontakt untereinander und waren als Schutz vor eindringende Völker aus Anatolien geplant. Die nur 65 km entfernt Küste Asiens vor der Nordküste Zyperns war schon immer eine große Gefahr für die Insel. Durch die exponierte Lage der drei Burgen im Pendadháktylos-Gebirge hatten sie auch die Funktion eines »Frühwarnsystems«. *St. Hilárion* (725 m) wurde im 10. Jh. als byzantinisches Kloster geplant, von dem noch der architekturgeschichtlich bedeutsame Acht-Stützen-Typus der Klosterkirche erhalten ist. Namenspatron war der heilige Hilarion von Gaza (um 291 bis um 371), der in Palästina das erste Kloster gründete und im Bezirk von Páfos verstarb. Erst viel später, Ende des 11. Jhs., erfolgte die byzantinische Befestigung. Von den Lusignans um 1230 und um 1391 als Sommerresidenz ausgebaut, hatte sie bei den Venezianern (ab 1489) keine Verteidigungsfunktion mehr und wurde aufgegeben. *Buffavénto* (954 m) liegt südöstlich von Kyrínia und erlitt ein ähnliches Schicksal wie St. Hilárion. *Kantára* (630 m) liegt an den östlichen Ausläufern des Pendadháktylos-Gebirges und wurde ebenfalls Ende des 15. Jh. von den Venezianern aufgegeben.

Ein trauriges Schicksal widerfuhr den byzantinischen Kunstschätzen im Pendadháktylos-Gebirge nach der türkischen Invasion von 1974: Das *Kloster Ájios Ioánnis Chrysóstomos*, nördlich von Kutsowéndis, ist eine Gründung aus dem Jahre 1090. Dieser heilige Ort war die erste Station des erst achtzehnjährigen Neóphytos, bevor er sich nördlich von Páfos als Einsiedler niederließ. Das Kloster wurde 1891 restauriert und wird heute von der türkischen Armee als Kaserne genutzt. Unter welchen Zerstörungen und Kunstdiebstählen die Kirche gelitten hat, ist unbekannt. Das Kloster kann nicht besichtigt werden! Bis 1974 gab es dort wertvolle Malereien aus den Jahren 1110 bis 1118, eine umfangreiche Ikonensammlung und kostbare Manuskripte. Doch die bange Frage drängt sich auf, ob es dies alles heute noch gibt? Das armenische Kloster *Sourp Magar* ist heute eine Ruine. Alle Kostbarkeiten sind gestohlen. Altar und Kirchenraum sind geschändet ... Die Klosterkirche *Antifonitís* südlich von Kalográa zeigt besonders starke Zerstörungen: In der Apsis wurden von dem Fresko vom Ende des 12. Jh. der Kopf des Erzengels Michael ganz und der von Gabriel teilweise zerstört (Abb. S. 130). Hier müssen die Diebe bei ihrer barbarischen Plünderung gestört worden sein. Von den Malereien des späten 15. Jh. fehlen das »Jüngste Gericht« an der Nordwand und der »Stammbaum Jesse« an der Südwand. Die noch erhaltenen Fresken des 12. Jh. sind jedoch große Meisterwerke. Sie und der Acht-Stützen-Typus der Kuppelkirche inmitten einer beeindruckenden Landschaft sind ein wichtiges Reiseziel in Nordzypern.

Unweit von Kyrínia entfernt lockt *Bellapais* (Abb. S. 123) mit seiner gotischen Klosterarchitektur. Es ist in der Tat ein wunderschöner Ort. Hier kann man lange verweilen und einfach nur »dasein«! Das »Abbaie de la Pais«, die »Weiße Abtei«, benannt nach der weißen Kleidung der Prämonstratenser-Mönche, war ein Lieblingsort der Lusignans und galt Jahrhunderte als das schönste Kloster der Levante. Das um 1200 von Franziskanern gegründete und bereits 1206 von den »Weißen Mönchen« übernommene Kloster ist eine gotische Anlage aus dem 14. Jh. Die drei Wappen an dem Türsturz zum Refektorium (Abb. S. 122) gehören Hugo IV. (1324-1359) und verweisen auf den großen Förderer des Klosters.

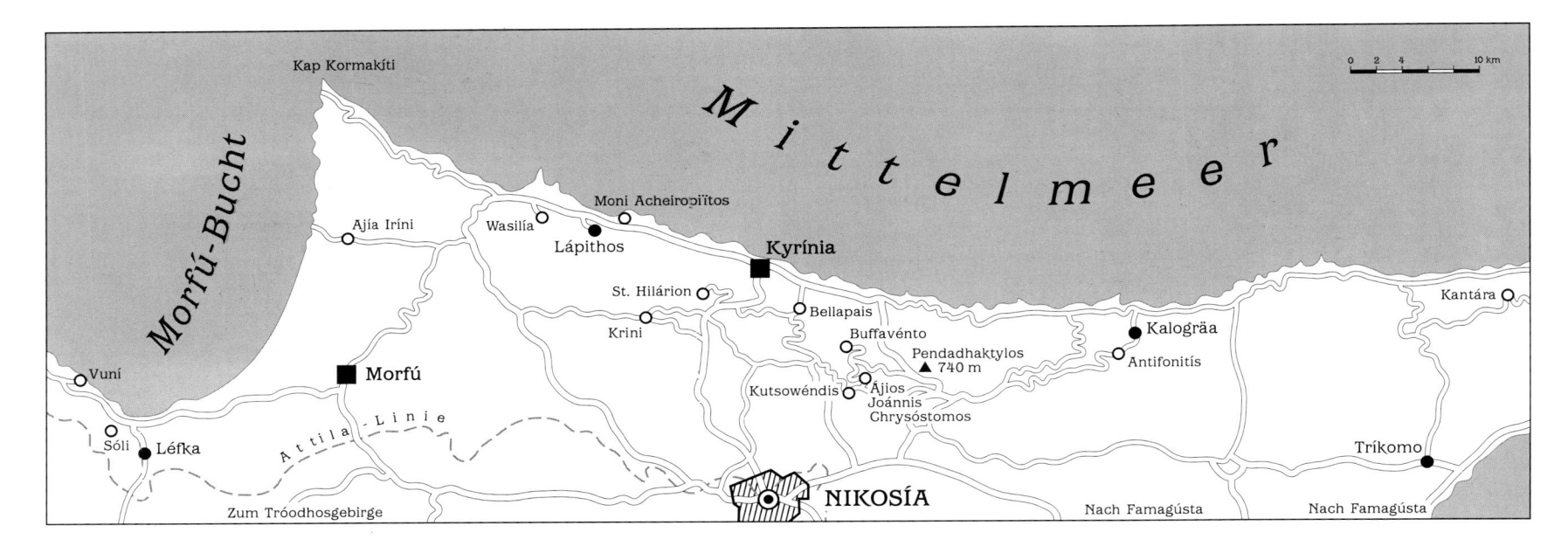

Die Morfú-Bucht und die Nordküste *Moní Acheiropíitos* bei Lápithos. Das Kloster ist nicht zugänglich und wird vom türkischen Militär bewohnt. Die Klosterkirche und der Ikonostas sind all ihrer Kunstschätze beraubt (Abb. S. 130).

Ajía Iríni, nahe der Westküste, nördlich von Morfú. Hier wurde 1929 ein Freilichtheiligtum mit über zweihundert Terrakottafiguren aus der Zeit zwischen 625 und 500 v. Chr. gefunden (Abb. S. 150). Die Küstenregion gehört heute zum Sperrgebiet der türkischen Besatzungstruppen und darf nicht betreten werden.

Sóli. Dem Mythos nach ist die Stadt eine Gründung von Akamas, der der nordwestlichen Inselspitze Zyperns ihren Namen gab. Neolithische Siedlungsspuren in diesem Küstenstreifen sind gesichert. Um 700 v. Chr. erfolgte weiter westlich die erste Gründung der Stadt. Um 600 v. Chr. besuchte der athenische Staatsmann Solon die Stadt und König Philokypros. Er soll dem König geraten haben, die Stadt zu der heute bekannten Stelle zu verlegen. Im Laufe der Jahrhunderte hat sich jedoch der Küstenverlauf verändert. Der antike Hafen des 4. bis 2. Jh. v. Chr. liegt landeinwärts etwa einen Meter über dem Meeresspiegel. Zur Römerzeit wurden die Kupferminen von Sóli ausgebeutet. Von der antiken Stadt sind besonders sehenswert das hellenistische bzw. römische Theater und die frühchristliche Basilika aus dem 5. Jh. mit reichem Dekor bei den Fußbodenmosaiken.

Vuní. Der Palast von Vuní führt in die vorchristlichen Jahrhunderte der persischen Vorherrschaft über Zypern (546 bis 332 v. Chr.). Die Palastanlage entstand um 500 v. Chr. und wurde um 380 v. Chr. durch eine Feuerkatastrophe zerstört. Die Lage, hoch oben auf einem 255 m hohen Hügelplateau, ist großartig und war sicherlich von strategischer Bedeutung. Weit reicht der Blick nach Westen und Osten entlang der Nordküste und nach Süden bis hin zum Tróodhos-Gebirge. Die Besonderheit von Vuní ist seine Architektur bzw. seine Grundrißlösung. Sie zeigt nahe Verwandtschaft mit dem achämenidischen Vier-Liwan-Typus Persiens. Das ist ein Gebäude mit vier Seitenflügeln, die sich um einen gemeinsamen Zentralhof gruppieren. Genau diese Zentralhofanordnung ist in Vuní bei dem Gründungsbau feststellbar. Erst die Umbau- bzw. Erweiterungsmaßnahmen der späteren Jahrzehnte verwässerten diese klare Architekturlösung. Möglicherweise war Vuní der Sitz eines persischen Satrapen (Statthalters) oder eine Gründung des perserfreundlichen Königs Doxandros von dem nahegelegenen Marion, dem heutigen Pólis.

Die Halbinsel Karpasía *Tríkomo*. An der Ausfahrtstraße nach Lefkóniko steht links der Straße die Panajía Theotókos-Kirche. Der Innenraum birgt wertvolle Fresken aus dem 12. Jh. Und sie sind nicht zerstört oder gestohlen, wie sonst bei den griechisch-orthodoxen Kirchen im von türkischen Truppen besetzten Nordteil der Insel! Die Malereien knüpfen an die große Kunsttradition Zyperns von Asínu und Lagudherá an. Besonders sehenswert sind der Kuppelpantokrator (Christus als Weltherrscher) und die figuralen Szenen im östlichen Teil des südlichen Seitenschiffes. *Lythrágomi*, Panajía Kanakariá-Kirche. Die kraftvolle Architektur der Kuppelkirche (s. Abb. S. 140) von Lythrágomi ist ein Nachfolgebau einer frühchristlichen Basilika des 6. Jh. Mit Ausnahme der Apsis und Teilen des Altarraumes wurde dieser Bau während der Araberzeit zerstört. Der Wiederaufbau unter Einbeziehung der frühchristlichen Bausubstanz erfolgte im 11./12. Jh. Von der Pracht des frühchristlichen Innenraumes zeugten bis 1974 die aus dem 6. Jh. erhaltenen Apsismosaike. Sie wurden jedoch gestohlen und auf den amerikanischen Kunstmarkt gebracht (Abb. S. 140).

Etwa 2 km nach Jalússa zweigt von der schönen Küstenlinie rechts eine schmale Asphaltstraße nach *Ajía Triás* ab. Noch vor der Ortschaft liegen rechts die eindrucksvollen Grundmauern einer frühchristlichen Basilika mit Taufkirche aus dem frühen 5. Jh. In den Seitenschiffen sowie in Mittelschiff und Narthex sind ausgezeichnete Fußbodenmosaike mit phantasievollen geometrischen Motiven erhalten (s. Abb. S. 141), wie wir sie von Syrien und Palästina her kennen. Sowohl der Basilika als auch der südöstlich anschließenden Taufkirche sind Atriumhöfe vorgelagert.

Im Rizokárpaso zweigt Richtung Norden eine Straße zur Nordküste und zur *Ájios Fílon-Basilika* ab (Abb. S. 142). Die Küstenregion von Ájios Fílon ist ein bedeutender frühchristlicher Ort. Die von den Arabern zerstörte Hauptstadt der Halbinsel, Karpasía, die in diesem Gebiet lag, wurde bisher noch nicht ausgegraben. Philon, der Bischof von Karpasía (368 bis 403) soll hier eine erste Basilika gegründet haben. Die freigelegte dreischiffige Anlage mit Atrium und Taufkirche gehört hingegen ins 6. Jh.; eine Datierung, die sich vor allem aufgrund der Fußbodenmosaike ergibt. Die Ruine der Kreuzkuppelkirche, ein Vier-Stützen-Typus mit schöner Fassadengliederung, gehört dem 10./11. Jh. an und nimmt die Stelle der frühchristlichen Basilika ein. Knapp 3 km weiter nordöstlich liegen direkt an der Küste die Ruinen der Stadt *Aféndrika* mit Resten von drei mittelbyzantinischen Kirchen. In der Spätantike war Aféndrika eine der bedeutendsten Städte Zyperns. Heute erinnern nur noch spärliche Reste eines Akropolishügels daran.

Moní Ájios Andréas. Nur wenige Kilometer vor der Kapspitze liegt das Kloster des hl. Andréas, des Schutzheiligen der Insel Zypern. Die Gebäude stammen größtenteils aus der Zeit von 1867 bis 1895, die Anbauten aus dem 20. Jh., unmittelbar an der Küste lehnt sich eine gotische Kapelle des 15. Jh. an die Felswand und bildet so das Untergeschoß für die Hauptkirche. Nach der Vertreibung der griechischen Zyprer durch die türkischen Truppen leben auf der ganzen Halbinsel nur noch wenige Hundert Zyprer griechischer Abstammung. Ein orthodoxer Priester im Kloster ist zum Bewahrer griechischer Kultur geworden. Er darf Gottesdienste in der Klosterkirche zelebrieren. Ikonostas und Inventar sind nicht gestohlen – nur die wertvollsten Ikonen ... An der Kapspitze soll der Apostel Andréas erstmals zyprischen Boden betreten haben. In der Antike gab es hier einen Aphrodite Akraia-Tempel, von dem jedoch keinerlei Reste erhalten sind. Auf den gegenüberliegenden Klidhés-Felsinseln hat man menschliche Spuren aus der Zeit des Neolithikums gefunden.

Famagústa Famagústa (Ammóchostos): Zu der Zeit, als Salamis, das römische Constantia, noch eine blühende Stadt war, existierte an der heutigen Stelle von Famagústa nur ein bescheidenes Fischerdorf mit dem Namen Ammóchostos (»im Sande versunken«). Erst als Constantia während der Arabereinfälle im 7. Jh. dem Erdboden gleich gemacht worden war, siedelten Flüchtlinge der antiken Stadt nach Ammóchostos um. Als dann schließlich der byzantinische Kaiser Johannes II. Komnenos den Ort fördert und im Jahre 1136 Armenier hier ansiedelt, erlebt die Stadt einen wirtschaftlichen Aufschwung und eine kulturelle Blüte. Als Bollwerk gegen die heidnische Welt der Moslems erhält die Stadt im 14./15. Jh. auch die Unterstützung des Papstes, der die christlichen Kaufleute unter Androhung der Exkommunikation auffordert, ihre Handelsschiffe in Famagústa zu ankern. Mit der endgültigen Niederlage der Kreuzfahrer im Heiligen Land und dem Verlust von Akkon (1291) kommen immer mehr Kaufleute nach Zypern. Famagústa wird die christliche Handelsmetropole der Levante und »Krönungsstadt der Könige von Jerusalem«. Anfang des 14. Jh. zählt sie mehr als 70 000 Einwohner. Alle wichtigen europäischen Zentren wie Mailand, Venedig, Genua u. a. unterhalten hier Handelsvertretungen. Aus dieser Zeit sind in Famagústa noch zahlreiche, vor allem gotische Monumente erhalten.

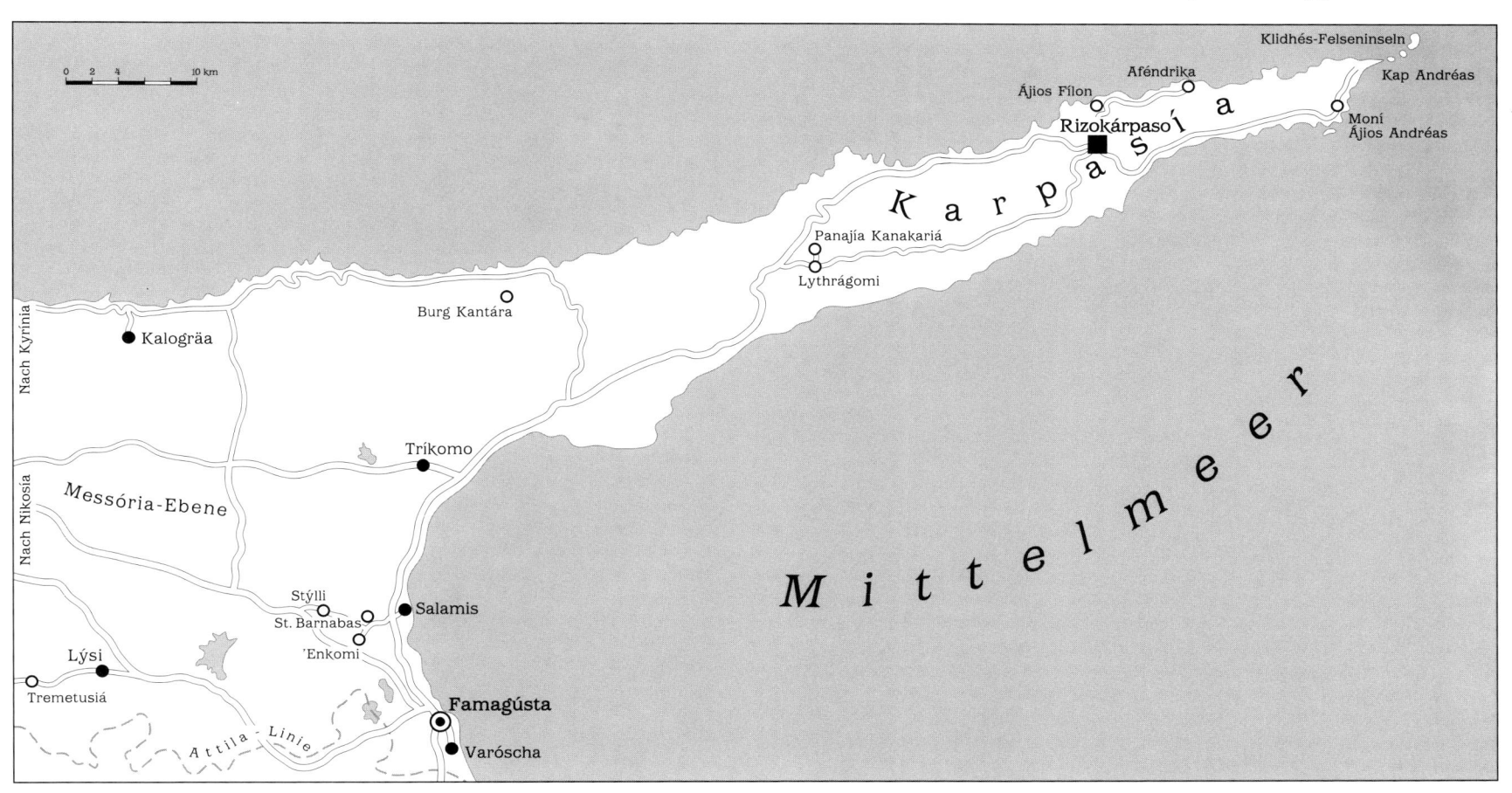

Die imposante *Stadtbefestigung* mit ihren zwei Eckbastionen und elf Türmen ist ein Werk der Venezianer vom 15./16. Jh., in die wenige Reste der Lusignan-Stadtmauer einbezogen sind. Zur Hafenseite hin erhebt sich die *Zitadelle*, »*Othello-Turm*« (Abb. S. 132) genannt. Auch sie ist eine Gründung der Lusignans aus dem 14. Jh., die 1480 von Nicolo Foscarini umgestaltet wurde. Möglicherweise lebte in Famagústa tatsächlich der »Mohr von Venedig«, der für Shakespeares »Othello« Stoff lieferte. Shakespeare spricht zwar nicht eindeutig von Famagústa, sondern nur von einer Hafenstadt Zyperns, doch in der damaligen Zeit kann damit nur die Hafenmetropole der Insel gemeint sein. Und tatsächlich lassen sich auch zwei historische Personen anführen, die zum Othello-Drama passen: Erstens Christoforo Moro (der Mohr!), der von 1506 bis 1508 Vizegouverneur Venedigs in Famagústa war, zweitens Francesco de Sessa, der 1544 von Süditalien als Soldat Venedigs zwangsweise nach Famagústa versetzt wurde. Er soll aufgrund seiner schwarzen Hautfarbe den Namen »Il Capitano Moro« erhalten haben!

Dominierendes Bauwerk der Stadt ist die gotische *Nikolaus-Kathedrale* (Abb. S. 134f). Sie überragt das weite Häusermeer und ist Wahrzeichen der Stadt. Seit Jahrhunderten (ab 1571) steht sie im Zeichen des Halbmondes: Ein gotischer Sakralraum, in dem die Lehre Mohammeds verkündet wird, ist für uns Abendländer ein merkwürdiges, befremdendes und zugleich kosmopolitisches Bild. Die Kathedrale von Famagústa wurde in nur 28 Jahren, in der Zeit von 1298 bis 1326 errichtet. Die Lusignan-Könige Zyperns waren zugleich auch die Könige von Jerusalem. Ihren Anspruch auf den doppelten Thron demonstrierten sie dadurch, daß die Königskrönung für Zypern in der Kathedrale von Nikosía und die für Jerusalem in der Kathedrale von Famagústa erfolgte. Die gotische Architektur zeigt reine, unverfälschte Merkmale des einfachen Stils, wie er besonders in Frankreich üblich war. Kräftige Säulen stützen die Arkaden, darüber drängen Dienstbündel hoch bis ins Gewölbe. Den Mittelgiebel über dem Westportal gliedern drei Lanzettbögen mit sechs Maßwerkfenstern, bekrönend darüber der Rosettenabschluß. Alles ist – frei von Veränderungen späterer Jahrhunderte – rein gotisch geblieben. Nur an der Westfassade wurde der nördliche Wimperg von den Osmanen zu einem Minarett umgestaltet. Der gotische Stil der Nikolaus-Kathedrale wurde für alle übrigen Bauwerke von Famagústa zum Vorbild.

Ájios Jeórjios der Griechen. Südlich der Kathedrale gibt es die Ruine der orthodoxen Bischofskirche. Die Bauglieder des Innenraumes und die der Fassaden zeigen eigenwillige Vermischungen aus byzantinischen und gotischen Architekturelementen. Im südlichen Seitenschiff sind noch Fragmente italo-byzantinischer Malereien des 16. Jh. erhalten. Von diesem Nebenschiff aus gelangt man in die byzantinische Ájios Symeon-Kirche. Sie verkörpert den interessanten Typus einer Kreuztonnenkirche. Hier soll auch der Bischof von Salamis/Constantia, Epiphánios (310-406), bestattet worden sein, allerdings verweist ein anderer Bericht auf die Basilika von Salamis.

Rein byzantinische Formen zeigen zwei Kirchen südlich der Ájios Jeórjios der Griechen-Kirche, nahe der venezianischen Festungsmauer: die Ruine der Ájios Nikólaos-Kirche und die Ajía Zóni-Kirche, beide aus dem 14./15. Jh. Im Nordwesten der Stadt, nahe der Stadtmauer, liegt die *Ájios Jeórjios Exorinós*-Kirche, die 1359 von dem nestorianischen Kaufmann Frances Lachas gegründet wurde. Die Gotik ist hier nicht »himmelstürmend«, sondern durch die byzantinischen Architekturelemente gedrungen, nicht lichtdurchflutet, sondern eher mystisch dringt das Licht in den Innenraum.

Gotik in reinster Form, besonders in der Gewölbekonstruktion, kann man eindrucksvoll in der *Peter und Paul-Kirche* sehen, die heute als Stadtbibliothek genutzt wird. Das ehemals christliche Gotteshaus wurde in der 2. Hälfte des 14. Jh. von Simone Nostrano gegründet. Auch bei diesem Beispiel konnten sich die Baumeister nicht ganz von byzantinischem Formengut lösen, was besonders bei der kraftvollen, wenig »gotisch« gegliederten Apsis erkennbar wird.

Lohnende Spaziergänge führen durch den Stadtgraben, entlang der venezianischen Befestigung und über die Mauerkrone der West- und Südwand. Gerade von der Martinengo-Bastion und dem Landtor aus bieten sich vielfältige Einblicke in die Altstadt.

Richtung Süden, entlang der Küste, erreicht man nach ca. zwanzig Minuten *Varóscha*, die vom türkischen Militär hermetisch abgeriegelte Hotel- und Wohnstadt der griechischen Zyprer, in der vor 1974 etwa 30000 Menschen lebten. Stacheldraht und Mauern, dahinter zerschossene Häuser und Soldaten mit aufgesteckten Bajonetten...

Salamis Salamis, das römische Constantia, liegt nur knapp 8 km nördlich von Famagústa, direkt an der Ostküste. Während der griechischen Einwanderung nach Zypern im 11. Jh. v. Chr. wurde das bronzezeitliche 'Enkomi zerstört und verlassen. Seine Bewohner gründeten an der Küste eine neue Hafenstadt, das antike Salamis. Seit dieser Zeit sind Siedlungsspuren in dieser Küstenregion nachgewiesen. Der mythische Gründer ist Teukros, Sohn des Telamon. Mit Euagoras I. (410 bis 374/373 v. Chr.) konnte das Stadtkönigtum Salamis sogar die Alleinherrschaft über Zypern erringen. Auch z. Zt. der Ptolemäer beherrschte Salamis die ganze Insel. Nikokreon, der letzte König der Stadt, wurde 311/310 v. Chr. in den Selbstmord getrieben, da er sich von dem Bündnis mit den Ptolemäern lossagen wollte. Eine neue Blüte erlebte Salamis unter den Römern. 342 n. Chr. von einem Erdbeben zerstört, ließ Constantius II. (317-361) die Stadt neu aufbauen, die wieder Hauptstadt der Insel wurde und nach ihm den Namen Constantia erhielt. Im 7. Jh. wurde die Stadt von den Arabern völlig zerstört.

Die zu besichtigenden Baureste von Salamis gehören alle der römischen und frühchristlichen Epoche an. Die Stadt der archaischen und klassischen Epoche, die etwas weiter südlich gelegen haben muß, wurde bisher archäologisch noch nicht untersucht. Das ausgegrabene römische Areal erstreckt sich über knapp einen Quadratkilometer. Von Bäumen und Macchia überwuchert, ist eine Wanderung durch das antike Salamis ein Abenteuer. Immer wieder entdeckt man antike Säulen und Kapitelle, Grundmauern von Häusern und Reste von Fußbodenmosaiken, die einen guten Eindruck von der ehemaligen Pracht dieser Stadt vermitteln. Keine andere Ausgrabung einer antiken Stadt Zyperns ist so beeindruckend wie Salamis. Im Norden bilden die Palästra mit dem Gymnasion, das Amphitheater und das Theater die Hauptgruppe der Sehenswürdigkeiten (Abb. S. 138f). Die *Palästra* (52,5 m mal 39,5 m) geht im Ursprung auf Ptolemäos V. Epiphanes (210-180 v. Chr.) zurück. Bei dem Wiederaufbau, nach den Erdbebenschäden des 4. nachchristlichen Jahrhunderts, erhielt sie die Form, wie wir sie heute fragmentarisch sehen. Die ehemalige Übungsstätte für Athleten wurde im Westen und Süden zugemauert und als Hofgarten für die östlich anschließenden *Thermen* genutzt, die erst aus dem 4. Jh. n. Chr. stammen. In den Nischengewölben der Nordhalle und des Frigidarium gibt es interessante Mosaikfragmente der spätrömischen Kunst: Euratos aus dem Mythos Leda und der Schwan (Zeus) sowie Apollon und Artemis im Kampf gegen die Niobiden. Nach Süden schließen Stadion und Amphitheater an, die im Gelände allerdings kaum erkennbar sind. Eine von Säulen flankierte Straße führt zum *Theater*. Es geht auf die Zeit Kaiser Augustus zurück und wurde im 1./2. Jh. n. Chr. sowie nach dem Erdbeben umgestaltet und erneuert. Es bietet 15000 Zuschauern Raum und entspricht in seinem Entwurf römischen Theaterbauten Kleinasiens. Aus frühchristlicher Zeit sind besonders zwei Basiliken erwähnenswert: Das älteste christliche Gotteshaus der Stadt ist die *Epiphánios-Basilika* aus dem Ende des 4. Jh. Im Südosten schließt ein Kuppelbau des 8./9. Jh. an, von dem ebenfalls nur die Grundmauern erhalten sind. Der Name der Kirche geht auf Epiphánios, Bischof von Salamis (368-403), zurück, der wahrscheinlich hier seine letzte Ruhe fand. Die *Kampanópetra-Basilika* aus dem 6. Jh. gehört zu den größten frühchristlichen Bauten des gesamten Mittelmeerraumes. Wie in Kúrion ist sie dreischiffig und hat Nebenschiffe für die Katechumenen, d.h. für die noch nicht Getauften. Im Westen und Osten schließt jeweils ein Atrium an. Der tieferliegende Hof im Osten ist als kostbarer Marmorfußboden gestaltet, der zu den schönsten Beispielen der gesamten römischen Kunst Zyperns zählt.

Ohne Beispiel im gesamten griechischen Kulturraum der Antike sind die *Königsgräber* von Salamis. Sie liegen nur ca. 1,5 km westlich der antiken Stadt. Ein kleines Museum informiert über die Grabung und die Bedeutung der Funde. Die Nekropole wurde im 8./7. Jh. v.Chr. für die Stadtkönige von Salamis benutzt. Es handelt sich um Tumulusgräber (Hügelgräber) mit kleinen Grabkammern sowie monumentalen gepflasterten Vorhöfen und Zufahrtsrampen (Dromos), die für die Opferung von Pferden gebraucht wurden. Am Rande der Königsnekropole liegt der *Cellárka-Bezirk*, auf dem in Felsgräbern (Abb. S. 136) vom 7. bis zum 4. Jh. v.Chr. die Bürger der Stadt bestattet wurden.

Die *Kirche des hl. Barnabas* ist ein typischer Drei-Kuppelbau des 10. Jh. wie er in byzantinischer Zeit auf Zypern sehr beliebt war. Kloster und Kirche liegen nur knapp 3 km westlich von Salamis. Etwas außerhalb der Anlage steht eine kleine Kapelle über einer Grotte, in der der hl. Barnabas bestattet gewesen sein soll. Die Legende berichtet, daß Bischof Anthemios von Salamis 477 einen Traum gehabt haben soll, der ihm das Grab des Apostels zeigte, woraufhin er dem Heiligen ein Gotteshaus gebaut habe. Reste einer frühchristlichen Basilika des 5. Jh. sind erhalten und können im Apsidenbereich (außen) besichtigt werden. Im Klosterhof liegen schöne Architekturglieder aus der Zeit der Lusignans und Venezianer.

'Enkomi, Lýsi, Tremetusiá Nur schwer zu finden sind die Ausgrabungen von *'Enkomi* (Abb. S. 149). Da sie seit Jahren als Weideplatz für Schafe und Ziegen dienen, wird vieles zerstört. Hohes Gras überall, das die Mauern und Straßen im flachen Gelände verschwinden läßt. 'Enkomi war vom 17. bis 12. Jh. v.Chr. ein wichtiges städtisches Zentrum Zyperns, das seinen Reichtum dem Handel mit Bronze und der Verhüttung von Kupfer verdankt. Die Stadt war befestigt, hatte ein rechtwinkliges Straßensystem und kannte keine außerstädtischen Nekropolen. Wie auch im neolithischen Chirokitiá bestatteten die Menschen ihre Verstorbenen unter den Fußböden ihrer Wohnhäuser. Auf der Rückfahrt nach Nikosía empfiehlt sich noch ein Abstecher nach Lýsi und Tremetusiá. Außerhalb von *Lýsi* steht die *Euphemiánus-Kuppelkirche* aus dem 14. Jh., in der noch bis 1974 wertvolle byzantinische Fresken den Innenraum schmückten. Kuppel- und Apsisgewölbe sind jedoch heute all ihrer Malereien beraubt. In *Tremetusiá* liegen die Grundmauern einer frühchristlichen Basilika aus dem späten 4. Jh. Die gut erhaltenen Fußbodenmosaike zeigen geometrische Motive mit verschiedenen Kreuzvariationen. Eine Inschrift sagt aus, daß der hl. Spyrídon die Kirche habe bauen lassen. Wahrscheinlich handelt es sich hier um den hl. Spyrídon von Zypern, der 343 am Konzil in Sardes teilnahm und drei Jahre später auf Zypern starb. Seine Gebeine wurden Ende des 7. Jh. nach Konstantinopel überführt und gelangten nach 1453 zur Insel Korfú, wo der Heilige Schutzpatron der Insel wurde.

Daten zur zyprischen Geschichte

7000 bis 6000 v. Chr.	**Neolithikum I** Erste Kolonisierung Zyperns von Anatolien, Syrien und Palästina aus. Chirokitiá Kultur, Andesitsteinidole und Steingeräte. Es gibt noch keine Keramikproduktion.
6000 bis 4500 v. Chr.	Für 1500 Jahre gibt es keine menschliche Spuren auf Zypern.
4500 bis 3900 v. Chr.	**Neolithikum II** Chirokitiá wird wieder besiedelt, ebenfalls Sotíra und Filiá. Insgesamt gibt es ungefähr dreißig Siedlungen auf Zypern. Es gibt Töpfereien, Stein- und Tonidole. Diese Epoche nennt man auch Sotíra-Kultur.
3900 bis 2600 v. Chr.	**Chalkolithikum (Kupfersteinzeit)** Nach dem Hauptfundort auch 'Erimi-Kultur genannt. Ab 3000 v. Chr. gibt es mehr Dörfer als im Neolithikum. Die Menschen verehren eine Fruchtbarkeitsgöttin. Kreuzförmige, weibliche Idole aus dem blau-grünen Pikrit-Stein entstehen. Kupfervorkommen werden entdeckt, Metallverarbeitung beginnt. Der Handel mit den Küstenländern Asiens und Afrikas wird ausgebaut.
I: 2600-2075 v. Chr. II: 2075-2000 v. Chr. III: 2000-1900 v. Chr.	**Frühe Bronzezeit (frühzyprisch)** Die Menschen beginnen mit dem Ackerbau. Die Nordküste wird stärker besiedelt. Es sind wenige Dörfer, aber große Nekropolen gefunden worden. Man kennt Waffen. Die Menschen glauben an das »Leben danach«. Es gibt brettartige Tonidole. Handelskontakte mit Ägypten, Syrien und Kreta.
I: 1900-1800 v. Chr. II: 1800-1725 v. Chr. III: 1725-1650 v. Chr.	**Mittlere Bronzezeit (mittelzyprisch)** Gründung von Küstenstädten. Expansiver Handel mit den orientalischen Ländern und den Ägäiskulturen (minoisches Kreta/Kykladen etc.). Im 18. Jh. werden Städte wie 'Enkomi befestigt. Spuren von kriegerischen Zerstörungen (Kampf gegen die asiatischen Hyksos?). Zypern und besonders Alasia/'Enkomi wird zum wichtigen Kupfer- und Bronzeexporteur.
I: 1650-1475 v. Chr. II: 1475-1200 v. Chr. III: 1200-1050 v. Chr.	**Späte Bronzezeit (spätzyprisch)** Die Küstenstädte erhalten als Kupferlieferanten immer mehr Bedeutung. Neben 'Enkomi sind nun auch Ajía Iríni, Morfú, Márion (Pólis), Pálea Páfos und Súltan Tekké wichtig. Neue Keramikgattungen entstehen. Zyprische Kupferbarren werden überall gehandelt. Intensive Beziehungen nach Kreta. Um 1500 entsteht die erste lineare Schrift auf Zypern, die dem minoischen Linear A ähnlich ist. Um 1400 starker mykenischer Einfluß. Reiche Keramikfunde aus dieser Zeit. Bis 1200 Blütezeit. Agapenor, König von Tegea auf der Peleponnes, ist mythischer Stadtgründer von Pálea Páfos. Hier entwickelt sich der Fruchtbarkeitskult zum späteren Kult der Aphrodite. Ab 12. Jh. Einbruch der »Seevölker«. Viele Städte werden zerstört, so auch 'Enkomi, das bei Salamis neu gegründet wird.
1050-750 v. Chr.	**Geometrische Epoche (zyprisch-geometrisch)** Einwanderung griechischer Stämme. Verehrung der Aphrodite und der griechischen Götterwelt. Phönizier gründen auf Zypern das »Königreich Kition« mit eigener phönizischer Sprache und führen den Astartekult ein. Intensive Handelskontakte.
750-475 v. Chr.	**Archaische Epoche (zyprisch-archaisch)** Im 8./7. Jh. kulturelle Hochblüte. In Salamis und Tamássos entstehen die Königsgräber. Die wichtigsten Städte sind Salamis, Kúrion, Pálea Páfos, Márion (Pólis), Tamássos und Sóli. Gründung von Stadtkönigtümern. Reger wirtschaftlicher Austausch mit Ägypten, Assyrien, Persien und den Ländern an der kleinasiatischen Küste (Ionien). Dennoch stand Zypern unter verschiedenen Oberhoheiten: 708-663 assyrische Vorherrschaft 569-546 ägyptische Vorherrschaft 546-332 persische Vorherrschaft Im Winter 499/498 beteiligen sich (aus historisch unbekannten Gründen) die zyprischen Stadtkönigtümer an dem Ionischen Aufstand, dem Aufbegehren und Kampf der ionischen Städte gegen das Reich der Perser. 498 persische Belagerung von Pálea Páfos.
475-325 v. Chr.	**Klassische Epoche** Euágoras von Salamis betreibt große Außenpolitik (411-374), er versucht Zypern von der Perserherrschaft zu befreien. Alexander d. Gr. erobert Zypern. Zyprische Städte nehmen am Feldzug Alexander d. Gr. gegen Tyros (332) teil.
325-58 v. Chr.	**Hellenistische Epoche** Nach dem Tode Alexander d. Gr. (323) Kampf der Diadochen um Zypern. 321 verbünden sich vier Stadtkönigtümer mit Ptolemäos I. Nikokreon, König von Salamis, begeht Selbstmord (311/310). Zypern wird Teil des Ptolemäerreiches, Néa

	Páfos wird Hauptstadt der Insel.
59 v. Chr.-395 n. Chr.	**Römische Epoche** Aufgrund eines Testamentes des letzten Ptolemäerkönigs gibt 47 v. Chr. Cäsar Zypern an Kleopatra, die Erbin der Ptolemäerdynastie, zurück. 30 v. Chr. wird Zypern endgültig römische Provinz, ab 22 v. Chr. unter der Herrschaft eines Prokonsuls. Ab 45 n. Chr. Christianisierung und Missionierung Zyperns durch den Apostel Paulus und Barnabas (Apg. 13. 1-12). Ende des 4. Jh. entstehen erste große Basiliken der frühen Christen (z.B. in Salamis/heiliger Epiphánios und Tremetusiá/heiliger Spyrídon). 116 n. Chr. werden die Juden von Zypern vertrieben.
395-1191 n. Chr.	**Byzantinische Epoche** Der Tod Theodosios' I. führt 395 zur bleibenden Reichsteilung in West- und Ostrom. Zypern fällt bei dieser Reichsteilung dem oströmischen Reich zu, das später von den Historikern als byzantinisches Reich bezeichnet wird. Entwicklung großer christlicher Gemeinden. Auf der ganzen Insel werden frühchristliche Basiliken gebaut. Aufblühen byzantinischer Kunst: Wandmosaike (z.B. Kíti und Lythrákomi) und Fußbodenmosaike. 647 Arabereinfälle, bis 965 beherrschen Araber Zypern. Der Ikonoklasmus (von 726 bis 780 und wiederum von 815 bis 843) hat auf Zypern nur wenige Spuren hinterlassen. Nur in der Ajía Paraskewí in Jereoskípos sind anikonische Fresken entdeckt worden. Nikephoras II. Phokas kann 965 Zypern von den Arabern zurückerobern, wie schon Jahre zuvor die Insel Kreta (961). Zypern gehört wieder zum Byzantinischen Reich. Isaak Komnenos, ein Verwandter der Kaiserfamilie, läßt sich 1184 eigenmächtig von einem selbst ernannten Patriarchen zum Kaiser von Zypern krönen. Auf Zypern entsteht große byzantinische Kunst. Hochblüte der Freskenmalerei (in den Kirchen von Asínu, Laghudherá, Ájios Neóphytos u. a.)
1191-1489	**Herrschaft der Lusignans** Richard Löwenherz landet auf Zypern und nimmt Isaak Komnenos gefangen. Kreuzfahrer auf Zypern. 1291 Fall von Akkon. Viele Kreuzfahrer bleiben auf Zypern. Johanniter-Orden in Kolóssi, französische Gotik auf Zypern: Bellapais, Sophienkathedrale in Nikosía (1209-1326) und Nikolauskathedrale in Famagústa (1298-1326). 1426 stürmen die Mamelucken die Insel. 1453 Osmanische Eroberung Konstantinopels. 1489 verzichtet Caterina Cornaro »freiwillig« auf ihren Anspruch, byzantinische Kaiserin von Zypern zu werden und übergibt Venedig die Insel.
1489-1571	**Venezianische Herrschaft** Während der nachbyzantinischen Epoche entstehen viele orthodoxe Kirchen mit Malereien im rein byzantinisch und italo-byzantinischen Stil. Die Gefahr der Osmanen im Mittelmeerraum zwingt zum Ausbau der Festungen von Famagústa, Kyrínia und Nikosía. 1570 landen osmanische Truppen auf Zypern.
1571-1878	**Osmanische Herrschaft** Die Osmanen vertreiben die Venezianer und die lateinische Kirche. Einwanderung von ca. 20 000 Bauern aus Anatolien. Griechen bilden etwa 70% der Gesamtbevölkerung.
1878-1960	**Britische Verwaltung** Das von den russischen Truppen bedrängte Istanbul übergibt den Engländern Zypern und erhält als Gegenleistung Militärhilfe im Russisch-Türkischen Krieg.
1915	König Konstantin I. verfolgt (zugunsten Deutschlands) eine »Neutralitätspolitik« und lehnt das britische Angebot ab, dem Anschluß Zyperns an das griechische Mutterland zuzustimmen, falls Griechenland sich auf seiten Großbritanniens am 1. Weltkrieg beteiligt.
1925	Zypern wird britische Kronkolonie.
1955	General Giorgios Grivas gründet die »Nationale Organisation zyprischer Kämpfer«, die EOKA, Rauf Denktasch die türkische Verteidigungsorganisation TMT. Es folgen drei Jahre Rebellion.
1960	16. August: Gründung der Republik Zypern.
1963	30. November: Makarios III. beantragt eine Verfassungsänderung, die am Vetorecht der türkischen Volksgruppe scheitert. 21. Dezember: blutige Straßenschlachten zwischen griechischen und türkischen Zyprern.
1964	8./9. August: türkische Luftangriffe.
1967	Erneut flammen am 15./16. November Feindseligkeiten zwischen den beiden Volksgruppen auf. 26. Dezember: Rauf Denktasch bildet eine Übergangsregierung.
1974	2. Juli: Makarios III. fordert die Obristen auf, die griechischen Offiziere der zyprischen Nationalgarde von Zypern abzuziehen. 15. Juli: die griechischen Offiziere unter Brigadegeneral Dimítris Ioannídis putschen in Nikosía gegen Erzbischof Makarios III. 17. Juli: Türkische Invasion an der Nordküste Zyperns. Krieg und Ver-

	treibung beginnen. 14.–16. August: Zweite türkische Offensive. 7. Dezember: Erzbischof Makarios kehrt nach Zypern zurück.
1975	13. Februar: Rauf Denktasch bildet den »Türkischen Bundesstaat Zypern«.
1977	3. August: Tod Erzbischof Makarios III.; fortan ist der Erzbischof Zyperns nicht mehr gleichzeitig auch politischer Repräsentant: Spýros Kyprianú wird Präsident von Zypern, Bischof Chrysóstomos Erzbischof.
1983	15. November: Rauf Denktasch gründet die »Türkische Republik Nordzypern«, die nur von Ankara anerkannt wird.
1988	In zwei Wahlgängen wird am 14./21. Februar Jeórjios Vassilíu neuer Präsident der Republik Zypern, die staatsrechtlich die ganze Insel umfaßt.
1990	4. Juli: Die Republik Zypern stellt den Antrag auf EG-Mitgliedschaft.

Literaturangaben

Ausstellungskatalog. Aphrodites Schwestern und christliches Zypern. Übersee-Museum Bremen 1987

Daszewski, Wiktor A.: Dionysos der Erlöser. Griechische Mythen im spätantiken Cypern. Mainz 1985

Deckers, Johannes G.: Dionysos der Erlöser? In: Römische Quartalschrift, Band 81, Heft 3-4, Rom 1986

Gallas, Klaus/Klemm, Ulf-Dieter: Griechenland. 21 Annäherungen an ein dreitausendjähriges Reiseziel. Gießen 1990

Grivas, Georgios: Memoiren. Athen 1961

Kadritzke, Niels/Wagner, Wolf: Im Fadenkreuz der NATO. Ermittlungen am Beispiel Cypern. Berlin 1976

Karageorghis, Vassos: Zypern. München 1968

Karageorghis, Vassos: The civilization of prehistoric Cyprus. Athen 1976

Karageorghis, Vassos/Maier, Franz Georg: Paphos. History and archaeology. Nikosía 1984

Kartenwerk: The star guide to Cyprus. (Atlas mit 17 Blättern). Nikosía 1981

London, Gloria u.a.: Töpferei auf Zypern. Damals – heute. Mainz 1989

Maier, Franz Georg: Cypern. Insel am Kreuzweg der Geschichte. 2. Aufl. München 1982

Megaw, A. H. S./Hawkins, Ernest J. W.: The Church of Pangia Kanakariá at Lythrankomi in Cyprus, its Mosaics and Frescoes. In: DOS 14, Washington D.C. 1977

Megaw, A. H. S./Stylianou, Andreas: Zypern. Byzantinische Mosaiken und Fresken. UNESCO-Publikation. New York 1963

Michaelides, D.: Cypriot Mosaics. Nikosía 1987

Reden, Sibylle von: Zypern. Vergangenheit und Gegenwart. 2. Aufl. Köln 1974

Rice, Talbot D. u. a.: The Icons of Cyprus. Londons 1937

Richter, Heinz A.: Griechenland und Zypern seit 1920. Bibliographie zur Zeitgeschichte. Heidelberg 1984

Richter, Heinz A.: Friede in der Ägäis? Zypern-Ägäis-Minderheiten. Köln 1988

Statistisches Bundesamt Wiesbaden. Länderbericht Zypern 1986. Stuttgart 1986

Styliannou, Andreas und Judith: The painted churches of Cyprus. Treasures of Byzantine Art. 2. ed. Athen 1985

Zarmas, Pieris: Studien zur Volksmusik Zyperns. 2. Aufl. Baden-Baden 1985

Register

Die halbfett gedruckten Zahlen verweisen auf die Seitenzahlen der Abbildungen.

Aféndrika 165
Ajía Iríni 148, 150, 153, 164
Ajía Nápa 41, 48f, 156, 162
Ajía Paraskewí-Kirche von Jeroskípos **87, 91**
Ajía Parthénos-Kirche von Kaminária **30**
Ajía Triás 164, 151
Ájios Bárnabas 161
Ájios Fílon 151, 164
Ájios Fýlla 155
Ájios Jeórjios 151, 158
Ájios Mámas 155
Ájios Nikólaos 156
Alaminós 162
Alt-Páfos 16, 159
Ámathus 16, 151, 159
Amiándos 154
Antifonitís-Kloster **130**
Aredhiú **83**
Argháki Karwúna-Tal 155
Asínu **78**, 152, 164
Askás **69, 95**, 155

Bellapais **122**, 163
Buffavénto 163

Chála Súltan Tékke-Moschee **70**, 148
Chandrá 155
Chirokitiá 8, **56**, 146, 161
Chryseleússa-Kirche von 'Emba **69**
Chrysopolítissa-Basilika in Néa Páfos **89**
Chrysorrojátissa-Kloster **103**

Dhali 162
Dhiarízos-Fluß 9

'Emba 158
'Enkomi 8, 37, 43, 148f, 163, 166f
Episkopí 147
Érimi 147

Famagústa 8, 41, 48ff, **133, 135**, 148, 152, 162f, 165f
Fikárdhos **108, 114**, 153
Fílon-Basilika bei Rizokárpaso **143**
Finí 154
Fontána Amorósa 158

Ghaláta **87**, 154
Ghúrri 153
Golgoi 16

Heraklídos-Frauenkloster **63, 105**

Ioánnis Lampadístis-Kloster von Kalopanajiótis **76**

Jálussa **136**, 146
Jeroskípos 16, **68, 87, 91**, 151, 158

Kakopetriá 152, 154
Kalawassós 8, 161
Kalawassós-Ténda 146
Kalográa 37, 163
Kalopanajiótis **76**, 152, 154f
Kalopsídha 148
Kaminária **30**, 156
Kantára 163
Kap Andréas 43, 146
Kap Dhrepánum 158
Kap Greco 146
Karpasía-Halbinsel 25, 34, 42, 44, **141**, 148, 151, 159, 164
Káto Dhrýs 161
Káto Léfkara 161
Káto Pýrghos 41
Kelliá 162
Kíti 34, **91**, 151, 162
Kítion (Lárnaka) 149f
Klidhés-Felsinseln 165
Kolóssi **56**, 160f
Konfínu 162
Kúklia 8f, **56, 111**, 158
Kúrion 8, **58, 60, 61**, 147, 150f, 159f, 167
Kutsowéndis 40, 163
Kýkko 156
Kyperúnda 155
Kyrínia 37, 39, **120, 122**, 148, 163

Lachí 158
Laghudherá **72**, 152, 155, 164
Lápithos 39, 147, 150f, 163f
Lára 158
Lárnaka (s. a. Kítion) 25, **116**, 149, 161f
Lazaniá 153
Léfkara 158
Lefkóniko 164
Límassol 8f, 50, **58**, 146f, 151, 155f, 159
Liwádhia 34
Lutrá Aphrodítis 8, 158
Luwarás 155
Lýsi 41, 167
Lythrágomi 33–36, 43, **140**, 164
Lythrodhóndas 96

Machärá-Gebirge **105**
Máni-Halbinsel 151
Marúllenas-Tal **108**
Mazotós 162
Messaória-Ebene 37, 40, 148, 163
Milikúri-Tal **83**, 155f
Monághri 155
Moní 165
Moní Machärá 153
Morfú 40, 148, 163
Morfú-Bucht 41, 48, 150, 164
Mutullás 154f

Néa Páfos 16, 26, **89**, 151
Neochóri 163
Nikitári 154
Nikólaostis Stéjis-Kirche bei Kakopetriá **80**
Nikolaus-Kathedrale in Famagústa **135**
Nikosía 7, 21, 25, 27, **30**, 39ff, 48, **114, 116, 119**, 150, 152f, 163

'Omodhos 46
Omorphíta 25

Páfos 8f, 14, 27, 34, 39, 48, **64, 65, 66, 99, 103**, 146, 148ff, 152, 156ff, 160
Páfos-Distrikt 8
Páfos-Gebirge **85**, 158
Palächóri **70, 87**, 155
Pálea Páfos 10, 13, 16, 148–151
Panajía Angelóktistos-Kirche von Kíti **91**
Panajía Kanakariá-Kirche von Lythrakómi **140**
Panajía Phorbiótissa-Kirche von Asínu **78**
Panajía Podhítu-Kirche von Ghaláta **87**
Panajía tu Arakú-Kirche von Laghudherá **72, 73**
Páno Léfkara 161
Páno Panajía 156
Páno Plátres 154ff

Pedhiéos-Fluß 153
Pedhulás 154f
Péjia 151, 158
Pendadháktylos-Gebirge 37f, 39f, **126**, 158, 162f
Perachóri 162
Periteróna **104**, 154, 161
Pétra tú Romiú 8, 11, **29**, 159
Pikrókremmos-Hochebene **98**
Pissúri 159
Pissúri-Tal **93**
Pitsiliá-Gebirge 155
Platanistássa **87**, 155
Pólis 8, 150, 156, 158, 164
Politikó **83**, 153
Potamía 162
Prodhromos 154
Pylos 149
Pýrgha 162

Rizokárpaso 44, **143**, 164

Salamis 8, 16, 37, 48, **138**, 149ff, 153, 163, 166f
Sáviur tu Sóterus-Kirche in Palächóri **87**
Siná 'Oros 154
Solí 37, 150f, 163f
Sotíra 146
St. Hilárion 163
Stáwros 159
Stawrós tu Ajiasmáti-Kirche in Platanistássa **87**
Stýlli 43, **131**, 163

Tamassó **83**, 153
Taskístra 156
Tersefánu 162
Tímios Stawrós-Kloster von 'Omodos **105**
Tremetusiá 167
Tríkomo 42f, 164
Tróodhos-Gebirge **30**, 37, 40, **70, 83, 101**, 146, 151, 153ff, 164

Varóscha 42, 48ff, 166
Vuní 37, 147, 163f, **128**

Wasiliá 147
Wisakiá 154

Xylofághu 162

Zederntal (Stawrós Psókas) 156